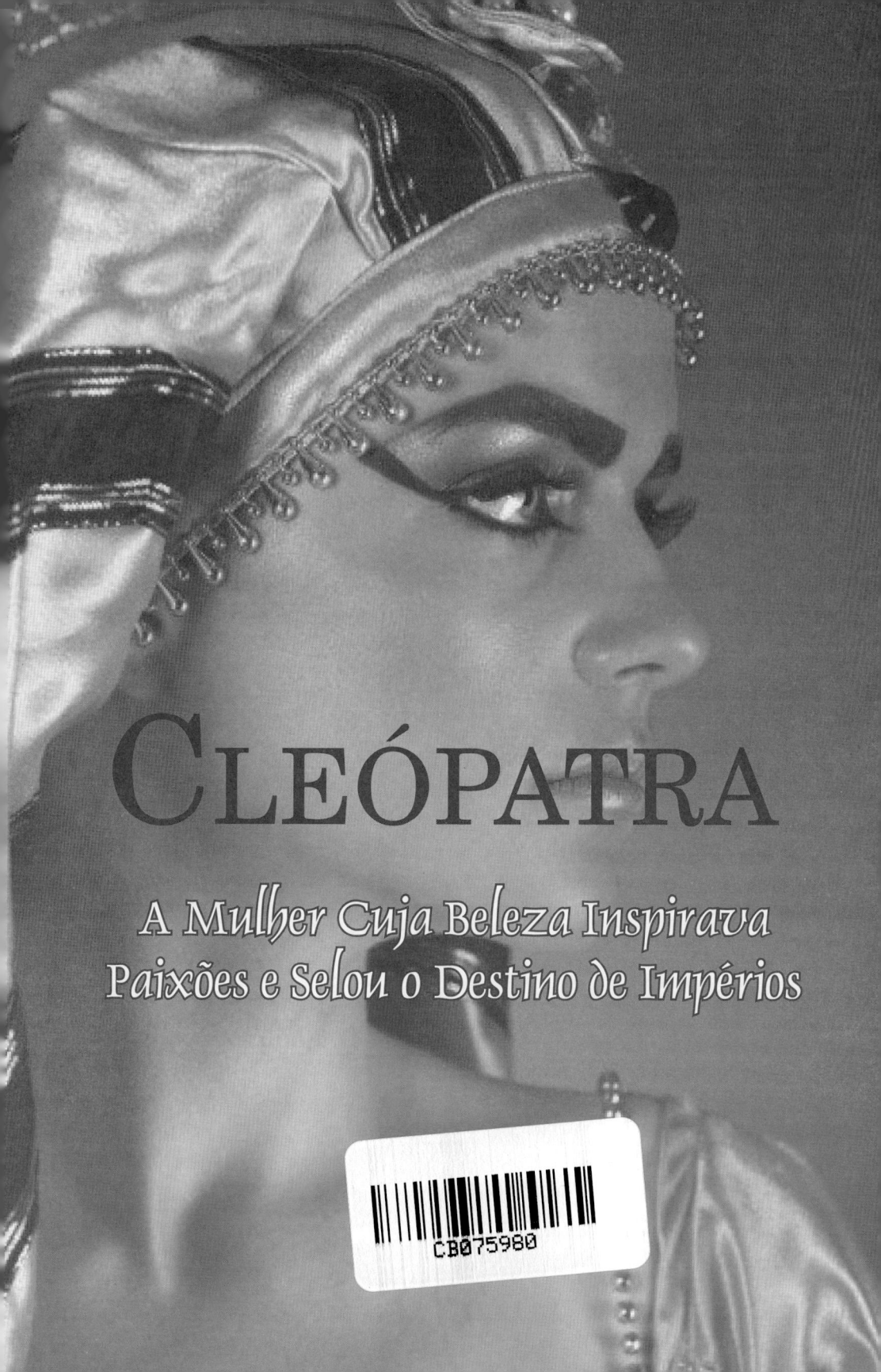

Cleópatra

A Mulher Cuja Beleza Inspirava Paixões e Selou o Destino de Impérios

Henry Rider Haggard

Cleópatra

A Mulher Cuja Beleza Inspirava Paixões e Selou o Destino de Impérios

Tradução:
Tatiana di Maio

MADRAS®

Publicado originalmente em inglês sob o título *Cleopatra*.
Direitos de tradução para todos os países de língua portuguesa.
© 2011, Madras Editora Ltda.

Editor:
Wagner Veneziani Costa

Produção e Capa:
Equipe Técnica Madras

Tradução:
Tatiana di Maio

Revisão Tradução:
Giovana Louise Libralon

Revisão:
Sérgio Scuotto de Souza
Neuza Rosa
Vera Lucia Quintanilha
Arlete Genari

Dados Internacionais de Catalogação na Publicação (CIP)
(Câmara Brasileira do Livro, SP, Brasil)

Haggard, Henry Rider, 1856-1925.
Cleópatra/Henry Rider Haggard; tradução
Tatiana di Maio. – São Paulo: Madras, 2011.
Título original: Cleopatra.

ISBN 978-85-370-0688-7

1. Romance inglês I. Título.

11-05357   CDD-823

Índices para catálogo sistemático:
1. Romances: Literatura inglesa 823

Os direitos de tradução desta obra pertencem à Madras Editora, assim como a sua adaptação e a coordenação. É proibida a reprodução total ou parcial desta obra, de qualquer forma ou por qualquer meio eletrônico, mecânico, inclusive por meio de processos xerográficos, incluindo ainda o uso da internet, sem a permissão expressa da Madras Editora, na pessoa de seu editor (Lei nº 9.610, de 19.2.98).

Todos os direitos desta edição, em língua portuguesa, reservados pela

MADRAS EDITORA LTDA.
Rua Paulo Gonçalves, 88 – Santana
CEP: 02403-020 – São Paulo/SP
Caixa Postal: 12183 – CEP: 02013-970
Tel.: (11) 2281-5555 – Fax: (11) 2959-3090
www.madras.com.br

Dedicatória

Minha querida mãe,
Há muito tempo eu acalento a esperança de poder dedicar algum livro meu para você e agora apresento este trabalho. Mesmo com suas eventuais deficiências e qualquer que seja o seu julgamento ou o julgamento de outras pessoas sobre este livro, esta é a obra que gostaria que você aceitasse.
Acredito que você irá tirar do meu romance Cleópatra *parte do prazer que aliviou o trabalho de sua construção e que ele consiga transmitir para sua mente uma imagem, ainda que imperfeita, do antigo e misterioso Egito, em cujas glórias perdidas você está interessada de maneira tão profunda.*
Seu filho carinhoso e obediente,

H. Rider Haggard
21 de janeiro de 1889

Índice

Nota do Autor..11
Introdução..13

LIVRO UM – A PREPARAÇÃO DE HARMACHIS

Capítulo 1 – O Nascimento de Harmachis; a Profecia das
Hátors e o Assassinato da Criança Inocente......................23

Capítulo II – A Desobediência de Harmachis; o Assassinato
do Leão; o Discurso da Ama Atoua...................................29

Capítulo III – A Reprimenda de Amenemhat; a Oração de
Harmachis; o Sinal Enviado pelos deuses Sagrados.........37

Capítulo IV – A Partida de Harmachis e o Encontro com seu
Tio Sepa, o Supremo Sacerdote de Heliópolis; sua Vida em
Heliópolis; as Palavras de Sepa...43

Capítulo V – O Retorno de Harmachis a Aboukis;
a Celebração dos Mistérios; o Canto de Ísis; e o Aviso de
Amenemhat...51

Capítulo VI – A Iniciação de Harmachis, suas Visões, sua
Passagem pela Cidade que Está no Local da Morte; as
Declarações de Ísis, a Mensageira....................................59

Capítulo VII – O Despertar of Harmachis; a Cerimônia de
sua Coroação como Faraó do Alto e Baixo Egito; as Oferendas
Feitas ao Faraó..69

LIVRO II – A QUEDA DE HARMACHIS

Capítulo I – A Despedida de Harmachis e Amenemhat; a Ida
de Harmachis a Alexandria; a Exortação de Sepa;
a Passagem de Cleópatra Vestida como Ísis; o Gladiador é
Derrotado por Harmachis 79

Capítulo II – A Vinda de Charmion e a Ira de Sepa.........................89

Capítulo III – A Chegada de Harmachis ao Palácio; como
Ele Passou por Paulo Adentrando aos Portões; o Sono de
Cleópatra; a Mágica que Harmachis Mostrou a Ela 95

Capítulo IV – Os Modos de Charmion; a Coroação de
Harmachis como o Rei do Amor...105

Capítulo V – A Ida de Cleópatra ao Quarto de Harmachis;
o Lenço de Charmion é Jogado para Fora; as Estrelas;
e o Presente de Cleópatra como Prova de sua Amizade
com seu servo Harmachis 111

Capítulo VI – As Palavras e o Ciúme de Charmion;
o Riso de Harmachis; a Preparação para o Ato Sangrento 119

Capítulo VII – As Palavras Veladas de Charmion;
o Desmaio de Harmachis na Presença de Cleópatra;
a Derrota de Harmachis 129

Capítulo VIII – Harmachis Acorda; a Visão da Morte;
a Vinda de Cleópatra e suas Palavras de Conforto.......................139

Capítulo IX – A Prisão de Harmachis; o Escárnio de
Charmion; Harmachis é Libertado; a Vinda de Quintus Délio.........145

Capítulo X – A Apreensão de Cleópatra; seu Juramento para
Harmachis; Harmachis Conta para Cleópatra sobre o Segredo
do Tesouro que Está Debaixo da Estrutura "Dela" 153

Capítulo XI – A Tumba do Divino Miquerinos;
o Escrito no Peito de Miquerinos; o Desenho na Frente do
Tesouro; o Morador da Tumba; a Fuga de Cleópatra e
Harmachis do Lugar Sagrado 161

Capítulo XII – A Volta de Harmachis; a Saudação de Charmion;
a Resposta de Cleópatra a Quintus Délio; o Embaixador
de Antônio, o Triúnviro 171

Capítulo XIII – A Repreensão de Harmachis; a Luta de
Harmachis com os Guardas; o Golpe de Breno;
o Discurso Secreto de Cleópatra 179

Capítulo XIV – O Cuidado Tenro de Charmion; a Cura de
Harmachis; a Frota de Cleópatra Navega para a
Cilícia; o Discurso de Breno para Harmachis 187

Capítulo XV – O Banquete de Cleópatra; o Derretimento
da Pérola; a Declaração de Harmachis; a Jura de Amor de
Cleópatra 195

Capítulo XVI – O Plano de Charmion; a Confissão de
Charmion; a Resposta de Harmachis 205

LIVRO III – A VINGANÇA DE HARMACHIS

Capítulo I – A Fuga de Harmachis de Tarso;
Harmachis é Arremessado como uma Oferenda aos deuses
do Mar; sua Permanência na Ilha de Chipre; sua Volta a
Aboukis; a Morte de Amenemhat 215

Capítulo II – A Última Angústia de Harmachis;
a Invocação da Sagrada Ísis pela Palavra do Medo;
a Promessa de Ísis; a Vinda de Atoua; as Palavras de Atoua 223

Capítulo III – A Vida Daquele que Foi Nomeado o Sábio
Olimpo, na Tumba das Harpistas que Fica Próxima de Tapé;
seu Conselho para Cleópatra; a Mensagem de Charmion;
a Ida de Olimpo a Alexandria 229

Capítulo IV – O Encontro de Charmion com o Sábio Olimpo;
a Conversa Entre Eles; a Ida de Olimpo à Presença de Cleópatra;
as Ordens de Cleópatra 235

Capítulo V – A Retirada de Antônio de Timonium de Volta
para Cleópatra; o Banquete Feito por Cleópatra;
como Morreu Eudósio, o Mordomo 243

Capítulo VI – Os Trabalhos do Habilidoso Olimpo em Mênfis;
os Envenenamentos de Cleópatra; o Discurso de Antônio para
seus Capitães; a Passagem de Ísis Vinda da Terra de Kemet 251

Capítulo VII – A Rendição das Tropas e da Frota de Antônio
na Frente do Portão Canópico; o Fim de Antônio
e a Preparação da Poção da Morte 259

Capítulo VIII – A Última Ceia de Cleópatra; a Canção de
Charmion; bebendo a Poção da Morte; a Revelação de
Harmachis; a Convocação dos Espíritos por Harmachis;
a Morte de Cleópatra 267

Capítulo IX – O Adeus de Charmion; a Morte de Charmion;
a Morte da Velha Ama Atoua; a Ida de Harmachis a Aboukis;
a Confissão Dele no Salão dos Trinta e Seis Pilares;
a Declaração da Condenação de Harmachis 277

Capítulo X – O Último Escrito de Harmachis, o Nobre Egípcio 285

Nota do Autor

A história da ruína de Antônio e Cleópatra deve ter impressionado muitos estudantes dos registros da época como um dos mais inexplicáveis contos trágicos. Que influência maligna e segredos nefastos estavam agindo, enfraquecendo, de forma contínua, sua prosperidade e cegando seu julgamento? Por que Cleópatra lançou-se sobre o Ácio e por que Antônio a seguiu, abandonando a própria tropa e exército à destruição? Este romance tenta sugerir uma possível resposta a estas e outras perguntas.

Entretanto, o leitor desta história deve ter em mente que ela não é contada sob um ponto de vista moderno, mas a partir de um coração partido e pelos lábios de um patriota egípcio de sangue real. Não um simples adorador de bestas, mas um sacerdote instruído nos mistérios mais secretos, que acreditava com firmeza na existência dos deuses de Kemet, na possibilidade de comunhão com eles e na certeza da vida eterna com suas recompensas e punições, para quem o desconcertante e em geral grosseiro simbolismo da fé em Osíris nada mais era do que um véu tecido para esconder segredos do Santuário. Qualquer parcela de verdade que pudesse existir em suas crenças espirituais e em sua imaginação, se de fato houvesse alguma verdade, era conhecida por homens como o príncipe Harmachis desde os anais de toda grande religião, e, como foi mostrado pelo testemunho de inscrições sagradas e monumentais, essas verdades não eram desconhecidas entre os seguidores dos deuses egípcios, em especial os seguidores de Ísis.

Infelizmente, é quase impossível escrever um livro desta natureza e época sem introduzir certa quantidade de aspectos ilustrativos, pois esta é a única maneira de fazer com que o passado morto há muito tempo volte à vida perante os olhos dos leitores, com todos os seus acessórios de pompas passadas e mistérios esquecidos. Para estudantes que buscam apenas a história, e não se interessam pela fé, cerimônias ou costumes da Mãe da Religião e da Civilização, o Egito antigo, é recomendável que pratiquem a arte de pular páginas e abram esta narrativa no Segundo Livro.

Esta versão da morte de Cleópatra tem sido a preferida, a que atribui seu fim ao veneno. De acordo com Plutarco, o método exato de sua morte é muito incerto, apesar de rumores populares atribuírem sua morte à picada de uma víbora. Cleópatra parece, no entanto, ter levado a cabo o seu desejo, seguindo o conselho de um personagem sombrio, seu médico, Olimpo, e é pouco provável que ele tenha recorrido a um método tão fantástico e incerto para destruir a vida.

Deve ser mencionado que na época do reinado de Ptolomeu Epifânio, alguns pretendentes de sangue nativo, dentre eles Harmachis, ficaram conhecidos por terem avançado suas pretensões ao trono do Egito. Além disso, havia um livro de profecias entre os sacerdotes que declarava que depois da nação dos gregos, o Deus Harsefi iria criar o "chefe que ainda está por vir". Veremos então que, apesar da falta de confirmação histórica, a história do grande plano elaborado para derrotar a dinastia do macedônio Lágida e colocar Harmachis no trono não é improvável. De fato, é possível que muitos desses planos tivessem sido executados por patriotas egípcios durante as longas eras de escravidão de seu país. Mas a história antiga conta-nos pouco sobre as lutas de uma raça em declínio.

O canto de Ísis e a canção de Cleópatra que aparecem nestas páginas foram transformados em verso a partir da prosa escrita pelo senhor Andrew Lang, e o hino fúnebre cantado por Charmion foi traduzido, pelas mesmas mãos, do grego, do poeta sírio Meleagro.

Introdução

Nos recessos das desoladas montanhas líbias que estão atrás do templo e da cidade de Abidos, o suposto local de sepultamento do sagrado Osíris, uma tumba foi descoberta recentemente. Dentre os objetos da tumba, estavam os rolos de papiro nos quais esta história se baseia. A tumba em si é espaçosa, mas chama a atenção apenas pela profundidade do túnel que desce na vertical a partir da caverna escavada da rocha, que já serviu de capela mortuária para amigos e parentes do morto, até a câmara mortuária abaixo. Esse túnel não tem menos do que 27 metros de profundidade. No fundo da câmara foram encontrados apenas três caixões, embora houvesse espaço para muitos outros. Dois destes, que continham provavelmente os corpos do supremo sacerdote Amenemhat e de sua esposa, que eram pai e mãe de Harmachis, o herói desta história, foram descobertos pelos árabes desavergonhados que depois arrombaram tais caixões.

Os árabes destruíram os corpos. Suas mãos impuras rasgaram o corpo sagrado de Amenemhat e a figura daquela mulher que havia sido possuída pelo espírito das Hátors, de acordo com as escrituras. Eles rasgaram-nos membro por membro, procurando por tesouros entre os ossos, e talvez, como é de costume, vendendo os próprios ossos por algumas piastres para o último turista ignorante que cruzasse o seu caminho e que estivesse procurando o que pudesse destruir. Pois no Egito os infelizes, os vivos, encontram seu ganha-pão entre as tumbas dos grandes homens que viveram antes deles.

Por um acaso, algum tempo depois, um conhecido deste autor, um médico, viajava pelo Nilo em direção a Abidos e conheceu alguns dos homens que haviam entrado na tumba. Eles lhe revelaram o segredo do lugar, dizendo que ainda havia um caixão que permanecia intocado. Parecia ser o caixão de uma pessoa pobre, eles disseram; por isso, e por estarem com pressa, eles o deixaram intacto. Movido pela curiosidade de explorar os recônditos de uma tumba que ainda não havia sido profanada pelos turistas, meu amigo subornou os árabes para que mostrassem o lugar a ele. Eu irei relatar o que se passou conforme as palavras de meu amigo, tal como ele me escreveu:

Eu dormi, naquela noite, próximo ao templo de Seth, e levantei-me antes de o Sol nascer na manhã seguinte. Comigo estava um criminoso estrábico chamado Ali – eu o chamava de Ali Babá – que me conseguiu o anel que agora envio a você. Além dele, também nos acompanhava uma pequena, mas seleta quantidade de ladrões do bando de Ali. Uma hora depois do nascer do Sol, nós alcançamos o vale onde a tumba se encontra. É um lugar desolado, onde o Sol emite seu calor escaldante durante todo o dia, até que as enormes pedras marrons espalhadas no local ficam tão quentes que é difícil tocá-las, e a areia queima os pés. Já estava muito quente para andar, por isso montamos em burros, vale acima, onde o único outro visitante era um abutre sobrevoando alto no céu. Então alcançamos uma enorme pedra polida por séculos da ação do Sol e da areia. Naquele lugar Ali desmontou, dizendo que a tumba estava debaixo da pedra. Assim, desmontamos, e deixando os burros aos cuidados de um garoto do grupo, nos aproximamos da pedra. Sob a rocha, havia um pequeno buraco, onde mal havia espaço para uma pessoa entrar se rastejando. De fato, o buraco havia sido escavado por chacais, pois havia muitos sedimentos na entrada e em uma parte da caverna. Foi por causa desse buraco de chacal que a tumba foi descoberta. Ali foi engatinhando e eu o segui, e me vi em um local frio dentro de uma escuridão absoluta, que contrastava com o ar quente e a luz do lado de fora. Nós acendemos nossas velas e, com a chegada do grupo de ladrões, eu pude examinar o local. Estávamos em uma caverna do tamanho de uma grande sala, escavada à mão, e na parte posterior da caverna quase não havia a nuvem de poeira. Nas paredes estavam as pinturas religiosas comuns do período Ptolomaico, e dentre elas a de um senhor imponente, com uma longa barba branca, sentado em uma cadeira entalhada e segurando um bastão em sua mão.[1] *Perante ele passava uma procissão de sacerdotes carregando imagens sagradas. No canto direito da tumba estava o túnel do sarcófago, um poço, de entrada quadrada, cortado na rocha negra. Nós havíamos trazido uma viga de madeira com espinhos e essa viga foi colocada na entrada do poço com uma corda amarrada a ela. Então Ali, que justiça seja feita, é um ladrão corajoso, pegou a corda e, colocando algumas velas no peito de sua túnica, apoiou seus pés descalços contra os lados lisos do poço*

---

1. Eu acho que este era um retrato do próprio Amenemhat.

e começou a descer com grande velocidade. Rapidamente ele já havia desaparecido na escuridão, e somente a agitação da corda nos dizia que alguma coisa estava acontecendo abaixo. Por fim, a corda parou de se mover, e um grito rouco subiu as paredes do poço, avisando-nos que Ali havia chegado lá embaixo com segurança. Então, lá debaixo, um pequeno facho de luz apareceu. Ele havia acendido a vela, perturbando centenas de morcegos, que voaram em uma corrente contínua, tão silenciosos quanto os espíritos. A corda foi puxada e agora era a minha vez, mas como eu me neguei a confiar o meu pescoço ao método de descida palmo a palmo, a corda foi amarrada na minha cintura, e foram baixando-me devagar para as profundezas sagradas. Não foi uma jornada prazerosa, pois se os donos da situação acima cometessem qualquer erro, eu terminaria em pedaços. Além disso, os morcegos voavam sem cessar sobre o meu rosto e prendiam-se nos meus cabelos, e eu tenho uma grande antipatia por morcegos. Por fim, depois de alguns minutos de puxões e balançadas, eu me encontrava de pé em uma passagem estreita ao lado do valoroso Ali, coberto de morcegos e suor, e com raspões em meus joelhos e articulações. Depois outro homem desceu, palmo a palmo como um marinheiro. E tendo os outros homens sido avisados para ficarem em cima, estávamos prontos para prosseguir. Ali foi primeiro, com sua vela – é claro que cada um de nós tinha uma vela –, liderando o caminho através da passagem comprida de cerca de um metro e meio de altura. Depois a passagem alargou-se, e nós estávamos na câmara mortuária. Acho que aquele foi o lugar mais quente e mais silencioso em que já entrei. Era simplesmente sufocante. Essa câmara era uma sala quadrada entalhada na pedra, desprovida por completo de pinturas ou esculturas. Levantei as velas e olhei ao redor. Espalhados no local estavam as tampas dos dois caixões e os restos dos dois corpos que os árabes haviam violado anteriormente. Pude notar que as pinturas nos caixões eram belíssimas, mas sem ter nenhum conhecimento de hieróglifos, não consegui decifrá-las. Contas e bandagens com óleos aromáticos estavam ao redor dos restos, que percebi serem de um homem e de uma mulher.[2] A cabeça do homem havia sido separada do corpo. Peguei-a e observei. Ela havia sido raspada com cuidado, ao que tudo indica depois da morte, pelas indicações gerais, e as feições estavam desfiguradas com folhas de ouro. Mas apesar disso e do encolhimento da carne, acho que aquela face era uma das mais lindas e imponentes que eu já vira. Era o rosto de um homem idoso, e o seu semblante morto ainda estava tão calmo e solene, mas na verdade

---

2. Sem dúvida, Amenemhat e sua esposa.

tão terrível de se ver, que me senti um pouco supersticioso (apesar de que, como você sabe, estou bem acostumado a ver pessoas mortas), e logo coloquei a cabeça no chão. Ainda havia algumas bandagens ao redor do rosto do segundo corpo, e não as removi, mas ela deveria ter sido uma mulher alta e bela na sua época.

"Ali está a outra múmia", disse Ali, apontando para um recipiente grande e sólido que parecia ter sido jogado sem cuidado em um canto, pois estava tombado de lado.

Aproximei-me e examinei com atenção. Era benfeito, mas de madeira de cedro simples, sem nenhuma inscrição, nem ao menos um Deus solitário nele.

"Nunca vi um destes antes", disse Ali. "Enterrado muita pressa, ele não 'acabado' nem 'terminado'. O jogaram aqui de lado".

Olhei para o caixão simples, até que, enfim, meu interesse foi despertado por completo. Eu estava tão chocado pela visão do pó dos mortos espalhado pelo lugar que tinha decidido não tocar no caixão remanescente, mas minha curiosidade tomou conta de mim, e nós começamos a trabalhar.

Ali trouxera uma marreta e um cinzel, e depois de endireitar o caixão, ele começou a agir com todo o zelo de um experiente invasor de tumbas. Nesse momento ele notou outra coisa. Quase todos os sarcófagos eram fechados por quatro pequenas linguetas de madeira, duas de cada lado, que são fixadas na parte superior e, depois de passar por entalhes cortados para recebê-las na espessura da parte inferior, eram então pregadas com cavilhas de madeira maciça. Mas esse sarcófago tinha oito linguetas. É evidente que ele foi planejado para proteger com firmeza. Por fim, com grande dificuldade, levantamos a enorme tampa, que tinha quase três polegadas de espessura, e ali, coberto por uma camada profunda de especiarias soltas (um fato pouco comum), estava o corpo.

Ali olhou para o corpo com os olhos arregalados – e não sem razão. Pois esta não era como as outras múmias. Múmias estão, em geral, deitadas de costas, calmas e rígidas como se tivessem sido entalhadas na madeira. Mas aquela múmia estava deitada de lado e, apesar das bandagens, estava com os joelhos um pouco dobrados. Mais do que isto, a máscara de ouro, que havia sido colocada no rosto de acordo com os costumes do período Ptolomaico, tinha se movido para baixo, e estava literalmente amassada sob a cabeça encapuzada.

Vendo aquelas coisas, era impossível evitar chegar à conclusão de que a múmia à nossa frente havia se movido com violência depois de ter sido colocada no caixão.

"Esta múmia muito estranha, ela não 'acabada' quando foi para dentro", disse Ali.

"Bobagem!", eu disse. "Quem já ouviu falar em uma múmia viva?"

Nós levantamos o corpo de dentro do caixão, e ao fazer isso quase nos sufocamos com pó de múmia. Embaixo do corpo, escondido entre as especiarias, estava a primeira descoberta. Era um rolo de papiro, preso e enrolado de maneira descuidada em um pedaço de bandagem de múmia, que, ao que parece, foi jogado dentro do caixão quando este foi fechado.[3]

Ali olhava o papiro com ganância, mas eu o agarrei e o coloquei em meu bolso, pois tínhamos combinado que eu ficaria com tudo o que fosse descoberto. Então começamos a desenrolar o corpo. Ele estava coberto com um tipo de bandagem muito resistente, grossa, enrolada de maneira grotesca, algumas vezes com simples nós. Parecia que o trabalho tinha sido feito com muita pressa e alguma dificuldade. Logo acima da cabeça havia um grande caroço. Logo as bandagens que o cobriam foram retiradas, e ali, no rosto, havia um segundo rolo de papiro. Abaixei a minha mão para pegá-lo, mas ele não queria sair do lugar. Parecia que estava preso no robusto manto sem costura que se enrolava ao redor de todo o corpo, e era amarrado embaixo dos pés, como um fazendeiro amarra um saco. Esse manto, que também estava densamente encerado, era uma peça única, e tinha sido feito para se encaixar no corpo como uma roupa. Peguei uma vela e examinei o rolo; assim descobri por que estava preso. As especiarias haviam se solidificado e colado o rolo no manto. Seria impossível tirar o rolo sem rasgar as folhas exteriores do papiro.[4]

No entanto, por fim consegui soltar o rolo e coloquei-o junto com o outro em meu bolso.

Depois continuamos em silêncio com a nossa horrível tarefa. Com muito cuidado soltamos o manto parecido com um saco, e enfim o corpo de um homem estava na nossa frente. Entre seus joelhos se encontrava um terceiro rolo de papiro. Eu o guardei, então segurei a vela e olhei para ele. Um relance em seu rosto seria suficiente para um médico compreender como ele havia morrido.

---

3. Este rolo continha o terceiro livro inacabado da história. Os outros dois rolos estavam cuidadosamente fechados da maneira usual. Os três foram escritos pela mesma mão em caracteres demóticos.
4. Isto explica as falhas nas últimas folhas do segundo rolo.

Esse corpo não estava muito ressecado. É evidente que ele não havia passado os 70 dias devidos no carbonato de sódio hidratado, e por isso sua fisionomia e aparência estavam mais preservadas do que o normal. Sem entrar em muitos detalhes, digo apenas que nunca mais quero ver uma expressão como a que estava congelada no rosto daquele homem morto. Até os árabes recuaram em horror e começaram a murmurar preces.

Quanto ao restante, não existia a abertura usual no lado esquerdo, por onde os embalsamadores faziam seu trabalho. As feições delicadas eram de uma pessoa de meia idade, embora o cabelo já estivesse grisalho e a estrutura fosse de um homem muito poderoso, com ombros de largura extraordinária. No entanto, não tive muito tempo para examiná-lo cuidadosamente porque, alguns segundos depois de ter sido descoberto, o corpo não embalsamado começou a se dissolver, agora estava exposto à ação do ar. Em cinco ou seis minutos não restava mais nada, somente um tufo de cabelo, o crânio e alguns dos ossos maiores. Eu notei que a tíbia, não me lembro se a esquerda ou direita, havia sido fraturada e muito mal curada. Devia estar quase uma polegada mais curta do que a outra.

Bem, não havia mais nada a encontrar, e agora que a excitação havia terminado, depois de todo aquele calor, o esforço e o cheiro de pó de múmia e especiarias, eu estava me sentindo mais morto do que vivo.

Estou cansado de escrever, e este navio segue viagem. Esta carta, é lógico, irá por terra, e estou indo por mar, mas espero estar em Londres dez dias depois de você recebê-la. Então irei lhe contar as minhas agradáveis experiências ao subir da câmara mortuária, e como aquele príncipe dos marginais, Ali Babá e seus ladrões, tentaram me ameaçar para que eu lhes entregasse os papiros, e como os derrotei. Então iremos decifrar os rolos. Eu acredito que eles contêm apenas o de praxe, cópias do Livro dos Mortos, *mas "pode" ser que haja algo mais neles. Não preciso dizer que não contei a ninguém esta minha pequena aventura no Egito, senão eu teria o pessoal do Museu Egípcio atrás de mim. Até logo, 'acabado terminado', como Ali Babá sempre dizia.*

Em tempo oportuno, meu amigo, o autor da carta que mencionei, chegou a Londres, e já no dia seguinte visitamos um conhecido muito versado em hieróglifos e escrita demótica. É possível imaginar nossa ansiedade enquanto o observávamos umedecer e desenrolar um nos rolos com habilidade, e, através de seus óculos de armação dourada, analisar os caracteres misteriosos.

"Hummm", ele disse, "O que quer que seja, isto não é uma cópia do *Livro dos Mortos*. Por George, o que é isso? Clé-Cléo-Cleópatra. Meus senhores, tão certo como eu estou vivo, esta é a história de alguém que viveu na época de Cleópatra. 'A' Cleópatra, pois aqui também temos o nome de Antônio com o dela! Bom, eu tenho seis meses de trabalho aqui na minha frente, pelo menos seis meses!" E com esta alegre perspectiva ele quase perdeu o controle de si mesmo e ficou dando pulos ao redor da sala, apertando nossas mãos de vez em quando e dizendo: "Eu vou traduzir, vou traduzir ainda que isto me mate, e nós iremos publicar, e pelo Osíris que vive, isso deixará todos os egiptólogos da Europa loucos de inveja! Que achado! Que achado glorioso!"

E oh! Você que agora lê estas páginas, veja, elas foram traduzidas e impressas e aqui estão na sua frente. Uma terra desconhecida por onde você pode viajar livremente!

Harmachis fala com você de sua tumba esquecida. As paredes do tempo caem, e, como no fulgir do raio, uma fotografia do passado aparece na sua frente, emoldurada pela escuridão dos tempos.

Ele mostra a você aqueles dois Egitos que as pirâmides silenciosas observavam há muitos séculos atrás – o Egito dos gregos, dos romanos, e o ptolomaico, e aquele Egito desgastado do Hierofante, grisalho graças à idade, pesado com as lendas da Antiguidade e a memória de honras perdidas há muito tempo.

Ele conta como a lealdade latente da terra de Kemet resplandeceu antes de morrer, e como a antiga fé consagrada pelo tempo lutou com ferocidade contra a maré de mudança que subiu, como o Nilo na época de cheia, e afogou os antigos deuses do Egito.

Aqui nestas páginas, você conhecerá a glória da Ísis de muitas formas, a Executora dos Decretos. Aqui você irá tomar conhecimento da sombra de Cleópatra, aquela "Criatura de Chama", cuja beleza que inspirava paixões selou o destino de impérios. Aqui você lerá como a alma de Charmion foi assassinada pela espada que forjou a vingança dela.

Aqui Harmachis, o egípcio condenado, à beira da morte, saúda você que segue a estrada na qual ele viajou. Na história de seus anos interrompidos, ele mostra para você o que pode ser, de certa maneira, sua própria história. Gritando do miserável Amenti,[5] onde até hoje ele cumpre sua longa penitência, ele narra, na história de sua queda, o destino daquele que, por mais que tenha evitado, se esqueceu de seu Deus, de sua honra e de seu país.

---

5. O Mundo Inferior ou Purgatório dos Egípcios.

Livro Um
A Preparação de Harmachis

Capítulo 1

O Nascimento de Harmachis; a Profecia das Hátors e o Assassinato da Criança Inocente

Por Osíris que dorme em Abukin, eu escrevo a verdade.
Eu, Harmachis, sacerdote hereditário do templo erguido pelo divino Seth, antigo faraó do Egito, agora justificado por Osíris e governando em Amenti. Eu, Harmachis, por direito divino e pela descendência do sangue real do rei da dupla coroa e faraó do Alto e Baixo Egito. Eu, Harmachis, que deixei de lado a flor de nossa esperança que desabrochava, eu que saí do caminho glorioso, que esqueci a voz de Deus ao obedecer a voz de uma mulher. Eu, Harmachis, o derrotado, em quem estão acumuladas todas as desgraças assim como as águas se acumulam em um poço no deserto, que experimentei toda vergonha, que por meio da traição também traí, que ao perder a glória que existe aqui também perdeu a glória que iria existir, eu que estou totalmente destruído, escrevo, e por Ele que dorme em Abukin, escrevo a verdade.

Oh, Egito! Querida terra de Kemet, cujo solo negro nutriu minha parte mortal, terra que eu traí, Oh, Osíris, Ísis, Hórus, vós deuses do Egito que eu traí! Oh vós, templos cujos pilones atingem o Céu, cuja fé eu traí! Oh, sangue real dos antigos faraós, que ainda corre nestas veias murchas, e cuja virtude eu traí! Oh, Essência Invisível de todo o Bem! Oh, Destino, cujo equilíbrio estava em minhas mãos, escutai-me, e até o dia da condenação absoluta, sejam testemunhas de que escrevo a verdade.

Mesmo enquanto escrevo, além dos campos férteis, o Nilo está se tornando vermelho, como se tivesse sangue. Na minha frente, os raios de Sol batem nas distantes colinas arábicas, e caem sobre os pilares de Abukin. Os sacerdotes ainda fazem orações dentro dos templos de Abukin que não me conhecem mais; sacrifícios ainda são oferecidos e os tetos de pedra ecoam de volta às orações dos fiéis. Ainda nesta cela longínqua dentro da torre da prisão, eu, o sinônimo da vergonha, observo as bandeiras de Abukin se agitando, ostentadas nas paredes de teu pilone, e escuto as preces conforme a longa procissão vai de santuário a santuário.

Abukin, Abukin perdido! Meu coração vai para ti! Pois chegará o dia em que as areias do deserto preencherão teus lugares secretos! Teus deuses estão condenados, Abukin! Novas crenças irão zombar de todas as tuas divindades, e centuriões e mais centuriões irão cruzar tuas paredes fortificadas. Eu choro, choro lágrimas de sangue: pois o meu pecado é que trouxe estes males e a sua vergonha é minha para sempre.

Eis o que está escrito a seguir.

Aqui em Abukin eu nasci, eu, Harmachis, e meu pai, o justificado por Osíris, era supremo sacerdote do templo de Seth. No mesmo dia do meu nascimento também nasceu Cleópatra, a rainha do Egito. Eu passei a minha juventude nos campos longínquos, observando as pessoas simples em suas tarefas, saindo e entrando à vontade dos grandes pátios dos templos. Eu não sabia nada sobre a minha mãe, pois ela morreu quando ainda me amamentava. Mas antes de morrer, durante o reinado de Ptolomeu Auleta, que era chamado de o Flautista, conforme me disse a minha ama Atoua, minha mãe tirou de uma urna de marfim uma serpente dourada, a serpente símbolo de nossa realeza do Egito, e a colocou na minha testa. Aqueles que a viram fazer isto acreditavam que ela estava tomada pela divindade, e que em sua loucura prenunciou o dia em que a dinastia macedônica estaria terminada, quando o cetro do Egito passaria de novo para as mãos da verdadeira e real raça egípcia. Mas então o meu pai, o velho supremo sacerdote Amenemhat, de quem sou o único filho, viu aquela que havia sido sua esposa antes de ter sido a minha mãe, amaldiçoada com rispidez por Sekhmet, não se sabe por qual crime, quando o meu pai veio e viu o que a mulher moribunda havia feito, ele levantou as suas mãos na direção do céu e adorou o Invisível, por causa do sinal que havia sido enviado. E conforme ele adorava, as Hátors[6] preencheram a minha mãe moribunda com o Espírito da Profecia, então ela se levantou com força do sofá e se prostrou três vezes na frente do berço onde eu dormia, com a víbora real em minha testa, e exclamou em voz alta:

"Aclamo-te, fruto do meu útero! Aclamo-te, criança real! Aclamote, futuro faraó! Aclamo-te, Deus que irá purificar a terra, divina semente do faraó Nekt-nebf, o descendente de Ísis. Mantenha-te puro, e tu irás

---

6. A Personificação do destino dos egípcios, ou parcas.

governar e entregar o Egito e não serás derrotado. Mas se tu duvidares da fé, tu falhares na hora de tua provação, então que a praga de todos os deuses do Egito caia sobre ti, e a praga de teus antepassados reais, os justificados, que governaram a terra desde antes de ti, desde a idade de Hórus. Então a tua vida será miserável, e depois de tua morte que Osíris te recuse e que os juízes de Amenti julguem contra ti, e que Seth e Sekhmet o atormentem até que o teu pecado seja purgado e os deuses do Egito, chamados por nomes estranhos, voltem a ser adorados nos templos do Egito, até que o mastro do opressor seja quebrado e as pegadas dos estrangeiros sejam apagadas, e que isto seja realizado como tu em tua fraqueza deverás fazer com que aconteça".

Assim que ela terminou de falar, o Espírito da Profecia saiu de seu corpo e ela caiu morta diante do berço onde eu dormia, então acordei com um grito.

Meu pai, Amenemhat, o supremo sacerdote, tremia e estava com muito medo, por causa das palavras que foram ditas pelo espírito das Hátors pela boca de minha mãe, e também porque o que havia sido dito era uma traição contra Ptolomeu. Meu pai sabia que se aquilo fosse parar nos ouvidos de Ptolomeu, o faraó enviaria seus guardas para acabar com a vida da criança sobre quem tais coisas foram profetizadas. Assim, meu pai fechou as portas e fez com que todos que ali estavam jurassem sobre o símbolo sagrado do seu ofício, e em nome da Santa Trindade e pela alma daquela que jazia morta nas pedras ao seu lado, que nada do que eles haviam visto e ouvido iria passar por seus lábios.

Dentre eles estava a velha ama, Atoua, que havia amamentado minha mãe e a amava muito. E naquela época, apesar de não saber bem como havia sido no passado ou como seria no futuro, não havia juramento que pudesse prender a língua de uma mulher. Assim, depois de algum tempo, quando o assunto havia se tornado familiar em sua mente e ela já havia perdido o medo, falou sobre a profecia para sua filha, que estava me amamentando depois da morte de minha mãe. Ela contou esta história enquanto as duas andavam juntas no deserto, levando comida para o marido da filha, que era escultor e que esculpia efígies dos deuses sagrados nas tumbas que eram feitas de pedra. Ela disse à filha, minha ama, quão grande deveria ser seu amor e cuidado com a criança que um dia viria a ser o faraó, e que expulsaria os Ptolomeus do Egito. Mas a filha, minha babá, ficou tão admirada com o que tinha escutado que ela não conseguiu manter o segredo trancado em seu peito. Naquela noite ela acordou seu marido e por sua vez sussurrou o segredo no ouvido dele, e assim desencadeou sua própria destruição, e a destruição de seu filho, meu irmão de criação. Pois o marido dela contou para um amigo, que era um espião de Ptolomeu, e foi assim que a lenda chegou aos ouvidos do faraó.

E agora o faraó estava perturbado, pois quando estava bêbado ele zombava dos deuses dos egípcios, e jurava que o Senado romano era o único Deus para o qual ele já havia se ajoelhado. Mas em seu coração ele estava terrivelmente apavorado, como eu soube por meio de um homem que havia sido seu médico. Quando Ptolomeu ficava sozinho à noite, ele chorava e gritava pelo nome do grande Serápis, que na realidade não é um deus verdadeiro. Ele também rezava para outros deuses, com medo de que fosse assassinado e sua alma fosse entregue aos torturadores. E quando ele sentia seu trono tremer debaixo de si, enviava grandes presentes para os templos, pedindo uma mensagem dos oráculos, em especial do oráculo que fica em Files. Assim, quando chegou aos seus ouvidos que a esposa do supremo sacerdote do grandioso e antigo templo de Abukin havia sido tomada pelo Espírito da Profecia antes de morrer, e previsto que seu filho se tornaria faraó, ele ficou muito assustado. Convocou alguns guardas de confiança, que por serem gregos não temiam o sacrilégio, e os mandou de barco para subir o Nilo com ordens de ir até Abukin, cortar a cabeça do filho do supremo sacerdote e trazê-la dentro de uma cesta.

Mas como que por acaso, o barco em que os guardas viajavam era muito profundo, e como eles vinham na época de seca do rio, atolaram e ficaram parados em um banco de areia do lado oposto à estrada que atravessa as planícies de Abukin. O vento norte soprava com ferocidade e eles corriam o risco de afundar. Assim, os guardas do faraó chamaram as pessoas do povo, que estavam trabalhando, tirando água perto das margens do rio, para que elas viessem e os resgatassem de barco. Mas, vendo que os homens eram gregos de Alexandria, as pessoas não foram resgatá-los, pois os egípcios não amam os gregos. Quando os guardas disseram que estavam a serviço do faraó, ainda assim as pessoas disseram que não iriam, perguntando qual era o assunto de que tratavam. Nesse momento um eunuco que estava entre os guardas, que se embriagou em seu próprio medo, disse que eles tinham vindo para matar o filho de Amenemhat, o supremo sacerdote, a criança da profecia que iria se tornar faraó e expulsar os gregos do Egito. Então as pessoas ficaram com receio de não ajudar, e assim trouxeram barcos, sem entender bem as palavras daquele homem. Mas havia um homem entre eles, um fazendeiro que cuidava dos canais, que era parente de minha mãe e que estava presente no momento da profecia. Ele então se virou e correu rapidamente por 45 minutos, até chegar à casa onde eu estava, que fica próxima à parede norte do grande templo. Por um acaso meu pai estava fora, naquela parte do Lugar das Tumbas, que fica à esquerda da grande fortaleza. Os guardas do faraó, montados em burros, se aproximavam com determinação. Então o mensageiro chamou a velha ama, Atoua, cuja língua havia trazido o mal, e disse que os soldados se aproximavam para me matar. Eles se entreolharam sem saber o que fazer, pois se me escondessem os guardas continuariam com sua busca até me encontrar. Mas o homem, olhando através da porta, viu um garotinho brincando:

"Mulher", ele disse, "de quem é esta criança?"

"É meu neto", ela respondeu, "o irmão de criação do príncipe Harmachis, o filho cuja mãe causou este mal".

"Mulher", ele disse, "tu sabes o teu dever, então o faça!" E ele novamente apontou para a criança. "Eu te ordeno, pelo Santo Nome!"

Atoua tremia em excesso, pois a criança era sangue de seu sangue, mas mesmo assim, ela pegou o garoto, lavou-o e o vestiu com uma roupa de seda, e o colocou em meu berço. Depois ela me pegou, sujou-me de lama para minha pele parecer mais escura, e, tirando minha roupa, me colocou para brincar no chão do quintal, o que eu fiz com alegria.

Depois o homem se escondeu, pois na mesma hora os soldados chegaram e perguntaram se aquela era a casa do supremo sacerdote Amenemhat. E a mulher lhes disse que sim, e, convidando-os a entrar, lhes ofereceu mel e leite, pois eles estavam com sede.

Depois de beberem, o eunuco que estava com eles perguntou se era o filho de Amenemhat que estava deitado no berço. E ela disse "sim, sim", e começou a contar a profecia aos guardas, que um dia ele seria um grande homem, e que um dia ele iria governar a todos.

Mas os guardas gregos riram, e um deles, agarrando a criança, cortou a cabeça dele com uma espada, e o eunuco tirou o sinete do faraó como garantia do feito, e mostrou para a velha ama, Atoua. Ela deveria dizer ao supremo sacerdote que o filho dele seria um rei sem a cabeça.

Quando eles estavam indo embora, um deles me viu brincando na lama e comentou que havia mais classe naquele fedelho do que no príncipe Harmachis. Por um momento eles hesitaram, pensando em me matar também, mas no final eles continuaram, levando a cabeça do meu irmão de criação, pois eles não gostavam de assassinar crianças pequenas.

Depois de um tempo, a mãe da criança assassinada voltou do mercado, e quando soube o que tinha acontecido, ela e seu marido queriam matar a velha ama Atoua, sua mãe, e me entregar para os soldados do faraó. Mas meu pai também chegou e descobriu a verdade, e ele fez com que o homem e a sua mulher fossem levados durante a noite para se esconderem nos recantos escuros do templo, e eles nunca mais foram vistos.

Até hoje eu gostaria que tivesse sido a vontade dos deuses que eu fosse assassinado, e não a criança inocente.

Depois disso espalharam a notícia que o supremo sacerdote Amenemhat havia me adotado, no lugar de seu filho Harmachis, que havia sido assassinado pelo faraó.

Capítulo II

A Desobediência de Harmachis; o Assassinato do Leão; o Discurso da Ama Atoua

Depois de tudo isso, Ptolomeu, o Flautista, não nos incomodou mais e não enviou mais soldados em busca daquele de quem se profetizara que deveria se tornar faraó. Pois a cabeça de meu irmão de criação foi levada a ele pelo eunuco, quando se sentava em seu palácio de mármore em Alexandria, corado pelo vinho do Chipre, tocando a flauta para suas mulheres. Seguindo um comando de Ptolomeu, o eunuco levantou a cabeça no ar para que o faraó a observasse. Então o faraó riu e deu um golpe na bochecha com sua sandália, ordenando que uma das garotas o coroasse faraó com flores. Ele se ajoelhou e fez uma reverência, e zombou da cabeça da criança inocente. Mas a garota, que tinha a língua afiada pelo que eu ouvi depois de todos esses anos, disse a ele que "fez bem em se ajoelhar, pois aquela criança era de fato o faraó, o maior dos faraós, seu nome era Osíris e seu trono foi a morte".

Auleta se assustou com essas palavras, e tremeu, pois, sendo um homem cruel, tinha muito medo de entrar em Amenti. Então ele ordenou que a garota fosse assassinada por causa de suas palavras de mau agouro, gritando que ele iria enviá-la para venerar o faraó que ela havia nomeado. Ele mandou as outras mulheres embora, e não tocou mais sua flauta até que estivesse bêbado mais uma vez, no dia seguinte. Mas os alexandrinos fizeram uma canção sobre o assunto, que ainda é cantada nas ruas. Este é o começo da canção:

Ptolomeu o Flautista tocou
Sobre os mortos e moribundos,
O Flautista tocou bem.
A sua Flauta com certeza era feita

Do junco umedecido que suspira
Sobre os regatos do Inferno.
Ali embaixo das sombras cinzas,
Com as três irmãs,
Ele deverá tocar flauta por muitos dias.
Que o sapo seja seu mordomo!
E o seu vinho a água daquele país,
Ptolomeu o Flautista!

Depois disso, os anos se passaram, e eu, sendo muito novo, não soube de nenhuma das grandes coisas que aconteceram no Egito. Nem é meu propósito relatá-las aqui. Pois eu, Harmachis, tendo pouco tempo de vida, irei falar somente das coisas que me dizem respeito.

E conforme o tempo foi passando, meu pai e meus professores instruíram-me no antigo aprendizado de nosso povo e em assuntos que pertenciam aos deuses, como é adequado que as crianças saibam. Então cresci forte e gracioso, pois o meu cabelo era tão preto como o da divina Nut, meus olhos eram tão azuis como as flores de lótus azuis e a minha pele era como o alabastro de dentro dos santuários. Agora que estas glórias já passaram por mim, posso me referir a elas sem vergonha. Eu também era forte. Não havia nenhum jovem da minha idade em Abukin que podia lutar contra mim, nem que pudesse lançar tão longe com o bodoque ou a lança. Eu tinha uma enorme vontade de caçar um leão, mas aquele que eu chamava de pai me proibiu, dizendo que minha vida era muito preciosa para ser arriscada de maneira tão leviana. Mas quando me ajoelhei na frente dele e supliquei para que ele deixasse claro para mim o que isso significava, o velho homem franziu o cenho e me disse que os deuses fariam com que tudo ficasse claro no momento certo. De minha parte, no entanto, saí indignado, pois havia um jovem em Abukin que junto com um grupo havia matado um leão que tinha ameaçado o rebanho de seu pai. Tendo inveja de minha beleza e força, ele começou a espalhar que na verdade eu era um covarde e que quando eu saía para caçar eu matava apenas chacais e gazelas. Isso aconteceu quando eu havia atingido meus 17 anos e era um homem feito.

Foi por acaso, então, que depois de sair com meu coração ferido da presença do supremo sacerdote, encontrei esse jovem, que me chamou e zombou de mim. Ele fez com que eu soubesse que os camponeses haviam dito para ele que um enorme leão estava escondido entre os arbustos perto das margens do canal que passa pelo templo, a uma distância de pouco mais de cinco quilômetros de Abukin. Ainda zombando de mim, ele perguntou se eu iria com ele para ajudá-lo a matar o leão, ou se iria ficar com as mulheres velhas pedindo para que elas penteassem meu cabelo? Suas palavras amargas me deixaram tão nervoso que eu estava quase partindo para cima dele, mas ao invés disso, esquecendo-me das palavras de meu pai, eu lhe disse que se ele fosse sozinho, eu iria com ele para procurar este leão, e ele iria descobrir se eu era de fato um covarde. No início ele não quis ir, pois como todos os homens sabem é nosso costume caçar leões em grupo, por isso foi a minha vez de zombar dele. Então ele foi buscar seu arco e flechas e uma faca afiada. Eu trouxe minha lança pesada, que tinha um cabo de madeira com espinhos e no final uma romã de prata, para evitar que a mão escorregasse. Nós partimos em silêncio, lado a lado, na direção de onde o leão se encontrava. Quando chegamos ao lugar, estava quase anoitecendo. E ali, na lama da margem do canal encontramos a passagem do leão, que seguia para dentro de uma densa moita de juncos.

"E agora, valentão?", eu disse, "Queres liderar o caminho naqueles juncos, ou eu irei?". E fingi que iria mostrar o caminho.

"Não, não", ele respondeu, "não sejas tão louco! A besta vai saltar em cima de ti e te despedaçar. Veja! Eu vou atirar entre os juncos. Se ele estiver dormindo, talvez isto irá acordá-lo". E ele atirou sua flecha ao acaso.

Eu não sei como isso aconteceu, mas a flecha acertou o leão que estava dormindo, e como um relâmpago saindo da barriga de uma nuvem, ele saltou do esconderijo dos juncos e ficou na nossa frente, com sua juba eriçada, os olhos amarelos e a flecha pendurada em seu flanco. Ele rugiu alto em fúria, e a terra tremeu.

"Atire com o arco", gritei. "Atire depressa antes que ele salte!".

Mas a coragem havia abandonado o peito do valentão. Seu queixo caiu e seus dedos soltaram o arco, que caiu no chão. Então, com um grito alto, ele se virou e fugiu para trás de mim, deixando o leão no meu caminho. Mas enquanto eu estava parado esperando pela minha morte, pois eu estava certo de que não poderia fugir, o leão se agachou, e sem se virar com um grande pulo passou por cima de mim, sem me tocar. Ele se levantou, e mais uma vez atacou, pegando em cheio nas costas do valentão, atingindo-o com sua enorme pata com um golpe tão forte que a cabeça dele se quebrou como um ovo arremessado contra uma pedra. Ele caiu morto, e o leão se aproximou e rugiu em cima dele. Eu fiquei louco com o pavor, e mal sabendo o que fazer, agarrei minha lança e, com um grito, ataquei. Enquanto eu atacava, o leão se levantou em minha direção. Ele deu o bote com sua pata, mas com toda a minha força, enterrei a lança inteira em sua garganta, e encolhendo-se pela agonia do aço, seu bote não teve tanta força e ele apenas arranhou a minha pele. Ele caiu de costas, com a lança enterrada em sua garganta. Então se levantou, rugindo de dor, e pulou uma altura duas vezes maior que a altura de um homem, batendo na lança com as suas patas. Ele se levantou duas vezes, horrível de se ver, e caiu de costas nas duas vezes. Depois sua força se exauriu por causa de seu sangue que corria com rapidez e, gemendo como um touro, ele morreu. Eu, sendo apenas um rapaz, fiquei parado e tremendo aterrorizado, depois que a causa de todo o medo havia passado.

Assim que me levantei e encarei o corpo daquele que havia me atormentado e a carcaça do leão, uma mulher veio correndo em minha direção, a mesma velha ama, Atoua, que embora eu ainda não soubesse, havia oferecido seu próprio sangue e carne para que eu pudesse ser salvo e continuasse vivo. Ela estava recolhendo ervas medicinais, em que tinha muita habilidade, na beira da água, sem saber que havia um leão por perto (e na verdade, os leões, na maioria das vezes, não se encontram nas terras lavradas, mas sim no deserto e nas montanhas líbias). Ela viu de certa distância o que havia acontecido. Conforme foi se aproximando, ela percebeu que eu era Harmachis, e se curvou em reverência a mim, saudou-me, começou a me chamar de real, merecedor de toda a honra, o adorado, o escolhido pela Santa Trindade, e pelo nome do faraó! O Salvador!

Pensando que o terror havia enlouquecido aquela mulher, perguntei sobre o que ela estava falando.

"É grande coisa", perguntei, "que eu tenha matado um leão? É um assunto que mereça palavras como as tuas? Ainda vivem, e já viveram, homens que mataram muitos leões. Não foi o divino Amen-hotep o escravo osiríaco que matou com suas próprias mãos mais de uma centena de leões? Não está escrito no escaravelho que está pendurado no quarto do meu pai, que ele matou leões há muito tempo atrás? E outros já não fizeram o mesmo? Por que então, mulher tola, tu falas assim?"

Eu disse tudo aquilo porque depois de ter matado o leão eu estava decidido, como era o costume da juventude, a considerar aquilo como uma coisa sem importância. Mas ela não parava de me reverenciar e me chamar de nomes que são muito elevados para serem escritos.

"Oh, o majestoso!", ela exclamava. "A profecia de tua mãe foi sábia. Por certo o Espírito Sagrado, o Kneph, ou Sopro da Vida, estava nela. Oh, tu que foste concebido por um Deus! Veja o presságio! Este leão ruge dentro do Capitólio em Roma, e o homem morto é o Ptolomeu, o descendente macedônico que como uma erva daninha cobriu a terra do Nilo. Com a lágida macedônica tu irás ferir o leão de Roma. Mas o cão macedônico irá fugir, e o leão romano irá derrotá-lo, e tu irás derrotar o leão, e a terra de Kemet mais uma vez será livre! Livre! Mantenha-te puro, de acordo com o preceito dos deuses, Oh, filho da Casa Real, Oh esperança de Kemet! Mas tenha cautela com a mulher, a destruidora, e como eu disse, assim será. Sou pobre e desafortunada, sim, e acometida pela mágoa. Eu pequei ao falar aquilo que deveria ter sido escondido, e pelo meu pecado paguei com a moeda do que nasceu de meu próprio útero. De bom grado paguei por ti. Mas ainda tenho a sabedoria do nosso povo, e nem os deuses, cujos olhos veem todos iguais, desviam seus rostos dos pobres. A divina mãe Ísis falou comigo na noite passada. Ela me ordenou que eu viesse aqui para colher ervas, e interpretasse para ti os sinais que eu pudesse ver. E como eu disse então acontecerá, se tu suportares o peso da grande tentação. Venha para cá, Nobre!" Ela me levou para a margem do canal, onde a água era profunda, parada e azul. "Agora contemple este rosto que a água reflete. Esta fronte não foi feita para carregar a dupla coroa? Estes olhos gentis não refletem a majestade dos reis? Ptah, o Criador, não criou esta forma para se encaixar no traje imperial e encantar o olhar das multidões que através de ti olham para Deus?"

"Não, não", ela continuou com uma voz diferente, uma voz estridente de uma velha ama. "Não serei tão tola, garoto! O arranhão de um leão é algo venenoso, uma coisa terrível! Sim, é tão ruim quanto a picada de uma víbora, e deve ser tratado, senão irá supurar, e por todos os dias tu irás sonhar com leões e com serpentes e também surgirão feridas. Mas eu sei disso, eu sei, não sou louca à toa. Anote isso! Tudo tem seu equilíbrio, há muita sabedoria na loucura, e há muita loucura na sabedoria. Lá! Lá! Lá! O próprio faraó não consegue distinguir onde uma começa e a outra termina. Agora não fique aí parado, parecendo tão tolo quanto um gato em pele de crocodilo, como dizem em Alexandria. Deixe-me colocar estas coisas verdes no local, e em seis dias você estará curado, tão branco como uma criança de 3 anos de idade. Não te preocupes em como isso vai acontecer, rapaz. Por Ele que dorme em Philae, ou em Abukin, ou em Abidos, como os nossos divinos mestres fazem agora, ou onde quer que Ele durma, o que é algo que nós iremos descobrir mais cedo do que queremos, por Osíris eu declaro, tu viverás para ficar tão limpo de cicatrizes quanto um sacrifício para Ísis na Lua Nova, se tu apenas me deixares aplicar estas ervas".

"Não é mesmo, boa gente?". E ela se virou para algumas pessoas que haviam se aproximado enquanto ela profetizava, sem que eu notasse. "Lancei um feitiço sobre ele, apenas para criar um caminho para as virtudes dos meus remédios. Lá! Lá!, não há nada como um feitiço. Se vós não acreditais em mim, me procurai da próxima vez que as suas esposas estiverem estéreis. É melhor do que esfregar cada pilar do templo de Osíris, eu garanto. Eu as farei férteis como uma palmeira de 20 anos de idade. Mas então, vejam, vocês têm que saber o que dizer, este é o ponto, tudo chega a um ponto final. Lá! Lá!"

Enquanto ouvia tudo aquilo, eu, Harmachis, coloquei minha mão na cabeça, sem saber se eu estava sonhando. Mas olhando para cima, vi um homem de cabelos grisalhos no meio da multidão, observando-nos com atenção. Mais tarde descobri que aquele homem era um espião de Ptolomeu, o mesmo homem que havia quase causado a minha morte a mando do faraó, quando estava em meu berço. Então entendi por que Atoua estava falando aquelas tolices.

"Estes são feitiços estranhos, ama", disse o espião. "Tu falaste sobre o faraó, sobre a coroa dupla e sobre a forma criada por Ptah para carregá-la, não é mesmo?"

"Sim, sim, faz parte do feitiço, seu tolo. Qual melhor julgamento hoje em dia do que pelo divino faraó, o Flautista, que os deuses o preservem junto com sua música para que ele encante esta terra feliz? O que é melhor do que jurar pela coroa dupla que ele carrega – Glória ao grande Alexandre da Macedônia? Aliás, vós que sabeis de tudo, eles já conseguiram de volta o manto dele, que Mitridates levou para Cós? Pompeu o vestiu por último, não foi? Em seu triunfo, também, apenas o extravagante Pompeu no manto de Alexandre! Um filhote de cachorro em pele de leão! E falando em leões, vede o que este jovem fez, matou um leão com sua própria lança! E ainda bem que vós moradores da vila pudestes testemunhar, pois este era um leão muito feroz! Vede seus dentes e suas garras! Suas garras! Elas são o suficiente para que uma pobre velha tola como eu trema só de olhar para elas! E o corpo aqui, este corpo morto, o leão o matou. Ah, agora ele é um Osíris.[7] E pensar que há apenas uma hora ele era um mortal comum como eu e vós! Bem, levai-o para os embalsamadores. Logo ele vai inchar ao Sol e vai explodir, e isso vai poupar-lhes o trabalho de cortá-lo. Não que alguém vá gastar um talento de prata nele, de qualquer forma. Setenta dias no natrão, é provável que isso seja tudo o que ele irá conseguir. Lá! Lá! Minha língua está solta, e está escurecendo. Então, vós não ireis levar embora o corpo

---

7. A alma ao ser absorvida na divindade.

deste pobre rapaz e também do leão? Venha, meu garoto, mantenha estas ervas no ferimento, e tu nunca irás sentir os arranhões. Eu conheço uma ou duas coisas, mesmo todos pensando que sou louca. E tu, meu próprio neto! Eu sou tão grata por Sua Santidade, o supremo sacerdote, ter te adotado depois que o faraó, que Osíris abençoe o seu santo nome, deu um fim no filho dele. Tu estás tão forte. Eu garanto que o verdadeiro Harmachis não poderia ter matado um leão deste jeito. Eu digo, dê-me o sangue popular, ele é tão vigoroso."

"Você sabe demais e fala muito rápido", resmungou o espião, agora muito decepcionado. "Bem, ele é um jovem corajoso. Venham aqui, homens, levem este corpo de volta para Abukin e alguns de vocês parem e me ajudem a tirar a pele do leão. Nós iremos enviar a pele a você, meu jovem". Ele continuou: "Não que você o mereça, pois atacar um leão deste jeito foi o ato de um tolo, e um tolo merece o que ele recebe: a destruição. Nunca ataque o forte até que você seja mais forte".

De minha parte, fui para casa pensando.

Capítulo III

A Reprimenda de Amenemhat; a Oração de Harmachis; o Sinal Enviado pelos deuses Sagrados

Durante algum tempo enquanto eu, Harmachis, seguia, o suco das ervas verdes que a velha ama, Atoua, tinha colocado em meus ferimentos causaram-me muita dor, até que, então, a dor passou. Para falar a verdade, acredito que as ervas possuíam alguma virtude, pois em dois dias minha carne se curou, e depois de algum tempo já não havia nenhuma marca. Mas eu ficava pensando que havia desobedecido ao supremo sacerdote Amenemhat, a quem eu chamava de pai. Até aquele dia eu ainda não sabia, na verdade, que ele era meu pai de acordo com a carne, a quem tinha sido dito que seu próprio filho havia sido assassinado, como escrevi anteriormente, e que tinha ficado satisfeito, com o consentimento das Divindades, em me adotar e me educar, para que na época certa eu pudesse ter alguma ocupação no templo. Portanto, eu estava preocupado, pois eu temia o velho homem, que era terrível quando estava nervoso e sempre falava com a voz fria da sabedoria. Mesmo assim, eu estava determinado a ir até ele e confessar o meu erro, e sofrer qualquer punição que ele quisesse me infligir. Então, com a lança vermelha em minha mão, e os ferimentos vermelhos em meu peito, passei pelo pátio externo do grande templo e cheguei à porta do lugar onde o supremo sacerdote morava. Era uma sala enorme, esculpida com imagens dos deuses solenes, e a luz do Sol entrava na sala durante o dia através de uma abertura nas pedras que formavam o enorme teto. Mas à noite ela era iluminada por uma lâmpada de bronze que balançava. Entrei sem fazer barulho, pois a porta estava apenas encostada, e abrindo meu caminho através das pesadas cortinas que estavam além, fiquei com o coração acelerado dentro da sala.

A lâmpada estava acesa, pois já era noite, e através de sua luz vi o velho homem sentado em uma cadeira de marfim e ébano a uma mesa de pedra sobre a qual estavam espalhadas escrituras místicas com as palavras da Vida e da Morte. Mas ele não lia mais, pois estava dormindo, e sua longa barba branca descansava sobre a mesa como a barba de um homem morto. A luz suave da lâmpada se refletia nele, nos papiros e no anel dourado de sua mão, com gravações dos símbolos do Invisível, mas tudo ao redor estava na sombra. A luz caía sobre sua cabeça raspada, sua túnica branca, no bastão de cedro do sacerdócio que estava ao seu lado e no marfim da cadeira com pés de leão. A luz mostrava a poderosa expressão do poder, suas feições cinzeladas em um molde majestoso, as sobrancelhas brancas e as olheiras escuras de seus olhos profundos. Observei e tremi, pois havia algo sobre ele que era mais do que a dignidade do homem. Ele havia vivido por tanto tempo com os deuses, e por tanto tempo havia se mantido em companhia deles e com pensamentos divinos, era tão profundamente versado em todos os mistérios dos quais nós apenas temos um vago conhecimento, aqui neste espaço superior, que mesmo hoje, antes de seu tempo, ele compartilhava da natureza de Osíris, e isto era algo que fazia a humanidade tremer de medo.

Permaneci parado e olhando, e comigo parado ali, ele abriu seus olhos negros, mas não olhou para mim, nem virou sua cabeça. Mesmo assim, ele me viu e falou:

"Por que tu me desobedeceste, meu filho?", ele disse. "Como foi que tu foste enfrentar o leão quando ordenei que não o fizesses?"

"Meu pai, como tu sabes que saí?", perguntei com medo.

"Como eu sei? Não há outras maneiras de saber do que pelos sentidos? Ah, criança ignorante! Não era meu o espírito que estava contigo quando o leão saltou sobre teu companheiro? Não rezei para aqueles que estão acima de ti, para te proteger e para assegurar que a tua lança iria atravessar a garganta do leão? Então por que saíste, meu filho?"

"Aquele fanfarrão zombou de mim!", respondi. "Por isso eu fui".

"Sim, eu sei, e por causa do sangue quente da juventude, eu te perdoo, Harmachis. Mas agora me escute, e deixe que minhas palavras penetrem em teu coração como as águas do Sihor penetram as areias sedentas quando a Sirius[8] se levanta. Escute-me. O fanfarrão foi enviado para ti como uma tentação, ele foi enviado para testar a tua força, e veja! Não foi igual à carga. Por isso a tua hora foi adiada. Se tu tivesses sido forte neste assunto, o caminho teria sido aplainado para ti, mesmo agora. Mas tu falhaste, e por isto a tua hora foi adiada."

"Eu não te compreendo, meu pai", respondi.

---

8. A maior estrela da constelação do Cão Maior é apelidada de Estrela Canina, e a sua aparição marcava o início das cheias do Nilo.

"O que foi então, meu filho, que a velha ama Atoua te disse na margem do canal?"

Então eu disse a ele tudo o que a velha ama havia me dito.

"Tu acreditaste, meu filho Harmachis?"

"Não", respondi, "Como eu poderia acreditar em tais histórias? Com certeza, ela é louca. Todas as pessoas sabem que ela é louca".

Agora pela primeira vez ele olhava em minha direção, pois eu estava de pé na sombra.

"Meu filho! Meu filho!", exclamou. "Tu estás enganado. Ela não é louca. Aquela mulher falou a verdade. Ela não falou por ela mesma, mas pela voz de dentro dela que não pode mentir. Pois esta Atoua é uma profetisa e sagrada. Agora conheça o destino que os deuses do Egito deram a ti para que tu o cumpras, e que a desgraça esteja contigo se tu falhares! Escute: Tu não és um estranho que foi adotado em minha casa e no culto do templo. Tu és o meu filho, que foi salvo para mim por esta mesma mulher. Mas Harmachis, tu és mais do que isto, pois somente em ti e em mim ainda corre o sangue imperial do Egito. Apenas eu e tu somos os descendentes, sem intervalo ou falta, do faraó Nekt-nebf que o persa Ochus expulsou do Egito. Os persas vieram e foram embora, e depois dos persas vieram os macedônios, e agora por quase 300 anos os lágidas têm usurpado a dupla coroa, contaminando a terra de Kemet e corrompendo a adoração de seus deuses. E preste atenção nisto: há duas semanas, Ptolomeu Neus Dionísio, Ptolomeu Auleta, conhecido como o Flautista, que teria te assassinado, morreu. Agora mesmo o eunuco Pothinus, o mesmo eunuco que veio para cá anos atrás para cortar a tua cabeça, aviltou o testamento de seu mestre, o falecido Auleta, e colocou no trono o garoto Ptolomeu. Assim a irmã dele, Cleópatra, aquela garota linda e feroz, fugiu para a Síria. Lá, se eu não me engano, ela irá reunir suas tropas e declarar guerra contra seu irmão Ptolomeu, pois de acordo com o testamento de seu pai, ela era soberana conjunta com ele. Enquanto isso, meu filho, preste atenção: a águia romana espera no alto, com suas garras prontas para o tempo em que possa atacar o carneiro robusto, o Egito, e despedaçá-lo. Preste atenção de novo: o povo do Egito está cansado do jugo estrangeiro, odeia a lembrança dos persas, e está cansado, de todo o coração, de ser chamado de 'homens da Macedônia' nos mercados de Alexandria. Toda a pátria sussurra e murmura sob o jugo dos gregos e a sombra dos romanos.

Nós não fomos oprimidos? Nossas crianças não foram massacradas e nossas riquezas arrancadas de nós para preencher a ganância e a luxúria sem limites desses lágidas? Os templos não foram abandonados? Ah, e as majestades dos deuses eternos não foram aviltadas por estes gregos tagarelas, que ousaram interferir com as verdades imortais e nomear o Mais Alto com outro nome, pelo nome de Serápis, confundindo a substância do Invisível? O Egito não está clamando por liberdade? E ele deverá clamar em vão? Não, não, pois tu, meu filho, és a maneira empregada para a libertação. Para ti transmiti os meus direitos, pois já estou velho. O teu nome já está sendo sussurrado em muitos santuários, de Abu a Athos. Sacerdotes e pessoas já juram fidelidade, até pelos símbolos sagrados, a ti que serás proclamado para eles. Mas a hora ainda não chegou, tu és uma árvore muito nova para suportar o peso de tal tempestade, pois hoje tu foste testado e considerado deficiente.

Aquele que deve servir aos deuses, Harmachis, deve deixar de lado as fraquezas da carne. As tentações não devem movê-lo, nem nenhuma lascívia do homem. A tua missão é divina, mas isto tu deves saber. Se tu não souberes, irás fracassar, e então a minha maldição cairá sobre ti, a maldição do Egito, e a maldição dos deuses egípcios destruídos. Pois saibas que mesmo os deuses, que são imortais, podem, no entremeado plano das coisas, depender do homem que é seu instrumento, como um guerreiro depende de sua espada. Desafortunada seja a espada que se quebra na hora da batalha, pois ela será deixada de lado para enferrujar ou talvez ser derretida no fogo! Assim, faça com que o teu coração fique puro, elevado e forte, pois tua missão não é comum, e a tua recompensa não é mortal. Triunfe, Harmachis, e tu irás em glória, em glória aqui e em outra vida! Falhe, e o infortúnio estará contigo!"

Ele parou por um instante, abaixou sua cabeça, e continuou:

"Tu irás saber mais sobre estes assuntos depois. Por enquanto tu tens muito o que aprender. Amanhã te darei cartas, e tu irás começar uma jornada descendo o Nilo, passando pelos muros brancos de Mênfis até Heliópolis. Lá tu irás permanecer por alguns anos e aprender mais sobre nossa antiga sabedoria sob a sombra das pirâmides secretas, das quais tu também serás o supremo sacerdote por direito hereditário. Enquanto isso, ficarei aqui observando, pois ainda não chegou a minha hora, e com a ajuda dos deuses irei fiar a teia da morte onde tu irás capturar e manter a vespa da Macedônia.

Venha cá, meu filho, venha cá e me dê um beijo na testa, pois tu és a minha esperança, e toda a esperança do Egito. Seja somente verdadeiro, suba para a crista da águia do destino, e tu serás glorioso agora e depois. Seja falso, falhe, e eu cuspirei em ti, tu serás amaldiçoado, e tua alma permanecerá escrava até a hora em que, no andar vagaroso do tempo, o mal mais uma vez seja transformado em bem e o Egito seja livre de novo".

Aproximei-me tremendo e o beijei na testa. "Que todas estas coisas venham a mim, e muito mais, se eu falhar contigo, meu pai!", eu disse.

"Não", ele exclamou, "não comigo, mas falhar com aqueles cuja vontade eu sigo. Agora vá, meu filho, e pondere com o teu coração, e em teu coração secreto absorva minhas palavras. Marque o que tu irás ver, e reúna o orvalho da sabedoria, preparando-te para a batalha. Não temas por ti mesmo, pois tu estás protegido de todo mal. Nenhum dano pode te tocar vindo de fora, somente tu podes ser o teu inimigo. Eu tenho dito".

Então saí com o coração pesado. A noite estava muito quieta, nada se movia nos pátios do templo. Eu os atravessei rapidamente, e alcancei a entrada do pilone que fica no portão exterior. Assim, procurando a solidão, como se eu pudesse me aproximar do céu, subi os 200 degraus do pilone, até que por fim atingi o enorme teto. Lá encostei-me ao parapeito e olhei ao meu redor. Conforme observava, a borda vermelha da Lua Cheia flutuava sobre as colinas arábicas, seus raios caindo sobre o pilone onde eu me encontrava e sobre as paredes do templo que ficavam além, iluminando as visões dos deuses entalhados. Então a luz fria atingiu as faixas de terras cultivadas que estavam ficando brancas para a colheita, e conforme a luz celestial de Ísis passava pelo céu, seus raios rastejavam com vagar para o vale abaixo, onde Sihor, o pai da terra de Kemet, deslizava em direção ao mar.

Agora os fortes raios beijavam a água que sorria de volta, e a montanha e o vale, o rio, o templo, a cidade e a planície estavam inundados com a luz branca, pois a mãe Ísis havia despertado e jogado sua veste brilhante sobre o peito da terra. Era lindo, como a beleza de um sonho, e solene como a hora depois da morte. Os templos erguiam-se poderosos contra a face da noite. Nunca os templos me pareceram tão grandiosos quanto naquele momento, aqueles santuários eternos, perante cujas paredes o próprio tempo murchará. Esta terra iluminada pela Lua seria governada por mim. Seria minha para que eu preservasse estes templos sagrados e cuidasse da honra de seus deuses. Seria minha para expulsar Ptolomeu e libertar o Egito do jugo dos estrangeiros! Em minhas veias corria o sangue daqueles reis grandiosos que esperam pelo dia da ressurreição, dormindo nas tumbas do Vale de Tebas. Meu espírito inchou-se dentro de mim enquanto eu sonhava com este destino glorioso. Eu fechei as minhas mãos, e naquele lugar, em cima do pilone, rezei como jamais havia rezado para a Divindade que é chamada de vários nomes, e que se manifesta de várias formas.

"Oh, Amón", rezei, "Deus dos deuses, que existe desde o início dos tempos; Senhor da Verdade, que é, e do qual todos nós somos, que deu a tua Divindade e a conquistou novamente, em cujo círculo os Divinos se movem e são, que foste, durante todo o tempo, o que gerou por si próprio, e que serás até o momento, escutai-me.[9]

Oh, Amón, Osíris, o imolado por quem nós somos justificados, Senhor da Região dos Ventos, Soberano dos Tempos, Morador do Oeste, o Supremo em Amenti, escutai-me com atenção.

Oh, Ísis, a grande Deusa Mãe, mãe de Hórus, misteriosa mãe, irmã, esposa, ouça-me com atenção. Se eu de fato for o escolhido pelos deuses para cumprir com seu propósito, enviai-me um sinal, agora mesmo, para selar a minha vida com a vida acima. Esticai os vossos braços em minha direção, Oh, vós, deuses, e revelai a glória de sua fisionomia. Escutai-me, ah, escutai-me!", e eu me ajoelhei e levantei os meus olhos para o céu.

Enquanto eu me ajoelhava, uma nuvem cresceu sobre a superfície da Lua e cobriu-a, então a noite ficou escura, e o silêncio se aprofundou ao meu redor. Até os cães da cidade distante pararam de uivar, enquanto o silêncio crescia mais e mais até que ficou tão pesado quanto a morte. Eu senti o meu espírito se elevar dentro de mim, e meus cabelos se arrepiaram na minha cabeça. De repente, o pilone sagrado pareceu se mover debaixo de meus pés, um forte vento soprou na minha testa e uma voz falou de dentro do meu coração:

"Eis um sinal! Tenhas paciência, Harmachis!".

Enquanto a voz falava, uma mão fria tocou a minha e deixou alguma coisa dentro dela. Então a nuvem deslizou da face da Lua, o vento passou, o pilone parou de tremer e a noite voltou a ser o que era antes.

Quando a luz voltou, olhei para o que havia sido deixado na minha mão. Era um botão da sagrada lótus começando a desabrochar, e dele exalava o aroma mais suave.

Enquanto eu olhava, eis que a flor de lótus saiu de meu alcance e se foi, deixando-me atônito.

---

9. Para uma definição similar da Divindade, leia o papiro funerário de Neskhons, uma princesa da 21ª dinastia.

Capítulo IV

A Partida de Harmachis e o Encontro com seu Tio Sepa, o Supremo Sacerdote de Heliópolis; sua Vida em Heliópolis; as Palavras de Sepa

No alvorecer do dia seguinte, fui acordado por um sacerdote do templo que disse que eu deveria me aprontar para a jornada de que meu pai havia falado, pois havia uma ocasião para que eu descesse o rio para Annu, que é a Heliópolis dos gregos. Eu deveria ir acompanhado por alguns sacerdotes de Ptah em Mênfis, que tinham vindo para Abukin para colocar o corpo de um de seus grandes homens na tumba que havia sido preparada próximo ao lugar de descanso do abençoado Osíris.

Então eu me aprontei, e na mesma tarde, depois de receber cartas e abraçar meu pai e pessoas queridas do templo, passei pelas margens do Sihor, e nós navegamos com o vento sul. O piloto ficou de pé na proa e, com um remo em sua mão, mandou os marinheiros soltarem as estacas que prendiam a embarcação na margem. A ama Atoua veio mancando com sua cesta de ervas na mão, e, gritando adeus, atirou uma sandália em mim para me desejar boa sorte. Eu guardei aquela sandália por muitos anos.

Então nós navegamos, e durante seis dias descemos o maravilhoso rio, descansando a cada noite em um lugar conveniente. Mas quando perdi de vista as coisas familiares que havia visto dia após dia desde o dia em que pude enxergar, e me encontrei sozinho entre rostos estranhos, senti-me com o coração ferido, e teria chorado se não tivesse vergonha. E não vou escrever aqui todas as coisas maravilhosas que vi, pois, apesar de serem novas para mim, elas não são conhecidas dos homens desde a época em que os deuses governavam o Egito! Mas os sacerdotes que estavam comigo foram bastante atenciosos e explicaram-me o que eram as coisas que eu via.

Na manhã do sétimo dia chegamos a Mênfis, a cidade do Muro Branco. Aqui descansei da minha jornada durante três dias, e fui distraído pelos sacerdotes do maravilhoso templo de Ptah, o Criador, que me mostraram as belezas da grande e maravilhosa cidade. Eu também fui levado em segredo pelo supremo sacerdote e outros dois à presença sagrada do deus Ápis, o Ptah que se digna a morar entre os homens na forma de um touro. O deus era negro, em sua testa havia um quadrado branco, em suas costas havia uma marca branca com o formato de uma águia, a parte de baixo de sua língua se assemelhava a um escaravelho, em sua cauda havia pelos duplos e um disco de ouro puro que pendia entre seus chifres. Entrei no local do deus e o adorei, enquanto o supremo sacerdote e aqueles que estavam com ele ficaram de lado, observando-me com seriedade. Depois que o adorei, dizendo as palavras que eles haviam me ensinado, o deus se ajoelhou e se deitou na minha frente. Então o supremo sacerdote e aqueles que o acompanhavam, que eram homens importantes do Alto Egito, conforme descobri mais tarde, aproximaram-se admirados e, sem dizer nada, me reverenciaram por causa do presságio. Vi muitas outras coisas em Mênfis que são muito longas para escrever aqui.

No quarto dia, alguns sacerdotes de Heliópolis vieram para me levar para Sepa, meu tio, o supremo sacerdote de Heliópolis. Depois de me despedir daqueles em Mênfis, cruzamos o rio e cavalgamos em burros ao longo do dia, atravessando muitas vilas que estavam em enorme pobreza decorrente da opressão dos coletores de impostos. Foi assim que vi pela primeira vez as grandes pirâmides, que estão depois da imagem do deus Horembeb, a esfinge que os gregos chamam de Harmachis e os templos da divina Mãe Ísis, rainha de Memnonia, e do deus Osíris, lorde de Rosatau, de cujos templos, juntamente com o templo de adoração do divino Miquerinos, eu, Harmachis, sou por direito divino o supremo sacerdote hereditário. Eu vi as pirâmides e me encantei com sua grandeza, o calcário branco entalhado e o granito vermelho de Siena, que refletia os raios de Sol de volta para o céu. Mas naquela época não sabia nada sobre o tesouro que estava escondido nela, que é a terceira das pirâmides; quisera eu nunca ter sabido!

Enfim avistamos Heliópolis, que depois de Mênfis não parecia grande coisa. A cidade fica em um terreno elevado, e na sua frente há lagos que são alimentados por um canal. Atrás da cidade fica o campo fechado do templo do deus Rá.

Nós desmontamos no pilone e fomos recebidos debaixo do pórtico por um homem não muito alto, mas de aspecto nobre, com a cabeça raspada e olhos escuros que brilhavam como as estrelas distantes.

"Parado!", ele exclamou com uma voz forte, que não combinava com seu corpo franzino: "Parado! Eu sou Sepa, aquele que abre a boca dos deuses!"

"Eu", eu disse, "sou Harmachis, filho de Amenemhat, supremo sacerdote hereditário e regente da cidade sagrada de Abukin. Eu trago cartas para ti, oh, Sepa!"

"Entre", ele disse. "Entre!", examinando-me por inteiro com seus olhos brilhantes. "Entre, meu filho!". Então ele me levou para um aposento no salão interior, fechou a porta, e depois de ter olhado de relance as cartas que eu trouxe, de repente caiu sobre meu pescoço e me abraçou.

"Bem-vindo"!, ele exclamou. "Bem-vindo, filho de minha irmã, e esperança de Kemet! Não foram em vão as preces que eu fiz aos deuses para que eu vivesse o suficiente para ver o teu rosto e transmitir a ti o conhecimento que talvez eu seja o único que domine, dentre aqueles que ainda estão vivos no Egito. Poucas pessoas têm o direito de serem ensinadas por mim. Mas o teu destino é grandioso, e os teus ouvidos irão ouvir as lições dos deuses".

Ele me abraçou mais uma vez, me fez tomar banho e comer, dizendo que no dia seguinte conversaríamos de novo.

Ele o fez de fato, mas o que me disse foi tanto, que se eu fosse escrever tudo o que ele me disse naquele momento e depois, não sobraria nenhum papiro no Egito depois que esta tarefa terminasse. Assim, tendo muito que contar, mas pouco tempo para isso, passarei pelos eventos dos anos seguintes.

Assim era a minha vida. Eu acordava cedo, participava dos cultos no templo e passava os dias estudando. Aprendi sobre os ritos da religião e seus significados, e sobre o início dos deuses e o início do Mundo Superior. Aprendi sobre o mistério dos movimentos das estrelas, e sobre como a terra desliza entre elas. Fui instruído no conhecimento antigo que é chamado de magia, interpretação de sonhos e em como me aproximar de Deus. Foi-me ensinada a linguagem dos símbolos e seus segredos internos e externos. Eu me tornei íntimo das eternas leis do Bem e do Mal, e do mistério daquela confiança que é conferida ao homem. Também aprendi sobre o mistério das pirâmides, que eu gostaria de nunca ter aprendido. Além disso, li os registros do passado, e os atos e as palavras de antigos reis que vieram antes de mim, desde o reinado de Hórus sobre a Terra. Ensinaram-me todo o ofício de Estado, a sabedoria da terra e com isso a história de Grécia e de Roma. Eu também aprendi as línguas grega e romana, das quais já tinha algum conhecimento, e durante todo este tempo, durante cinco longos anos, mantive minhas mãos limpas e meu coração puro, e não fiz nenhum mal aos olhos de Deus ou do homem. Trabalhei arduamente para absorver tudo e para me preparar para o destino que me aguardava.

Duas vezes por ano chegavam mensagens e cartas de meu pai Amenemhat, e duas vezes por ano eu as respondia, perguntando se havia chegado a hora de parar com o trabalho duro. Assim os dias de minha provação se passaram rapidamente, até que fiquei fraco e muito cansado, pois já tendo me tornado um homem, ansiava para começar a vida dos homens. E eu me perguntava com frequência se toda essa conversa de profecia e outras coisas que deveriam acontecer não seriam apenas sonhos nascidos do cérebro de homens cujos desejos eram mais fortes que a razão. Eu tinha de fato sangue nobre, isto eu sabia, pois meu tio Sepa, o sacerdote, havia me mostrado um registro secreto de minha descendência, traçada sem interrupção de pai para filho, e gravada com símbolos místicos em um tablete de pedra de Siena. Mas o que adiantava eu ser nobre por direito, quando o Egito, a minha herança, era um escravo? Um escravo a serviço do prazer e da luxúria da Lágida Macedônica. E se depois de ter sido um escravo por tanto tempo, ele tiver se esquecido de como parar com o sorriso servil da escravidão, e mais uma vez olhar para o mundo com olhos alegres de liberdade?

Então me lembrava de minha prece no pilone de Abukin e a resposta enviada a ela, e me perguntava se aquilo também havia sido um sonho.

Uma noite, cansado de tanto estudar, eu estava caminhando dentro do bosque sagrado que fica no jardim do templo, e assim em devaneio me encontrei com meu tio Sepa, que também estava caminhando e pensando.

"Espere!", ele gritou com sua voz grandiosa. "Por que a tua face está tão triste, Harmachis? O último problema que nós estudamos te confunde?"

"Não, meu tio", respondi. "Eu estou preocupado sim, mas não por causa do problema, que era fácil. Meu coração está pesado, pois estou cansado da vida nesta clausura, e todo este conhecimento acumulado está me sufocando. Não adianta armazenar uma força que não pode ser utilizada".

"Ah, tu és impaciente, Harmachis", ele respondeu. "Este é sempre o jeito tolo da juventude. Tu queres sentir o gosto da batalha. Tu estás cansado de assistir às ondas quebrarem na praia, tu queres mergulhar nelas e te aventurar no risco desesperado da guerra. Então tu queres ir, Harmachis? O pássaro voa do ninho, assim como as andorinhas voam dos beirais do templo depois de crescerem. Bem, será como tu desejas, a hora é agora. Eu te ensinei tudo o que aprendi, e acho que o pupilo superou o seu mestre". Ele fez uma pausa e enxugou seus brilhantes olhos negros, pois ele estava muito triste pensando em minha partida.

"E para onde irei, meu tio?", perguntei com alegria. "De volta para Abukin, para ser iniciado nos mistérios dos deuses?"

"Sim, de volta para Abukin, e de Abukin para Alexandria, e de Alexandria para o trono de teus pais, Harmachis! Escute-me, assim são as coisas: Tu sabes como Cleópatra, a rainha, fugiu para a Síria quando aquele falso eunuco Pothinus agiu contra a vontade do pai de Cleópatra, Auleta, e colocou o irmão dela, Ptolomeu, como o único senhor do Egito. Tu sabes também que ela retornou como uma verdadeira rainha, com um grande exército ao seu dispor, e ficou em Pelúsio, e como nesta conjuntura, César, aquele grande homem, o maior de todos os homens, velejou com um grupo fraco indo do campo sangrento de Parsalia até Alexandria, perseguindo Pompeu. Ele encontrou Pompeu já morto, assassinado por Aquiles, o general, e Lúcio Sétimo, o chefe das Legiões Romanas no Egito. Tu sabes como os alexandrinos ficaram incomodados com a visita de César, e teriam assassinado seus guarda-costas. Assim, como tu deves ter ouvido, César capturou Ptolomeu, o jovem rei, e sua irmã Arsinoé, e ordenou que o exército de Cleópatra e o exército de Ptolomeu (sob o domínio de Aquiles), que estavam um de frente para o outro em Pelúsio, debandassem e seguissem seu caminho. Em resposta, Aquiles marchou contra César e o cercou no Bruchium de Alexandria, e assim as coisas ficaram por um tempo, sem ninguém saber quem deveria reinar no Egito. Mas então Cleópatra jogou os dados, e fez uma aposta, na verdade uma aposta corajosa. Ela deixou seu exército em Pelúsio, veio na escuridão para o porto de Alexandria, e sozinha com o siciliano Apolodoro entrou e desembarcou. Apolodoro a amarrou em um fardo de lindos tapetes, como aqueles que são feitos na Síria, e enviou os tapetes de presente para César. Quando os tapetes foram desenrolados no palácio, surpresa! Dentro deles estava a mais bela das garotas da Terra, a mais inteligente e instruída, e ela seduziu o grande César. Nem toda sua experiência serviu para protegê-lo dos charmes de Cleópatra, e assim, como um fruto de sua loucura, ele quase perdeu a vida, e toda a glória que havia conquistado em centenas de guerras."

"Que tolo!", interrompi. "Que tolo! Tu o chamas de grandioso, mas como este homem pode ser tão grandioso se não possui a força para enfrentar o ardil de uma mulher? César, com o mundo suspenso por suas palavras! César, pela respiração 40 legiões marchavam e mudavam o destino dos povos! César, o frio! O visionário! O herói! César que caiu como uma fruta madura no colo de uma moça falsa! No fundo, este César romano era uma pessoa comum, um pobre coitado!"

Sepa olhou para mim e balançou a cabeça. "Não sejas tão duro, Harmachis, e não fales com tanto orgulho. Pois tu não sabes que em cada armadura há um ponto fraco, e ai daquele que a veste quando a espada está buscando esta fraqueza. Pois a mulher, em sua fragilidade, ainda assim é a maior força na face da Terra. Ela é o leme de todas as coisas humanas; ela vem em muitas formas e bate em muitas portas; ela é rápida e paciente, e sua paixão não é incontrolável como a do homem, mas é como um corcel gentil, que ela pode guiar para onde ela quiser, e de acordo com a ocasião ela pode acelerar ou entregar as rédeas. Ela tem os olhos do comandante, e deve ser robusta a fortaleza do coração onde ela não encontra vantagem. O teu sangue bateu mais forte na juventude? Ela irá correr e te ultrapassar, e os beijos dela não irão te cansar. Tu estás em busca de tua ambição? Ela irá destrancar o teu coração e te mostrar as estradas que o levarão à glória. Tu estás fraco e cansado? Ela tem conforto em seu seio. Estás caído? Ela pode te levantar e, iludindo o teu senso, disfarçar a derrota com o triunfo. Sim, Harmachis, ela pode fazer estas coisas, pois a natureza sempre luta ao lado dela, e enquanto ela faz estas coisas, ela pode enganar e dar forma a um final secreto do qual tu não participas. Assim a mulher governa o mundo. As guerras são para elas. Para elas os homens gastam sua força acumulando bens, para elas eles irão fazer o bem e o mal, e procuram por grandeza, para encontrar o esquecimento. Mas mesmo assim, ela se senta como a longínqua esfinge e sorri, e nenhum homem jamais compreendeu o enigma de seu sorriso, nem conheceu todo o mistério de seu coração. Não zombes! Não zombes, Harmachis! Pois aquele que pode desafiar o poder de uma mulher deve ser de fato grandioso, pois ela pressiona ao redor dele como o ar invisível, e em regra ela é mais forte quando os sentidos menos esperam."

Ri alto. "Tu falas com seriedade, meu tio Sepa!", eu disse. "Alguém pode quase pensar que tu não saíste ileso deste fogo ardente da tentação. Bem, falando por mim mesmo, não temo a mulher e seu ardil. Eu não sei nada sobre elas, nem quero saber. Eu ainda acho que este

César foi um tolo. Se eu estivesse no lugar dele, para esfriar sua devassidão, teria rolado aquele fardo de tapetes escada abaixo, direto para a lama do porto."

"Chega, chega!", ele gritou. "É um infortúnio falar assim. Que os deuses evitem o agouro e preservem em ti esta força fria da qual tu te vanglorias. Ah, homem, tu não sabes! Tu na tua força e beleza que não têm comparação, no poder de teu aprendizado e na suavidade de tua língua, tu não sabes! O mundo onde tu irás viver não é um santuário como o da divina Ísis. Mas há de ser assim! Reze para que o gelo de teu coração nunca se derreta, então tu serás grandioso e feliz, e o Egito será salvo. E agora deixe que eu continue com a minha história. Vês, Harmachis, até em uma história tão importante uma mulher reivindica seu lugar. O jovem Ptolomeu, o irmão de Cleópatra, depois de ter sido solto por César, traiçoeiramente se voltou contra ele. Mas César e Mitrídates invadiram o acampamento de Ptolomeu, que fugiu para o outro lado do rio. Mas seu barco foi afundado pelos fugitivos que foram atrás dele, e este foi o fim miserável de Ptolomeu.

"Assim, com o fim da guerra, ainda que Cleópatra tenha dado a César um filho, Cesário, César apontou o Ptolomeu mais jovem para governar com Cleópatra, e se tornar marido dela. César partiu para Roma, levando consigo a linda princesa Arsinoé para seguir o triunfo dele, escravizada. Mas o grande César não existe mais. Ele morreu como havia vivido, de maneira sangrenta e como um nobre. Então Cleópatra, a rainha, se as notícias forem confiáveis, assassinou Ptolomeu, seu irmão e marido, por envenenamento, e nomeou a criança Cesário para compartilhar com ela o trono que detém com a ajuda das Legiões Romanas, e também como dizem, com a ajuda do jovem Pompeu VI, que substituiu César como o amor dela. No entanto, Harmachis, toda a nação ferve e se agita contra ela. Em todas as cidades, as crianças de Kemet comentam sobre o salvador que virá, e tu és ele, Harmachis. O tempo está quase maduro. A hora está próxima. Volte para Aboukis, aprenda os últimos segredos dos deuses e encontre-se com aqueles que irão controlar o estouro da tempestade. Então entre em ação, Harmachis, lute pela pátria de Kemet, livre a pátria dos romanos e dos gregos, tome o teu lugar no trono de teus divinos pais e seja o Rei dos homens. Pois foi para isso que tu nasceste, oh, Príncipe!"

Capítulo V

O Retorno de Harmachis a Aboukis; a Celebração dos Mistérios; o Canto de Ísis; e o Aviso de Amenemhat

No dia seguinte, abracei meu tio Sepa, e com o coração impaciente parti de Heliópolis de volta a Aboukis. Para encurtar a história, cheguei lá em segurança, depois de estar ausente por cinco anos e um mês. Eu não era mais um garoto, mas um homem feito, e estava com a mente cheia do conhecimento dos homens e da antiga sabedoria do Egito. Mais uma vez eu vi os campos antigos, e os rostos conhecidos, embora alguns deles estivessem faltando, tendo se reunido a Osíris. Cavalgando através dos campos, cheguei aos recintos do templo, onde os sacerdotes e outras pessoas apareceram para me desejar boas-vindas, dentre elas a velha ama, Atoua, que, exceto por algumas rugas adicionais que o tempo havia cinzelado em sua testa, estava do mesmo jeito que há cinco longos anos atrás, quando ela atirou a sandália em mim.

"Lá, Lá, Lá", ela exclamou. "E aqui está o meu rapaz formoso, tu estás mais belo e robusto do que nunca! Ah, que homem! Que ombros! E que rosto e forma! Ah, é um prêmio a uma mulher velha ter cuidado de ti! Mas tu estás muito pálido; aqueles sacerdotes em Heliópolis te fizeram passar fome, certo? Não deves passar fome, os deuses não gostam de esqueletos. 'Um estômago vazio deixa a cabeça vazia', como dizem em Alexandria. Mas esta é uma hora feliz, sim, uma hora de júbilo. Entre, entre!", e enquanto eu entrava, ela me abraçava.

Mas eu a afastei para o lado. "Meu pai! Onde está meu pai?", perguntei em um grito; "Eu não o vejo!"

"Não, não! Não te assustes", ela respondeu, "Sua Santidade está bem; ele espera por ti em seus aposentos. Vá. Ah, dia feliz! Ah, feliz Aboukis!".

Então eu fui, ou melhor, corri, e alcancei o aposento que já mencionei antes, e lá meu pai se sentava à mesa. Amenemhat, o mesmo de sempre, mas muito velho. Eu fui até ele, ajoelhei-me, beijei sua mão e ele me abençoou.

"Olhe para cima, meu filho", ele disse, "deixe que meus velhos olhos contemplem o teu rosto, para que eu possa ler o teu coração".

Então levantei a minha cabeça e ele olhou para mim por muito tempo, e com seriedade.

"Eu te decifro", ele disse por fim; "tu és puro e muito sábio. Não me enganei a teu respeito. Ah, os anos foram solitários, mas fiz bem em enviar-te daqui. Agora, conte-me sobre a tua vida, pois tuas cartas me disseram pouco, e tu não sabes, meu filho, o quão faminto é o coração de um pai".

Eu lhe contei tudo. Nós passamos a noite conversando. No final, ele me disse que eu deveria me preparar para ser iniciado nos últimos mistérios que são ensinados para aqueles que são escolhidos pelos deuses.

Assim, por um período de três meses, eu me preparei de acordo com os costumes sagrados. Não comi carne. Eu estava sempre nos santuários, estudando os segredos do Grande Sacrifício e da angústia da Santa Mãe. Observei e rezei diante dos altares. Elevei a minha alma para Deus, e em meus sonhos, comunguei com o invisível, até que, enfim, a terra e os seus desejos feneceram em mim. Eu não ansiava mais pelas glórias deste mundo, meu coração estava elevado acima disso tudo como uma águia de asas abertas, a voz da culpa do mundo não me agitava, e a visão de sua beleza não me alegrava. Pois acima de mim estava a vastidão do céu, onde em uma procissão imutável as estrelas seguiam seu caminho, carregando com elas os destinos dos homens; onde os sagrados sentam-se em seus tronos em chamas e observam as rodas da carruagem do destino conforme deslizam de esfera em esfera. Ah, horas de divina contemplação! Quem, tendo provado uma vez de seu júbilo, desejaria mais uma vez rastejar-se sobre a terra? Ah, carne vil que nos arruína! Eu gostaria que tu tivesses caído de mim por completo e deixado meu espírito livre para procurar Osíris!

Os meses de provação passaram muito rapidamente, e agora o dia sagrado se aproximava, quando eu iria de fato me unir com a Mãe universal. Nunca a noite ansiou tanto pela promessa da manhã. Nunca o coração de um amante desejou tão ardentemente a visão suave de sua noiva aproximando-se, como eu ansiava ver a tua face gloriosa, oh, Ísis! Mesmo depois de ter sido infiel a ti, e tu estando longe de mim, oh, Divina! Minha alma vai em tua direção, e mais uma vez eu sei, mas como é dado que eu devesse baixar o véu, e falar de coisas que não foram ditas desde o início dos templos, deixe-me continuar, e com reverência registrar a história daquela manhã sagrada.

Por sete dias celebrou-se o grande festival, o sofrimento do lorde Osíris foi festejado, o luto da Mãe Ísis foi cantado e foi glorificada a memória da vinda da Divina criança Hórus, o filho, o vingador, aquele que foi gerado por Deus. Tudo isso foi realizado de acordo com os antigos ritos. Os barcos tinham flutuado no lago sagrado, os sacerdotes haviam se flagelado na frente dos santuários e as imagens, carregadas pelas ruas durante a noite.

E agora, enquanto o Sol caía no sétimo dia, mais uma vez a grandiosa procissão se reuniu para entoar as desgraças de Ísis e relatar como o mal foi vingado. Nós saímos do templo em silêncio e atravessamos a cidade. Primeiro vinham os que limpavam o caminho, depois meu pai Amenemhat em suas vestes de supremo sacerdote, com o bastão de cedro em sua mão. Então, vestido com linho puro, eu, o neófito, que prosseguia sozinho. Atrás de mim vinham os sacerdotes de vestes brancas, erguendo estandartes e emblemas dos deuses. Em seguida vinham os que carregavam o barco sagrado, depois os cantores e as carpideiras. Até onde os olhos alcançavam, o povo seguia a procissão, vestidos de um preto melancólico, por causa da morte de Osíris. Nós marchamos em silêncio pelas ruas da cidade, até que por fim alcançamos a parede do templo e entramos. Assim que meu pai, o supremo sacerdote, entrou por baixo do portão do pilone externo, uma cantora de voz muito suave começou a entoar o Cântico Sagrado. Assim ela cantou:
"Nós cantamos a morte de Osíris,

    Lamentamos sua cabeça caída:
    A luz deixou o mundo, o mundo é cinza.
    Através do céu estrelado
    A teia das trevas voa,
    E Ísis chora pela morte de Osíris.
    Derramem suas lágrimas, oh estrelas, fogueiras, rios,
    Chorem filhos do Nilo, chorem, pois o seu lorde está morto!"

Ela fez uma pausa em sua canção mais doce, e toda a multidão cantou o melancólico hino fúnebre:

"Com suavidade pisamos, nossos passos medidos chegam
Sete vezes dentro do Santuário;
Com suavidade chamamos o morto que já vivera:
'Volte, Osíris, de teu reino frio!
Volte para aqueles que há muito te adoram!'"

O coro cessou, e mais uma vez ela cantou:

"Dentro da divina corte
A sete vezes sagrada brilha
Nós passamos, enquanto os ecos das paredes do templo
Repetem o longo lamento
O som da tristeza
Erguido de dentro das paredes imortais,
Onde as irmãs choram uma nos braços da outra,
'Ísis e Néftis, sobre o sono Dele que não acorda'".

E mais uma vez ouviu-se o solene coro de milhares de vozes:

"Com suavidade pisamos, nossos passos medidos chegam
Sete vezes dentro do santuário;
Com suavidade chamamos o morto que já vivera:
'Volte, Osíris, de teu reino frio!
Volte para aqueles que há muito te adoram!'"

O coro cessou, e com doçura ela continuou a canção:

"Oh, habitante do Oeste,
Amante e maior soberano,
Tua amada, tua irmã Ísis, te chama para casa!
Venha de teu quarto sombrio
Tu, mestre do Sol,
Teu quarto obscuro muito abaixo da espuma!
Com as asas cansadas e gastas
Por todo o firmamento,
Por todos os caminhos assombrados de horror do Inferno,
Eu te busco perto e longe
De estrela errante em estrela errante
Livre com a morte que habita Amenti
Eu busco na altura, na profundidade, nas terras, nos céus,
Levante-se dos mortos e viva, Osíris, ressuscite, nosso soberano Osíris!

'Com suavidade pisamos, nossos passos medidos chegam
Sete vezes dentro do santuário;
Com suavidade chamamos o Morto que já vivera:

'Volte, Osíris, de teu reino frio!
Volte para aqueles que há muito te adoram!'"

Agora em um tom mais alto e mais alegre ela cantou:

"Ele acorda da prisão
Nós cantamos a ressurreição de Osíris
Nós cantamos a criança que Nut concebeu e gerou
Teu amor, Ísis, espera
Pelo guardião dos portões
Ela respira o hálito da vida no seio e nos cabelos,
E em seu seio e seu hálito,
Eis que ele se levantou,
Eis que finalmente ele se levantou de seu descanso;
Tocado pelas mãos sagradas de Ísis,
O senhor de todas as Terras
Ele se mexe, ele se levanta do hálito dela e de seu seio!
Mas tu, tifão derrotado, fujas,
O dia do julgamento se aproxima,
Fuja de teu caminho assim como as chamas enviam Hórus do céu'.

Com suavidade pisamos, nossos passos medidos chegam
Sete vezes dentro do santuário;
Com suavidade chamamos o morto que já vivera:
'Volte, Osíris, de teu reino frio!
Volte para aqueles que há muito te adoram!'"

Mais uma vez, enquanto nos curvávamos perante a Santidade, ela cantou com a potência completa de sua feliz canção, reverberando nas paredes eternas, até que o silêncio estremeceu com suas notas cheias da melodia, e os corações daqueles que escutavam se agitou de maneira estranha dentro do peito. Assim, enquanto caminhávamos, ela cantou a canção da ressurreição de Osíris, a canção da Esperança, a canção da Vitória:

"Nós cantamos à Trindade,
Nós cantamos aos Três Santos,
Nós cantamos para eles, nós os louvamos e veneramos o Trono,
Trono que o nosso soberano estabeleceu,
Lá se encontra a paz e a verdade
Lá nos salões do único Santo!
Onde nas sombras
Fracas de asas dobradas,
Nós iremos morar e nos alegrar em nosso descanso,
Nós que somos teus servos!

Que Hórus afaste para longe a doença!
Tão longe quanto as dobras da escuridão do Oeste!"

Conforme as notas foram terminando, mais uma vez ouviu-se o coro das milhares de vozes:

"Com suavidade pisamos, nossos passos medidos chegam
Sete vezes dentro do santuário;
Com suavidade chamamos o morto que já vivera:
'Volte, Osíris, de teu reino frio!
Volte para aqueles que há muito te adoram!'"

A cantoria terminou, e conforme o Sol caía, o supremo sacerdote levantou a estátua do Deus vivo e a sustentou perante a multidão que estava naquele momento reunida no pátio do templo. Então, com um poderoso e rejubilante grito de: "Osíris, nossa esperança! Osíris! Osíris!", as pessoas rasgaram suas vestimentas negras, revelando túnicas brancas que vestiam por baixo. Como uma só pessoa, todos se curvaram perante o Deus, e a festa terminou.

Mas, para mim, a cerimônia mal tinha começado, pois esta seria a noite de minha iniciação. Deixando o átrio interno, eu me banhei, e vestido com linho puro, fui, como me foi ordenado, para um santuário interno, mas que não era o mais interno de todos. Depositei no altar as oferendas de costume. Depois levantei as minhas mãos para o céu e permaneci por muitas horas em contemplação, buscando, com pensamentos puros e oração, reunir minhas forças para o grande momento de minha provação.

As horas se passaram com lentidão no silêncio do templo, até que finalmente a porta se abriu e entrou meu pai Amenemhat, o supremo sacerdote, vestido de branco, e conduzindo pela mão o sacerdote de Ísis. Por ter sido casado, meu pai não podia ingressar nos mistérios da Santa Mãe.

Eu me levantei e fiquei parado, com humildade, diante dos dois homens.

"Estás pronto?", disse o sacerdote, levantando a lanterna que ele carregava, para que a luz iluminasse o meu rosto. "Oh, o escolhido, estás pronto para ver a glória da Deusa frente a frente?"

"Estou pronto", respondi.

"Veja", ele disse uma vez mais em um tom solene, "isto não é pouca coisa. Se prosseguires com este teu último desejo, entendas nobre Harmachis, que nesta mesma noite tu deverás morrer na carne por algum tempo, e durante este tempo a tua alma irá ver coisas espirituais. E se tu morreres e qualquer maldade for encontrada no teu coração, quando tu estiveres por fim com aquela presença terrível, ai de ti, Harmachis, pois o sopro da vida não irá mais entrar pelo portão de tua boca, teu corpo irá perecer por completo e o que acontecerá com tuas outras partes, mesmo se eu soubesse, não diria.[10] Tu estás preparado para ser levado ao seio Daquela que Era, Que É, e que Será, e em todas as coisas realizar o desejo sagrado Dela? Por Ela, enquanto Ela mandar, tu irás afastar os pensamentos das mulheres mundanas e irás trabalhar sempre pela glória Dela, até que no fim tua vida seja reunida com a vida eterna Dela?".

"Estou pronto", respondi, "conduza-me".

"Muito bem", disse o sacerdote. "Nobre Amenemhat, a partir daqui iremos somente eu e o seu filho."

"Adeus, meu filho", disse meu pai, "seja firme e triunfe sobre as coisas espirituais, e tu triunfarás sobre as coisas mundanas. Aquele que deverá governar o mundo deve primeiro ser elevado acima do mundo. Ele deve se unir a Deus, pois somente assim ele aprenderá os segredos do Divino. Mas cuidado! Os deuses são muito exigentes com aqueles que ousam entrar no círculo de sua Divindade. Aqueles que voltarem de lá serão julgados por uma lei mais severa e serão açoitados com uma vara mais pesada, pois como é a sua glória, também será a sua ruína. Por isso fortaleça o teu coração, nobre Harmachis! E quando tu estiveres sendo transportado pelos caminhos da noite e tiveres entrado nos sagrados, lembre-se de que daquele que recebeu grandes presentes serão exigidos presentes novamente. E agora, se estiveres decidido de fato, vá para o lugar onde ainda não posso te seguir. Adeus!"

Por um momento, enquanto meu coração pesava aquelas palavras sérias, acenei, pois era o que se esperava, mas eu estava repleto de ansiedade de me juntar à companhia dos Divinos, pois sabia que não havia nenhuma maldade em mim e eu só desejava fazer o que fosse certo. Assim, depois de ter levado, com tanto trabalho, a corda do arco até a minha orelha, eu estava ansioso para deixar a flecha voar. "Conduza-me"!, exclamei em voz alta. "Conduza-me, sagrado sacerdote! Eu te seguirei!".

Então fomos embora.

---

10. De acordo com a religião egípcia, o ser humano é composto de quatro partes: o corpo, o duplo ou forma astral (Ka), a alma (Bi) e a centelha da vida emanada da Divindade (Khou).

Capítulo VI

A Iniciação de Harmachis, Suas Visões, Sua Passagem pela Cidade que Está no Local da Morte; as Declarações de Ísis, a Mensageira

Em silêncio entramos no santuário de Ísis. Estava vazio e escuro, apenas a luz tênue da lâmpada brilhava de maneira fraca nas paredes esculpidas, onde, em centenas de efígies, a Santa Mãe amamentava a Santa Criança.

O sacerdote fechou as portas e as trancou. "Mais uma vez", ele disse: "Tu estás preparado, Harmachis?".

"Mais uma vez", respondi: "eu estou pronto".

Ele não disse mais nada, mas levantando suas mãos em prece conduziu-me ao centro do santuário e, com um movimento rápido, apagou a lâmpada.

"Olhe diante de ti, Harmachis!", ele exclamou, e sua voz soou oca naquele lugar solene.

Olhei e não vi nada. Mas de um nicho alto na parede, onde está escondido o símbolo sagrado da Deusa que poucos podiam olhar, veio um som que se parecia com o barulho das varas do sistro chacoalhando.[11] Conforme eu escutava, pasmo, eis que vi a silhueta do símbolo desenhada como que em fogo na escuridão do ar. Ele pendia acima de minha cabeça, e chacoalhava enquanto ficava pendurado. Quando ele se virou, vi claramente o rosto da Mãe Ísis, que estava gravado de um lado, significando o nascimento eterno, e o rosto de sua santa irmã, Néftis, gravado do outro lado, significando o fim de todos os nascimentos na morte.

---

11. Um instrumento musical peculiarmente sagrado para Ísis, no qual o formato e as varetas têm um significado místico.

Devagar, a silhueta se virou e oscilou como se um dançarino mágico trilhasse o ar acima de mim, e sacudisse o instrumento em sua mão. Mas por fim a luz se apagou, e o chacoalhar parou.

Então, de repente o fundo da sala se iluminou, e naquela luz branca eu vi uma imagem após a outra. Eu vi o antigo Nilo correndo pelos desertos na direção do mar. Não havia homens em suas margens, nem qualquer sinal do homem, nem qualquer templo para os deuses. Somente pássaros selvagens se moviam na face solitária do Sihor, e bestas monstruosas mergulhavam e chafurdavam nas águas. O Sol caía majestoso por detrás do Deserto da Líbia e tingia as águas de vermelho. As montanhas erguiam-se em direção ao céu silencioso, mas na montanha, no deserto e no rio não havia nenhum sinal de vida humana. Então eu soube que eu via o mundo como ele era antes do aparecimento do homem, e um terror por conta da sua solidão entrou na minha alma.

A imagem passou, e outra apareceu em seu lugar. Mais uma vez eu vi as margens do Sihor, abarrotadas de criaturas de aparência selvagem, mais próximas da natureza dos macacos do que da natureza da humanidade. Eles brigavam entre si e se matavam. Os pássaros selvagens saltavam assustados conforme o fogo subia das cabanas de junco, que estavam sendo queimadas e saqueadas pelos inimigos. Eles roubavam, destruíam e assassinavam, golpeando o cérebro das crianças com machados de pedra. Apesar de nenhuma voz ter me dito nada, eu sabia que o que eu via era o homem como ele era há milhares de anos, quando marchou sobre a Terra pela primeira vez.

Outra imagem veio. Mais uma vez eu estava na margem do Sihor, mas nas margens das lindas cidades desabrochavam como flores. Dentro e fora dos portões havia homens e mulheres, passando de um lugar para outro em campos cultivados. Eu não vi guardas nem exércitos, e nenhuma arma de guerra. Tudo era sabedoria, prosperidade e paz. E enquanto eu admirava, uma figura gloriosa, vestida com uma roupa que brilhava como uma chama, veio dos portões de um santuário, e o som da música vinha antes dele e o seguia. Ele se sentou em um trono de marfim que estava posicionado no mercado, voltado para a água, e com o Sol caindo, ele chamou a multidão para rezar. Com uma só voz eles oravam, curvando-se em adoração. E eu entendi que o que estava sendo mostrado aqui era o reinado dos deuses na Terra, muito antes dos dias do faraó Menés.

Uma mudança aconteceu no sonho. Ainda era a mesma linda cidade, mas com outros homens. Homens gananciosos e com a maldade estampada em seus rostos, homens que odiavam serem obrigados a fazer a coisa certa e que tinham seus corações voltados para o pecado. A tarde veio. A figura gloriosa mais uma vez sentou-se ao trono, e pediu a oração, mas ninguém se curvou em adoração.

"Nós estamos cansados de ti!", eles gritaram. "Coroai o Mal! Matai-o! e soltai os laços do Mal! Coroai o Mal!"

O glorioso levantou-se, olhando com compaixão aqueles homens cruéis.

"Vocês não sabem o que pedem", ele falou, "mas se for o seu desejo, que assim seja! Pois se eu morrer, por meio de mim, e depois de muito trabalho, vocês encontrarão de novo um caminho para o Reino do Bem!".

Enquanto ele falava, uma forma, suja e hedionda de se ver, pulou em cima dele, e praguejando o matou, e o esquartejou, e em meio ao clamor da multidão, sentou-se no trono e governou. Mas uma forma cujo rosto estava coberto desceu do céu com asas sombrias, e com lamentações reuniu os fragmentos destroçados do ser. Ela se ajoelhou perante os restos, levantou as mãos e começou a chorar. Enquanto ela chorava, saltou do lado dela um guerreiro armado, com o rosto como o de Rá ao meio-dia. Ele, o vingador, lançou-se com um grito e atacou o monstro que tinha usurpado o trono, e os dois iniciaram uma batalha, lutando em um abraço apertado, e subiram em direção aos céus.

Depois vieram imagens e mais imagens. Vi poderes e povos vestidos em diversos trajes e falando muitos idiomas. Vi passar milhões de pessoas, amando, odiando, lutando, morrendo. Algumas eram felizes, outras tinham a angústia estampada em seus rostos, mas a maioria não tinha a marca da felicidade nem da angústia, mas sim a da paciência. E enquanto elas passavam era após era, bem alto no céu o vingador lutava contra o mal, enquanto a balança da vitória pendia ora de um lado, ora do outro. Mas nenhum dos dois venceu, nem me foi dada a chance de saber como a batalha terminou.

Então compreendi que eu havia contemplado a visão sagrada da batalha entre os poderes do Bem e do Mal. Eu vi que o homem surgiu como uma criatura má, mas aqueles que estão acima ficaram com pena dele, e desceram para torná-lo bom e feliz, pois as duas coisas são a mesma coisa. Mas o homem voltou ao seu jeito perverso, e então o brilhante espírito do bem, que entre nós é chamado de Osíris, mas que tem muitos nomes, ofereceu a si mesmo para desfazer as maldades da raça que o havia destronado. Ele e a Santa Mãe, da qual toda a natureza deriva, criaram, juntos, outro espírito, que é o nosso protetor na Terra, assim como Osíris é o nosso justificador em Amenti.

Pois este é o mistério de Osíris.

De repente, enquanto eu tinha essas visões, essas coisas se tornaram claras para mim. As bandagens do símbolo e cerimônia que enrolavam Osíris caíram de seu corpo, e eu compreendi o segredo da religião, que é o sacrifício.

As imagens se foram, e mais uma vez o sacerdote, meu guia, falou comigo.

"Harmachis, tu compreendes estas coisas que tiveste o privilégio de ver?"

"Sim", eu disse, "os ritos terminaram?".

"Não, eles estão apenas começando. O que virá a seguir tu tens que enfrentar sozinho! Eu te deixarei e voltarei com a luz da manhã. Mais uma vez eu te aviso. O que irás ver, poucos conseguem ver e sobreviver. Em toda a minha vida eu conheci somente três que ousaram enfrentar esta hora terrível, e destes três, apenas um foi encontrado vivo ao amanhecer. Eu mesmo não trilhei este caminho. Ele é muito avançado para mim."

"Saia", eu disse, "minha alma tem sede de conhecimento. Eu me atrevo".

Ele colocou a sua mão no meu ombro e me abençoou, e depois partiu. Escutei a porta se fechando atrás dele, e os ecos de seus passos foram desaparecendo devagar.

Senti que estava sozinho. Sozinho no local sagrado com coisas que não são da Terra. Caiu o silêncio. Um silêncio profundo e negro como a escuridão que estava ao meu redor. O silêncio caiu, ele se acumulou como as nuvens se acumularam na face da Lua naquela noite, quando eu era jovem e rezava em cima das torres do pilone. O silêncio ficou mais denso, e ainda mais denso, até que pareceu se arrastar para dentro do meu coração, e gritar lá de dentro, pois o silêncio absoluto tem uma voz que é mais terrível do que qualquer grito. Falei, e os ecos de minhas palavras voltaram para mim vindos das paredes, e pareciam me derrubar. A quietude era mais fácil de suportar do que um eco como este. O que eu iria ver em seguida? Eu iria morrer, mesmo estando no auge da minha juventude e força física? Os avisos que me deram foram terríveis. Eu estava acometido pelo medo, e pensei que deveria fugir. Fugir para onde? A porta do templo estava trancada. Eu não podia fugir. Eu estava sozinho com a Divindade, sozinho com o poder que havia invocado. Não, meu coração era puro, meu coração era puro. Eu iria enfrentar o terror que viria, mesmo que eu morresse.

"Ísis, Santa Mãe", rezei. "Ísis, esposa do céu, venha a mim, fique comigo agora, estou esmorecendo! Fique comigo agora".

Então senti que as coisas não estavam como antes. O ar ao meu redor começou a se agitar, começou a farfalhar como as asas de uma águia e ganhou vida. Olhos brilhantes me encaravam, sussurros estranhos estremeciam a minha alma. Dentro da escuridão havia barras de luz. Elas mudavam e se intercambiavam, moviam-se de um lado para outro e teciam símbolos místicos que eu não conseguia ler. Aquele ir e vir de luz voava cada vez mais rápido. Os símbolos se agrupavam e se reuniam, desapareciam e se reuniam mais uma vez, cada vez mais rápido, até que meus olhos não podiam mais contá-los. Agora eu estava flutuando em um mar de glória. Ele subia e rolava, como rola o oceano, jogava-me para cima e me colocava para baixo. Glória estava empilhada sobre glória, esplendor se amontoava sobre a cabeça do esplendor, e eu montava acima de tudo!

Logo as luzes começaram a enfraquecer no mar ondulante de ar. Grandes sombras o cruzaram, linhas de sombra perfuraram e correram juntas em meu peito, até que afinal eu era apenas uma forma de chama, fixada como uma estrela no seio da noite infinita. Estouros de uma música terrível se acumulavam vindos de muito longe. A milhas e milhas de distância os escutei, emocionando-me de maneira vaga através da escuridão. Então os sons vieram cada vez mais próximos, cada vez mais altos, até que estavam atrás, abaixo, acima de mim, ao meu redor, correndo nas asas da águia, aterrorizando-me e fascinando. Eles flutuavam, iam perdendo a força, até que sumiam no espaço. Outros vinham, e não havia dois sons que fossem iguais. Alguns chacoalhavam como 10 mil sistros tocando no mesmo tom. Outros eram como a garganta de bronze de incontáveis clarins. Uns ressoavam com um doce e alto cântico de vozes que eram mais do que humanas, e alguns deslizavam em um trovão lento de um milhão de tambores. Eles passaram e suas notas perderam-se em ecos. O silêncio mais uma vez me pressionou e me dominou.

Minha força interior começou a falhar. Senti a minha vida escorrendo de suas fontes. A morte se aproximou de mim, e sua forma era o silêncio. Ela entrou no meu coração, entrou com uma sensação de frio que amortecia, mas meu cérebro ainda estava vivo, eu ainda podia pensar. Eu sabia que estava me aproximando dos confinamentos dos mortos. Não, eu estava morrendo rápido, ah, era horrível! Tentei rezar, mas não consegui, não havia mais tempo para rezar. Um pequeno esforço e a quietude rastejou para dentro do meu cérebro. O terror passou, o impenetrável peso do sono me pressionou. Eu estava morrendo, eu estava morrendo, e então... Nada!

Eu estava morto!

Uma mudança. A vida voltou a mim, mas entre a nova vida e a vida anterior havia um abismo e uma diferença. Mais uma vez eu estava na escuridão do santuário, mas ela não me cegava mais. Estava claro como a luz do dia, apesar de ainda estar escuro. Fiquei, e ainda assim não era eu que ficava, mas sim minha parte espiritual, pois aos meus pés estava o meu eu morto. Ali ele se estendia rígido e parado, uma incrível calma estampada em seu rosto enquanto eu o olhava fixamente.

Conforme eu o contemplava cheio de admiração, fui pego pelas asas da chama e fui rodopiando, rodopiando cada vez mais rápido, mais rápido que o relâmpago. Caí, através do abismo do espaço vazio, onde aqui e ali havia coroas de estrelas brilhantes. Caí por 10 milhões de milhas, e dez vezes 10 milhões, até que afinal eu estava pairando sobre um lugar com uma luz suave e constante, onde havia templos, palácios e casas, de um tipo que nenhum homem jamais havia visto, nem em seus sonhos. Tudo era construído de chamas, e feito de escuridão. Seus pináculos perfuravam o céu, e seus grandes átrios se espalhavam. Mesmo enquanto eu pairava, a sua visão mudava continuamente, o que era chama se tornava escuridão, e o que era escuridão se tornava chama. Aqui havia o brilho do cristal, e ali a chama das joias brilhava, mesmo através da glória que se enrolava ao redor da cidade que fica no local da morte. Havia árvores, e quando balançavam, sua voz era como a voz da música. Havia ar, e conforme soprava, seu murmúrio era como as notas soluçantes da canção.

Formas que se alteravam, misteriosas e maravilhosas se apressaram para me encontrar e levaram-me para baixo até que eu parecia estar de pé sobre outra terra.

"Quem vem lá?", gritou uma voz imponente.

"Harmachis", responderam as formas que mudavam sem cessar, "Harmachis que foste convocado da Terra para olhar no rosto Daquela que era, que é, e que será. Harmachis, filho da Terra!"

"Afastai os portões e abri as portas!", ressoou a voz possante, "Afastai os portões e abri as portas, selai os lábios dele em silêncio, para que a voz dele não perturbe as harmonias do Céu, tirai a visão dele para que ele não veja aquilo que não deve ser visto, e deixai Harmachis, que foi convocado, passar pelo caminho que leva ao lugar do imutável. Passe, filho da Terra, mas antes de continuar, olhe para cima e compreendas o quão distante da Terra tu estás".

Olhei para cima. Para além da glória que brilhava em torno da cidade havia uma noite negra, e uma estrela solitária brilhava alto em seu seio.

"Veja o mundo que abandonastes", disse a voz. "Veja e estremeça."

Meus lábios e olhos foram selados com o silêncio e com a escuridão, então eu estava mudo e cego. Os portões se afastaram, as portas se abriram, e fui levado para dentro da cidade que fica no local da morte. Fui carregado com rapidez não sei para onde, até que por fim eu estava de pé. Mais uma vez a grandiosa voz ressoou:

"Removam o véu de escuridão dos olhos dele e tirem o silêncio de seus lábios, para que Harmachis, filho da Terra, possa ver, ouvir, entender e fazer adoração no santuário Daquela que era, que é e que será.

Tocaram mais uma vez em meus lábios e olhos, e a minha visão e a minha fala voltaram.

Eis que eu me encontrava dentro de um salão do mármore mais negro, tão elevado que mesmo na suave luz rosada minha visão mal podia alcançar as grandes arestas do teto. A música soava como um lamento por todos os espaços, e por toda a sua extensão havia espíritos alados formados por fogo vivo, e suas formas eram tão brilhantes que eu não podia olhar para eles. No centro havia um altar, pequeno e quadrado, e fiquei na frente do altar vazio. Mais uma vez a voz exclamou:

"Oh, tu que fostes, que és, que serás. Tu, que tendo muitos nomes, ainda não tem um nome. Medidora do Tempo, Mensageira de Deus, Guardiã dos Mundos e das Raças que ali vivem, Mãe Universal nascida do Nada, Criadora que não foi criada, Esplendor Vivo sem Forma, Forma Viva sem Substância, Serva do Invisível, Filha da Lei, Detentora da Balança e da Espada do Destino, Reservatório da Vida, pela qual toda a Vida flui, e para qual de novo é reunida. Aquela que Registra Tudo que foi Feito, Executora dos Decretos, Escute!

Harmachis, o egípcio, que por Teu desejo foi convocado da Terra, espera na frente de Teu altar, com os ouvidos desimpedidos, os olhos desvendados e com o coração aberto. Escute e desça! Desça, Aquela de muitas formas! Desça em chamas! Desça em sons! Desça em espírito! Escute e desça!"

A voz se calou e veio o silêncio. Então através do silêncio veio um barulho como o estrondo do mar revolto. Ele passou e se moveu até ali não sei por onde. Eu estava cobrindo meus olhos com as mãos, então os levantei e vi uma pequena nuvem escura suspensa sobre o altar, de onde uma serpente impetuosa entrava e saía.

Então todos os espíritos vestidos de luz caíram no chão de mármore e adoraram em voz alta, mas não consegui compreender o que eles diziam. Eis que a nuvem escura desceu e descansou no altar, a serpente de fogo esticou-se em minha direção, tocou a minha testa com sua língua bifurcada e se foi. De dentro da nuvem uma voz baixa, amável e clara falou com um sotaque celestial:

"Saiam, ministros, deixem-me com meu filho que convoquei".

Então, como flechas atiradas por um arco, os espíritos vestidos de fogo levantaram-se de um salto e saíram.

"Harmachis", disse a voz, "não tenhas medo, sou Aquela que tu conheces como a Ísis dos egípcios, mas o que mais sou, além de Ísis, tu não deves te esforçar por saber, pois está além de tua força. Pois sou todas as coisas, a vida é o meu espírito, e a natureza é a minha vestimenta. Eu sou o riso do bebê, sou o amor da donzela, sou o beijo da mãe. Eu sou a filha e a serva do invisível que é Deus, que é a Lei, que é o Destino, mas eu mesma não sou nem Deus, nem a Lei, nem o Destino. Quando os ventos sopram e os oceanos rugem na face da Terra, tu ouves a minha voz. Quando contemplas o firmamento estrelado, tu vês a minha fisionomia. Quando a primavera desabrocha em flores, aquele é o meu sorriso, Harmachis. Pois sou a própria natureza, e todas as formas dela são as minhas formas. Respiro em tudo que respira. Cresço e mínguo na Lua que sempre muda. Avanço e recuo as marés. Eu me levanto com os sóis. Brilho com o relâmpago e o trovão nas tempestades. Nada é tão grandioso para a medida de minha majestade, nada é tão pequeno que eu não possa me abrigar dentro. Eu estou em ti e tu estás em mim, Harmachis. Aquele que criou a ti também me criou. Portanto, embora eu seja grande e tu sejas pequeno, não tenhas medo. Pois nós estamos unidos pelo laço comum da vida, aquela vida que flui por meio dos sóis, estrelas e espaços, por meio dos espíritos e almas dos homens, fundindo toda a natureza em uma unidade que, apesar de estar sempre mudando, é ainda a mesma pela eternidade.

Eu abaixei a minha cabeça. Não podia falar, pois estava com medo.

"Fielmente tens servido a mim, meu filho", continuou a voz baixa e harmoniosa. "Tu tens ansiado muito para ser trazido frente a frente comigo aqui em Amenti. E com grandeza tu ousaste realizar o teu desejo. Pois não é pouca coisa se desprender do tabernáculo carnal antes do tempo certo, ainda que por apenas uma hora, e colocar a vestimenta do espírito. E eu também, meu filho, desejei muito olhar para ti aqui onde eu estou. Pois os deuses amam aqueles que os amam, mas com um amor maior e mais profundo, e sob um que está tão longe de mim quanto eu estou de ti, mortal, eu sou um Deus dos deuses. Assim fiz com que tu foste trazido aqui, Harmachis, e por isso eu falo contigo, meu filho, e ofereço-te comungar agora comigo frente a frente, como comungamos naquela noite sobre as torres do templo de Aboukis. Pois eu estava lá contigo, Harmachis, assim como eu estava em 10 mil outros mundos. Fui eu, Harmachis, que coloquei a flor de lótus em tua mão, enviando-te o sinal que tu buscavas. Pois tu tens o sangue real de meus filhos que me serviram de era em era. E se tu não falhares, tu irás sentar-te naquele trono real e irás restaurar meu antigo culto em sua pureza, e livrar meus templos de suas impurezas. Mas se tu falhares, então o eterno espírito Ísis se tornará somente uma lembrança no Egito."

A voz parou de falar. Tendo recuperado minhas forças, por fim eu disse em voz alta:

"Diga-me, oh, Santa", eu disse, "irei falhar?"

"Não me perguntes", respondeu a voz, "pois não é permitido que eu te responda. Talvez eu consiga enxergar o que irá acontecer contigo, talvez eu não queira enxergar. Qual a vantagem para o Divino, que tem todo o tempo para esperar pelas coisas, em ficar ansioso para ver a flor que ainda não desabrochou, se quando ele deitar uma semente no seio da terra, esta flor irá desabrochar na época certa? Saiba, Harmachis, que eu não moldo o futuro, o futuro é para ti, e não para mim. Pois ele é nascido da Lei e da vontade do Invisível. Mas tu és livre para agir e tu irás vencer ou tu irás falhar de acordo com a tua força e com a medida da pureza de teu coração. O fardo é teu, Harmachis, assim como é teu o resultado, seja a glória ou a vergonha. Eu pouco me ocupo com este assunto, eu que sou somente a ministra do que está escrito. Agora preste atenção: sempre estarei contigo, meu filho, pois o meu amor, uma vez entregue, nunca pode ser tomado, apesar de que pelo pecado ele possa parecer perdido para ti. Então, lembra-te disto: Se tu triunfares, tua recompensa será grande. Se tu falhares, tua punição será grande, tanto na carne quanto na terra que tu chamas de Amenti. No entanto, este é o teu conforto: a vergonha e a agonia não são eternas, pois por mais profunda que seja a queda da integridade, se o coração estiver arrependido, há um caminho, cheio de pedras e cruel, pelo qual a altura poderá ser escalada novamente. Não permitas que este seja o teu destino, Harmachis!

E agora, meu filho, por que me amaste e, vagando pelo labirinto da ilusão, onde muitos homens se perdem na terra, confundindo a substância com o espírito, e o altar com Deus, já conheceste um pouco da verdade que tem muitas faces. E por causa do meu amor por ti, e esperando pelo dia que talvez venha, quando tu habitarás abençoado na minha luz, realizando as minhas tarefas, por causa disso, digo, será concedido a ti, oh, Harmachis, que ouças a palavra pela qual eu posso ser convocada do extremo, por aquele que comungou comigo, para ver o rosto de Ísis e mesmo olhar nos olhos da Mensageira sem morrer.

Olhe e veja."

A suave voz cessou. A nuvem escura acima do altar mudou e mudou. Tornou-se branca, brilhou e pareceu por fim tomar uma forma obscura do corpo de uma mulher. Então a serpente dourada rastejou de seu coração mais uma vez, e como um diadema vivo, enrolou-se sobre a fronte nublada.

De repente, a voz pronunciou alto a palavra terrível, então os vapores explodiram e derreteram, e com meus olhos eu vi a glória, e só de pensar nisso meu espírito desvanece. Mas o que vi não é lícito proferir. Pois apesar de ter sido convidado a escrever o que escrevo sobre esse assunto, para que talvez um registro permaneça, fui avisado, mesmo depois de todos estes anos. Eu vi, e o que vi não pode ser imaginado, pois há glórias e formas que estão além do alcance da imaginação do homem. Eu vi. Então, com o eco daquela palavra e a memória daquela visão marcada para sempre no meu coração, meu espírito me faltou, e caí perante a glória.

Enquanto eu caía, parecia que o majestoso salão explodia, e se desintegrava em flocos de fogo ao meu redor. Um grande vento soprou. Veio um som que era como o som dos mundos se precipitando no fluxo do tempo. E não senti mais nada!

Capítulo VII

O Despertar de Harmachis; a Cerimônia de Sua Coroação como Faraó do Alto e Baixo Egito; as Oferendas Feitas ao Faraó

Mais uma vez eu acordei, e me encontrava estendido no piso de pedra no local sagrado de Ísis, que fica em Aboukis. Ao meu lado estava o velho sacerdote dos mistérios, e em suas mãos havia uma lâmpada. Ele se curvou sobre mim, e olhou meu rosto com seriedade.

"Já é dia, o dia do teu novo nascimento, e tu viveste para vê-lo, Harmachis", ele disse afinal. "Eu agradeço. Levante-se, nobre Harmachis. Não me diga nada que sucedeu a ti. Levante-se, amado da Santa Mãe. Venha, tu que passastes pelo fogo e aprendestes o que está por trás da escuridão. Venha, oh, recém-nascido!"

Eu me levantei e, caminhando com dificuldade, o segui e, pensativo e admirado, passei pela escuridão dos santuários em direção à luz pura da manhã. Então fui para o meu próprio quarto e dormi. Não veio nenhum sonho para me atrapalhar. Mas ninguém, nem mesmo meu pai, perguntou-me sobre o que eu tinha visto naquela terrível noite, ou como eu havia comungado com a Deusa.

Depois de tudo isso que escrevi, eu me dediquei por um tempo ao culto da mãe Ísis, e estudei ainda mais as formas externas desses mistérios dos quais agora eu detinha a chave. Além disso, fui treinado nos assuntos da política, pois muitos homens poderosos, de todos os cantos do Egito, vinham me visitar em segredo e me contavam várias coisas, como o ódio que o povo sentia por Cleópatra, a rainha. Finalmente a hora se aproximava. Já fazia três meses e dez dias desde aquela noite em que eu deixara o corpo, e ainda vivo me reuni ao seio de Ísis, quando foi acertado que, em segredo, mas com todos os ritos de costume, eu deveria ser entronado como o soberano do Alto e do Baixo Egito. Assim aconteceu que, conforme a hora solene se aproximava, grandes homens de todas as facções do Egito se reuniram em número de 37, vindos de cada província e de cada grande cidade de sua província, encontrando-se em Aboukis. Eles vieram sob muitos disfarces. Alguns como sacerdotes, outros como peregrinos ao santuário, e alguns como mendigos. Dentre eles estava meu tio Sepa, que, tendo se disfarçado como médico viajante, tinha que controlar bem a sua voz alta para que não entregasse seu disfarce. Na verdade, eu o reconheci por causa dela, quando o encontrei durante a minha caminhada pelas margens do canal, apesar de estar escuro e de ele estar escondendo metade de seu rosto em uma capa como a dos médicos.

"Tu és uma peste!", ele reclamou quando o chamei por seu nome verdadeiro. "Um homem não pode deixar de ser ele mesmo ao menos por uma hora? Tu sabes como foi difícil para eu aprender a representar este papel? E agora tu me reconheces até no escuro!"

Ainda falando com a sua voz possante, ele me contou como vinha viajando a pé por ser a melhor forma de escapar dos espiões que subiam e desciam o rio. Mas ele disse que deveria voltar por água ou mudar de disfarce, pois desde que ele assumiu o disfarce de médico, sem saber nada das artes da Medicina, ele foi obrigado a agir como um médico. E, como ele temia, muitas pessoas entre Annu e Aboukis já haviam sofrido por isso.[12] Ele riu ruidosamente e me abraçou, esquecendo de seu disfarce. Pois ele era muito íntegro para representar outro papel que não fosse o dele mesmo, e teria entrado em Aboukis segurando a minha mão, se eu não o tivesse censurado por sua loucura.

Enfim estávamos reunidos.

Era noite e os portões do templo estavam fechados. Não havia mais ninguém lá dentro, exceto os 37, meu pai, o supremo sacerdote Amenemhat, o sacerdote idoso que tinha me conduzido ao santuário de Ísis, a ama Atoua, que de acordo com o costume deveria me preparar para a unção, e outros cinco sacerdotes, que juraram sigilo com um pacto que ninguém poderia quebrar. Eles se reuniam no segundo salão do grande templo, mas permaneci sozinho, vestido com minha túnica branca, na passagem onde havia os nomes de 76 reis antigos, que vieram antes da era do divino Seth. Ali eu descansava no escuro, até que por fim meu pai, Amenemhat, veio segurando uma lâmpada e, curvando-se na minha frente, me conduziu pela mão até o grande salão. Aqui e ali, entre os fortes pilares, luzes queimavam e mostravam com

---

12. No Egito antigo, um médico negligente ou incompetente estava sujeito a penas severas.

sua luz tênue as imagens esculpidas nas paredes, e iluminavam a longa fila dos 37 soberanos, sacerdotes e príncipes, que sentados em cadeiras entalhadas aguardavam pela minha chegada em silêncio. Na frente deles, voltado para a direção oposta dos sete santuários, foi colocado um trono, e ao seu redor estavam os sacerdotes segurando as imagens sagradas e as insígnias. Quando fui para o lugar escuro e sagrado, os dignitários levantaram-se e fizeram uma reverência para mim, sem falar nada, enquanto meu pai me conduzia para os degraus do trono e ordenou em voz baixa que eu ficasse de frente para ele.

Então ele falou:

"Soberanos, sacerdotes e príncipes das ordens antigas da terra de Kemet. Nobres das terras Altas e das terras Baixas, que vos reunirdes em resposta à minha convocação, escutai-me: Eu vos apresento, com o mínimo de formalidade que a ocasião permite, o príncipe Harmachis, por direito e linhagem sanguínea o descendente e herdeiro do antigo faraó de nossa terra tão infeliz. Ele é sacerdote do círculo mais secreto dos Mistérios da Divina Ísis, mestre dos mistérios, sacerdote hereditário das Pirâmides que estão em Mênfis, Instruído nos Ritos Solenes do Santo Osíris. Há alguém dentre vós que seja contra a linhagem verdadeira de seu sangue?".

Ele parou por um momento, e meu tio Sepa, levantando-se de sua cadeira, falou: "Nós examinamos os registros e não há nada, oh, Amenemhat. Ele tem sangue real, sua descendência é verdadeira".

"Há alguém dentre vós", meu pai continuou, "que pode negar que este nobre Harmachis, pela sanção dos próprios deuses, se reuniu com Ísis, conheceu o caminho de Osíris e foi admitido para ser o sacerdote hereditário das pirâmides que ficam em Mênfis e dos templos das pirâmides?"

Então o sacerdote idoso que foi o meu guia no santuário da Mãe levantou-se e respondeu: "Não há ninguém, oh, Amenemhat, eu sei estas coisas de meu próprio conhecimento".

Mais uma vez meu pai falou: "Há alguém dentre vós que quer insurgir contra o real Harmachis, por causa da maldade de sua vida ou de seu coração, pela sujeira ou falsidade, e que por isso ele não poderia ser coroado soberano de todas as terras?".

Um Príncipe envelhecido de Mênfis se levantou e respondeu:

"Nós nos informamos sobre estes assuntos, não há nada, oh, Amenemhat".

"Muito bem", disse meu pai, "então nada pende contra o príncipe Harmachis, semente de Nekt-nebf, o Osiríaco. Deixe a mulher Atoua entrar e que ela conte para este grupo o que aconteceu quando minha mulher, na hora de sua morte, tomada pelo espírito das hátors, profetizou sobre este Príncipe".

A velha Atoua arrastou-se da sombra das colunas, e com toda a seriedade contou todas aquelas coisas que foram escritas.

"Vocês ouviram", disse meu pai. "Vocês acreditam que a mulher que era a minha esposa falou com a voz Divina?".

"Nós acreditamos", eles responderam.

Meu tio Sepa levantou-se e disse:

"Nobre Harmachis, tu ouviste. Saibas agora que estamos reunidos aqui para te coroar rei das terras Altas e Baixas. Teu santo pai, Amenemhat, renunciou a todos os direitos dele para ti. Nós nos reunimos aqui, sem toda a pompa e circunstância que a situação exige, pois o que faremos deverá ser feito em segredo, para que as nossas vidas e a causa que nos é mais importante que a vida não paguem a multa. Mas mesmo assim o faremos com dignidade e observando os ritos antigos como as circunstâncias exigem. Entenda então sobre este assunto, e se depois de entender tua mente consentir, então suba em teu trono, oh, faraó, e preste o juramento!

Há muito tempo Kemet geme sob o calcanhar dos gregos e treme na sombra da lança dos romanos. Há muito tempo a adoração antiga de seus deuses tem sido profanada, e o seu povo tem sido esmagado com a opressão. Mas nós acreditamos que chegou a hora da libertação, e com a voz solene do Egito, e pelos deuses antigos do Egito, a cuja causa tu, dentre todos os homens, estás obrigado, nós te chamamos, príncipe, para ser a espada de nossa libertação. Ouça com atenção! Vinte mil homens bons e leais juraram esperar pela tua palavra, e ao teu sinal irão se erguer como um só homem para lutar contra os gregos, e com o sangue e substância deles construir para ti um trono erguido com mais firmeza sobre o solo de Kemet do que as antigas pirâmides. Tal trono irá até enviar de volta as legiões romanas. E o sinal será a morte daquela prostituta insolente, Cleópatra. Tu precisas planejar a morte dela, Harmachis, da maneira que será mostrada a ti, e com o sangue dela ungir o trono real do Egito.

Podes recusar, oh, nossa Esperança? Pode o santo amor pelo teu país não inchar dentro de teu coração? Podes tu arrancar o cálice da liberdade de teus lábios e suportar beber a amarga bebida da escravidão? A empreitada é grandiosa. Talvez ela falhe, e tu, com a tua vida, assim como nós com as nossas, deveremos pagar pelo preço de nossa tentativa. Mas e por que não, Harmachis? A vida é assim tão doce? Estamos tão confortáveis na cama cheia de pedras da terra? É tão pequena e escassa a soma de toda a amargura e tristeza? Nós respiramos aqui um ar tão divino que nós temeríamos enfrentar a passagem de nosso próprio sopro? O que nós temos aqui a não ser esperança e lembrança? O que nós vemos aqui a não ser sombras? Nós devemos então temer passar com as mãos puras, quando teremos cumprido nossa missão, a memória foi perdida em sua própria origem, e as sombras morreram na luz que as lançou? Ah, Harmachis, é abençoado o homem que coroa sua vida com a guirlanda mais esplêndida da fama. Pois, já que a morte entrega suas flores de papoula para todas as criaturas da Terra, é feliz o homem que tem a oportunidade de tecê-las em uma guirlanda de glória. E existe melhor maneira para um homem morrer do que em um grande esforço para arrancar os grilhões de um país, para que este possa mais uma vez se levantar perante o céu, soltar o grito estridente de liberdade, e vestido mais uma vez com uma armadura de força, pisotear os grilhões de sua servidão, desafiando as nações tiranas da terra que colocavam sua marca em sua testa?

Kemet te chama, Harmachis. Venha, libertador. Salte como Hórus do firmamento, quebre suas correntes, disperse seus inimigos e reine como um faraó no trono do faraó."

"Chega, chega!", gritei, enquanto um longo murmúrio de aplausos irradiava das colunas e para as enormes paredes. "Chega, há necessidade de me convencerem dessa maneira? Se eu tivesse cem vidas, eu não as entregaria de bom grado pelo Egito?"

"Bem disse, bem disse!", respondeu Sepa. "Agora vá com aquela mulher, que ela deve ungir a tua testa antes que ela seja coroada, e limpar as tuas mãos antes que toquem os emblemas sagrados."

Então fui para uma sala com a ama, Atoua. Ali, murmurando orações, ela derramou água pura em minhas mãos usando uma jarra de ouro, mergulhou em óleo um tecido fino e passou-o em minha testa.

"Ah, feliz Egito!", ela disse. "Oh, feliz príncipe, que vieste para governar o Egito! Oh, jovem nobre! Muito nobre para ser um sacerdote, muitas mulheres justas devem pensar, mas, talvez, eles irão relaxar para ti a regra sacerdotal, do contrário, como irá continuar a linhagem do faraó? Ah, estou tão feliz, eu que te embalei e dei minha própria carne e sangue para te salvar! Ah, nobre e belo Harmachis, nascido para esplendor, felicidade e amor!".

"Pare, pare", eu disse, pois seu falatório estava me incomodando. "Não diga que eu sou feliz, até que conheças o meu fim e não fale sobre amor, pois com o amor vem a tristeza, e o meu caminho é outro, mais elevado."

"Ah, isso é o que tu dizes. O júbilo também vem com o amor! Nunca fale do amor de maneira leviana, meu rei, pois foi o amor que te trouxe aqui! Lá, lá! Mas é sempre assim, 'O ganso quando voa ri dos crocodilos', como eles dizem em Alexandria; 'mas quando o ganso está dormindo na água, são os crocodilos que riem'. As mulheres são apenas lindos crocodilos. Os homens adoram os crocodilos em Athribis. Eles chamam o lugar de Crocodilópolis, não é mesmo? Mas as mulheres são adoradas por todo o mundo! Lá! Ah, como a minha língua não para, e tu está prestes a ser coroado faraó! Eu não profetizei isso a ti? Bem, tu estás limpo agora, senhor da Dupla Coroa. Vá!"

Então saí do aposento com as tolas palavras da ama zumbindo nos meus ouvidos, apesar de que na verdade havia sempre um grão de inteligência em sua tolice.

Quando voltei, os dignitários se levantaram mais uma vez e curvaram-se perante mim. Meu pai se aproximou sem demora e colocou em minhas mãos uma imagem da divina Maat, a deusa da verdade, imagens douradas das arcas do Deus Amon-Rá, da divina Mut e do divino Khons, e falou com solenidade:

"Tu juras pela majestade viva de Maat, pela majestade de Amon-Rá, de Mut e de Khons?"

"Eu juro", disse.

"Tu juras pela terra sagrada de Kemet, pela cheia do Sihor, pelos templos dos deuses e pelas eternas pirâmides?"

"Eu juro."

"Lembrando da hedionda condenação que tu sofrerás se falhares, tu juras que irás governar o Egito acima de tudo de acordo com suas antigas leis, e que tu irás preservar a adoração de seus deuses, que tu serás justo, que tu não irás oprimir, que tu não trairás, que tu não farás alianças com os gregos ou romanos, que tu irás expulsar os ídolos estrangeiros, e que tu irás devotar a tua vida à liberdade da nação de Kemet?"

"Eu juro."

"Muito bem. Suba no trono, pois na presença de teus súditos, eu te nomeio faraó".

Subi no trono, cujo apoio para os pés é uma esfinge, e o dossel são as ofuscantes asas de Maat. Então Amenemhat aproximou-se mais uma vez e colocou a coroa dupla em minha cabeça, o manto real sobre meus ombros e em minhas mãos o cetro e o chicote.

"Nobre Harmachis", ele exclamou, "por estes sinais e símbolos externos, eu, o supremo sacerdote do templo de Rá-Men-Ma em Aboukis, estou te coroando faraó do Alto e do Baixo Egito. Reine e prospere, oh, esperança de Kemet!"

"Reine e prospere, faraó!", ecoaram os dignitários, curvando-se ante mim.

Assim, um por um, eles juraram lealdade, até que todos tinham jurado. Depois de ter jurado, meu pai me levou pela mão em uma procissão solene em cada um dos sete santuários que estão neste templo de Rá-Men-Ma, e em cada um deles eu fiz oferendas, espargi o incenso e desempenhei meu cargo de sacerdote. Vestido com os mantos reais, fiz oferendas no santuário de Hórus, no santuário de Ísis, no de Osíris, no de Amon-Rá, no de Horemku, e no de Ptah, até que por fim alcancei o santuário dos aposentos do rei.

Aqui eles fizeram suas oferendas para mim, como o divino faraó, e saíram me deixando muito cansado, mas um rei.

(Foi aqui que terminou o primeiro e o menor dos papiros).

Livro II
A Queda de Harmachis

Capítulo I

A Despedida de Harmachis e Amenemhat; a Ida de Harmachis a Alexandria; a Exortação de Sepa; a Passagem de Cleópatra Vestida como Ísis; o Gladiador é Derrotado por Harmachis

Agora os longos dias de preparação tinham passado, e a hora havia chegado. Fui iniciado e coroado, e ainda que as pessoas comuns não me conhecessem, ou me conhecessem apenas como o sacerdote de Ísis, havia milhares de pessoas no Egito que em seu coração me reverenciavam como sendo o faraó. A hora se aproximava, e a minha alma saiu ao encontro dela, pois eu ansiava por expulsar o estrangeiro, para libertar o Egito, subir no trono que era minha herança e limpar os templos dos meus deuses. Fui de bom grado para a luta, e nunca duvidei de seu final. Eu me olhava no espelho e via triunfo escrito em minha testa. O futuro estendia um caminho de glória aos meus pés, um caminho brilhando com a glória como o Sihor brilha ao Sol. Comunguei com minha Mãe Ísis. Sentei em meu gabinete e me aconselhei com o meu coração. Planejei novos templos. Meditei sobre grandes leis que eu faria para o bem-estar de meu povo. Em meus ouvidos soavam os gritos de exultação que deveriam saudar o faraó vitorioso em seu trono.

Mas mesmo assim permaneci por algum tempo em Aboukis e, seguindo ordens, deixei o meu cabelo, que estava curto, crescer de novo, tão preto quando a asa de um corvo. Eu me instruí em todos os exercícios viris e no uso de armas. Também, por uma razão que ainda será conhecida, eu me aperfeiçoei na arte mágica dos egípcios e na leitura das estrelas, na qual já tinha uma grande habilidade.

Este era o plano que foi elaborado. Meu tio Sepa tinha deixado por algum tempo o templo de Heliópolis, deixando a entender que estava com a saúde fraca. Por isso ele se mudou para uma casa em Alexandria, para ganhar forças, conforme ele disse, com a brisa do mar, e também para poder aprender sobre as maravilhas do grande Museu e sobre a glória da corte de Cleópatra. Foi planejado que eu deveria me juntar a ele, pois lá, em Alexandria, o ovo da trama estava eclodindo. Assim, quando por fim a intimação veio, depois de tudo preparado, eu me aprontei para a jornada e passei pelos aposentos de meu pai para receber suas bênçãos antes de sair. Ali se sentava o velho homem, como uma vez ele se sentava quando me repreendeu por ter saído para matar o leão, com sua longa barba branca, descansando sobre a mesa de pedra e com escrituras sagradas em sua mão. Quando entrei, ele se levantou de seu lugar e teria se ajoelhado na minha frente, gritando: "Salve, faraó!", mas o peguei pela mão.

"Isto não é apropriado, meu pai", eu disse.

"É apropriado", ele respondeu. "É apropriado que eu me ajoelhe perante o meu rei, mas que seja como quiseres. Então tu vais Harmachis, minhas bênçãos irão contigo, meu filho! E que Aqueles a quem sirvo permitam que meus olhos te vejam enfim no trono! Procurei por muito tempo, Harmachis, com esforço, poder ler o futuro que virá, mas não sei de nada, mesmo com todo o meu conhecimento. Está oculto de mim, e às vezes meu coração desvanece. Mas escute isto, há perigo em teu caminho, e ele vem na forma de uma mulher. Eu soube disso há muito tempo, e por isso tu foste chamado para a devoção da Ísis celestial, que exige que seus devotos coloquem de lado o pensamento em uma mulher, até que Ísis ache apropriado suavizar esta regra. Ah, meu filho, eu queria que tu não fostes tão forte e tão bonito, de fato, mais forte e mais bonito do que qualquer homem no Egito, como um rei deveria ser, pois nesta força e beleza pode estar a causa de teu deslize. Muito cuidado com aquelas bruxas de Alexandria, para impedir que, como um verme, alguma delas se rasteje para dentro de teu coração e desvende os teus segredos".

"Não tenha medo, meu pai", respondi carrancudo. "Meus pensamentos estão em outras coisas, não em lábios vermelhos e olhos sorridentes."

"Isso é bom", ele respondeu, "que assim ocorra. E agora adeus. Quando nos encontrarmos de novo, que seja em um momento feliz, quando, com todos os sacerdotes das Terras Altas, sairei de Aboukis para prestar minhas homenagens ao faraó em seu trono".

Eu o abracei e fui embora. Ai de mim! Eu mal pensei em como iríamos nos encontrar de novo.

Mais uma vez desci o Nilo, viajando como um homem sem posses. Aos que tinham curiosidade sobre a minha pessoa foi dito que eu era o filho adotivo do supremo sacerdote de Aboukis, que havia sido criado para o sacerdócio, mas que eu havia por fim me recusado a servir aos deuses e escolhido ir para Alexandria, para buscar minha sorte. Pois para quem se lembrasse, eu ainda era o neto da ama Atoua, para todos aqueles que não conheciam a verdade.

Na décima noite, velejando a favor do vento, atingimos a poderosa cidade de Alexandria, a cidade das mil luzes. Acima de tudo ficava a torre branca do farol, aquela maravilha do mundo, onde de seu topo uma luz como a luz do Sol brilhava pelas águas do porto para guiar marinheiros em seu caminho para o mar. Depois que a embarcação foi amarrada com cuidado no cais, pois era noite, desembarquei e fiquei observando a enorme massa de casas, confuso com o clamor de tantas línguas. Pois aqui todos os povos pareciam se reunir, cada um falando a língua de sua própria terra. Enquanto eu estava parado, um jovem rapaz veio e tocou meu ombro, perguntando se eu era de Aboukis e se meu nome era Harmachis. Eu disse que sim. Então, curvando-se para cima de mim, ele sussurrou a senha secreta no meu ouvido, e acenando para dois escravos, ordenou que eles trouxessem a minha bagagem do barco. Foi o que fizeram, abrindo caminho no meio da multidão de carregadores que estavam clamando para serem contratados. Eu o segui pelo cais, que estava rodeado de lugares para beber, onde todos os tipos de homens se reuniam, bebendo vinho e observando as mulheres dançando. Algumas estavam vestidas com trajes sumários e outras não vestiam nada.

Nós andamos pelas casas iluminadas por lâmpadas até que, por fim, alcançamos a margem do grande porto, e viramos à direita em uma rua larga, pavimentada com granito e ladeada por casas fortes. Havia claustros na frente das casas, de um tipo que eu jamais havia visto. Virando mais uma vez à direita, chegamos a uma área mais calma da cidade, onde exceto por alguns grupos de foliões passeando, as ruas estavam quietas. Logo meu guia parou em uma casa construída de pedra branca. Entramos, e, cruzando um pequeno pátio, chegamos a um aposento iluminado. Ali, enfim, encontrei meu tio Sepa, muito feliz em me ver em segurança.

Depois que me banhei e comi, ele me contou que tudo correra bem, e que não havia nenhum pensamento ruim na Corte. Mais ainda, ele disse, quando chegou aos ouvidos da rainha que o sacerdote de Heliópolis estava morando temporariamente em Alexandria, ela mandou buscá-lo e ele foi interrogado com cuidado. Não por causa de nenhum plano, pois ela nem pensava nisso, mas por causa do boato que havia alcançado a rainha de que existia um tesouro escondido na Grande Pirâmide que fica em Heliópolis. Pois ela, que gostava de esbanjar, estava sempre em busca de dinheiro, e tinha pensado em abrir a pirâmide. Mas ele riu dela, dizendo que a Pirâmide era o lugar onde o divino Khufu, ou Quéops, havia sido enterrado, e que ele não sabia nada sobre os segredos da pirâmide. Ela se enfureceu e jurou que tão certo como governava o Egito, ela iria colocar a pirâmide abaixo, pedra por pedra, e descobrir seus segredos mais profundos. Mas uma vez ele riu, e, de acordo com um provérbio que existe aqui em Alexandria, disse a ela que "As montanhas vivem mais do que os reis". Depois disso ela sorriu em função da resposta pronta, e o deixou ir. Meu tio Sepa também me disse que no dia seguinte eu deveria ver essa Cleópatra. Seria o seu aniversário (como também seria o meu), e vestida nas vestes da Santa Ísis, ela iria desfilar de seu palácio em Lochias até o Serapeum, para oferecer um sacrifício no santuário do deus falso que fica no templo. Ele disse que depois deveríamos planejar a maneira pela qual eu ganharia acesso à casa da rainha.

Então, estando muito cansado, fui descansar, mas dormi muito pouco, por conta do lugar estranho, dos barulhos da rua e de meus pensamentos sobre o dia seguinte. Enquanto ainda estava escuro, eu me levantei, subi a escada que levava ao teto da casa e esperei. Logo os raios de Sol dispararam como flechas e iluminaram o maravilhoso mármore branco do Farol, cuja luz de imediato feneceu e morreu como se tivesse sido morta pelo Sol. Agora os raios caíam sobre os palácios em Lochias onde Cleópatra estava, e os iluminou até que eles flamejavam como uma joia cravejada no seio escuro e frio do mar. Mais uma vez a luz voou, beijando o domo sagrado de soma, debaixo do qual Alexandre dorme, tocando o topo de milhares de palácios e templos, passando pelos pórticos do grande museu que estava ao alcance da mão, alcançando o imponente santuário, onde está a imagem do falso deus Serápis esculpido em marfim, e finalmente a luz pareceu se perder na vasta e melancólica Necrópolis. Assim, conforme o alvorecer se transformava em dia, a inundação da claridade, transbordando o bojo da noite, fluiu pelas terras baixas e pelas ruas, e deixou Alexandria vermelha ao nascer do Sol, como o manto de um rei, e com o formato de um manto. O vento Etésio vinha do norte e soprava para longe o vapor dos portos, então pude ver suas águas azuis embalando milhares de barcos. Eu também vi o enorme dique Heptastádio. Eu vi as centenas de ruas, as incontáveis casas, a riqueza inumerável e o esplendor de Alexandria ambientada como uma rainha, entre o Lago Mareotis e o oceano, dominando a ambos, e eu estava cheio de admiração. Esta, então, era uma das cidades da minha herança de terras e cidades! Bem, valia a pena dominá-la. Tendo me saciado e alimentado meu coração, por assim dizer, com a visão do esplendor, entrei em comunhão com a Santa Ísis e desci do telhado.

No aposento abaixo estava meu tio Sepa. Eu disse a ele que tinha observado o nascer do Sol sobre a cidade de Alexandria.

"Então", ele disse, olhando para mim por baixo de suas sobrancelhas desgrenhadas, "qual a tua impressão de Alexandria?".

"Eu acho que ela se parece como uma cidade dos deuses", eu respondi.

"Ah", ele respondeu com veemência, "uma cidade dos deuses infernais. Um poço de corrupção, uma tina borbulhante de iniquidade, o lar de uma fé falsa que brota de corações falsos. Eu gostaria que não sobrasse pedra sobre pedra, e que sua riqueza estivesse enterrada nas profundezas daquelas águas! Eu gostaria que as gaivotas estivessem gritando sobre este lugar, e que o vento, sem estar infectado pelo hálito grego, varresse suas ruínas do oceano até Mareotis! Oh, nobre Harmachis, não permita que a luxúria e a beleza de Alexandria envenenem os teus sentidos, pois em seu ar mortal a fé perece, e a religião não pode abrir suas asas celestiais. Quando chegar a hora de governares, Harmachis, humilhe esta cidade amaldiçoada, como fizeram os teus pais, erga o teu trono nas paredes brancas de Mênfis. Eu te digo que para o Egito, Alexandria é somente um esplêndido portão de ruína, e enquanto ela perdurar, todas as nações da terra irão marchar por ela, pilhando a nação, e todas as falsas crenças irão fazer seu ninho aqui e causar a ruína dos deuses egípcios".

Eu não respondi, pois havia verdade em suas palavras. Mas mesmo assim, em minha opinião, a cidade parecia muito bonita. Depois de termos comido, meu tio me disse que agora era a hora de sair para vermos a marcha de Cleópatra, enquanto ela marchava em triunfo para o santuário de Serápis. Embora ela não fosse passar até as duas horas da tarde, o povo de Alexandria era tão apaixonado por demonstrações e marchas que, se não saíssemos agora, não conseguiríamos atravessar a turba de pessoas que já estava se reunindo ao longo das ruas por onde a rainha iria passar. Então nós saímos para pegar o nosso lugar em uma arquibancada feita de madeira que havia sido construída do lado da grande rua que atravessa a cidade e que vai até o Portão Canópico. Pois o meu tio já havia comprado o direito de entrar na arquibancada, a um preço alto.

Nós seguimos nosso caminho com muita luta através da grande massa que já se reunia nas ruas, até que chegamos no tablado de madeira que estava coberto por um toldo feito de tecidos vermelhos suspensos. Ali nos sentamos em um banco e esperamos por algumas horas, observando a multidão que passava gritando, cantando e falando em voz alta em muitas línguas. Por fim vieram soldados para liberar o caminho, vestidos ao modo romano, com um colete de armadura. Depois deles marcharam arautos pedindo silêncio (e a população cantou e gritou ainda mais alto), e exclamando que Cleópatra, a rainha, estava chegando. Depois se seguiram mil soldados da cavalaria siciliana, mil trácios, mil macedônicos e mil gauleses, cada qual armado de acordo com o costume em seu país. Então passaram 500 homens que eram chamados de cavaleiros cercados, pois os homens e os cavalos estavam cobertos juntos com a mesma armadura. Depois vieram jovens e donzelas vestidas de maneira suntuosa e usando coroas douradas, com imagens simbolizando o dia e a noite, a manhã e a tarde, os céus e a Terra. Atrás delas caminhavam muitas mulheres lindas, jogando perfumes na rua, e outras espalhavam flores desabrochando. Agora elevou-se o clamor de "Cleópatra! Cleópatra!", então prendi minha respiração e inclinei-me para a frente para ver aquela que ousava se vestir como Ísis.

Mas naquele momento a multidão estava tão junta e tão densa na minha frente que eu não conseguia mais enxergar com clareza. Então, impaciente, pulei sobre a barreira da arquibancada, e sendo muito forte, abri caminho através da multidão, até que alcancei a fileira mais à frente. Enquanto fazia isto, escravos núbios armados com grossos bastões e coroados com folhas de hera corriam batendo na multidão. Notei um homem em especial, pois ele era como um gigante, que por ser tão forte era insolente além da conta, ferindo as pessoas sem motivo, como acontece quando as pessoas inferiores são colocadas em posição de autoridade. Uma mulher estava próxima a mim, sua face era egípcia, e ela segurava uma criança em seus braços. O homem, vendo que ela era fraca, bateu na cabeça dela com seu bastão para que ela caísse, e as pessoas murmuraram. Vendo aquilo meu sangue correu rápido em minhas veias de repente e afogou a minha razão. Eu segurava em minha mão uma vara de oliveira do Chipre, e enquanto o negro bruto ria ao ver a mulher ferida e sua criança que rolava no chão, girei o bastão no alto e o atingi. Eu o golpeei de maneira tão astuta, que o forte bastão se quebrou nos ombros do gigante e o sangue jorrou, manchando sua coroa de folhas de hera.

Então, com um grito de dor e fúria, pois os que ferem não gostam de ser feridos, ele se virou e saltou em cima de mim! Todas as pessoas ao redor se afastaram, exceto a mulher que não podia se levantar, deixando apenas nós dois, como se estivéssemos em uma arena. Ele veio correndo e quando se aproximou já fora de si, eu o atingi entre os olhos com o punho fechado, pois eu não tinha mais nada com que atacá-lo. Ele cambaleou como um boi ao ser atingido pelo primeiro golpe de machado do sacerdote. As pessoas gritavam, pois todos gostam de ver uma luta, e elas conheciam o homem como um gladiador vitorioso nos jogos. Reunindo suas forças, o patife veio com um palavrão, e girando acima o seu pesado bastão, golpeou-me de tal maneira que se eu não tivesse evitado o golpe com agilidade, com certeza teria morrido. Mas, por acaso, o bastão bateu no chão com tanta força que se quebrou em pedaços. A multidão gritou mais uma vez, e o enorme homem, cego de fúria, correu em minha direção para me ferir. Com um grito eu pulei direto para a sua garganta, agarrando-a, pois ele era tão pesado que eu sabia que não iria conseguir derrotá-lo usando a força. Lá me pendurei, e seus punhos me agrediam como porretes, pressionando meus polegares em sua garganta. Nós rodamos e rodamos, até que afinal ele se lançou ao chão, tentando desvencilhar-se de mim. Mas o segurei com mais firmeza conforme ele rolava no chão, até que por fim se enfraqueceu por falta de ar. Então eu, que estava por cima, coloquei o meu joelho em seu peito, e acredito que em minha fúria eu o teria matado, se não fosse pelo meu tio e outros ali reunidos que caíram em cima de mim e me afastaram dele.

Enquanto isso, sem eu saber, a carruagem na qual a rainha estava sentada, com elefantes à frente e leões atrás, havia alcançado aquele lugar e parado por causa do tumulto. Eu olhei para cima, e ferido, ofegante, com as minhas roupas brancas manchadas pelo sangue que havia jorrado da boca e das narinas do forte núbio, pela primeira vez eu vi Cleópatra frente a frente. Sua carruagem era toda de ouro, conduzida por cavalos tão brancos quanto o leite. Ela se sentava na carruagem acompanhada de duas lindas moças, vestidas com trajes gregos, cada qual de pé ao lado dela, abanando Cleópatra com leques cintilantes. Em sua cabeça estava a paramenta de Ísis, os chifres dourados entre os quais ficava o disco redondo da Lua, e o emblema do trono de Osíris, com a serpente enrolada à sua volta. Debaixo desta paramenta estava o capuz de ouro em forma de abutre, com asas azuis esmaltadas, e na cabeça do abutre os olhos eram pedras preciosas. Embaixo do capuz, as longas tranças negras de Cleópatra fluíam em direção aos seus pés. Em seu pescoço redondo havia um largo colar de ouro, encravado de esmeraldas e coral. Em volta de seus braços e pulsos havia braceletes de ouro encravados de esmeraldas e coral, e em uma das mãos ela segurava a cruz sagrada da vida, feita de cristal, e na outra mão o bastão dourado da realeza. Seu peito estava nu, mas debaixo dele havia um traje que brilhava como as escamas da pele de uma serpente, coberto por pedras preciosas costuradas. Abaixo desse manto havia uma saia de tecido dourado, parcialmente encoberta por uma estola de seda bordada de cós, que caía em dobras sobre suas sandálias que, fechadas com enormes pérolas, adornavam seus pés brancos e minúsculos.

Tudo isto eu vi de relance, por assim dizer. Então olhei para seu rosto. Aquele rosto que seduziu César e arruinou o Egito, e estava condenado a entregar para Otaviano o cetro do mundo. Olhei para as perfeitas feições gregas. O queixo redondo, os lábios cheios, carnudos, as narinas cinzeladas e as orelhas moldadas como delicadas conchas. Eu vi a testa, baixa, larga e adorável, os cabelos encaracolados, escuros, caindo em ondas pesadas que brilhavam ao Sol, as sobrancelhas arqueadas, e os longos e curvados cílios. Ali na minha frente estava a grandeza de sua forma imperial. Aqui queimavam os maravilhosos olhos, do tom das violetas do Chipre, olhos que pareciam dormir e pensar com melancolia sobre coisas secretas, como a noite fica melancólica sobre o deserto. E assim como a noite, eles se alteravam, mudavam e eram iluminados pelo brilho de um esplendor repentino que nascia de seu fundo estrelado. Todas estas maravilhas eu vi, apesar de não conseguir expressar bem em palavras. Mas mesmo naquele momento eu sabia que não eram somente essas características que definiam a beleza de Cleópatra, mas sim uma glória e um esplendor que emanavam pela cobertura carnal, vindo de dentro de sua alma ardente. Pois ela era uma criatura de chama como nenhuma outra mulher foi, ou será. Até quando ela estava pensativa, o fogo de seu coração impaciente brilhava através dela. Mas quando ela acordava, e o brilho faiscava de repente de seus olhos, e a música carregada de paixão que era a sua fala saía de seus lábios, ah, quem poderia dizer com o que Cleópatra se parecia? Pois nela estavam todos os esplendores que foram entregues a uma mulher para a sua glória, e toda a genialidade que o homem ganhou do céu. E neles habitava todo o tipo de maldade, que não temia nada, e, zombando das leis, ela tinha feito dos impérios seu parque de diversões, e sorrindo, regou com o rico sangue dos homens os desejos crescentes dela. Eles se reuniam no peito dela, criando juntos aquela Cleópatra que nenhum homem poderia descrever, e mesmo assim, qualquer homem que a visse nunca poderia esquecê-la. Eles a criaram imponente como o espírito da tempestade, adorável como o trovão, cruel como a epidemia, e ainda assim ela tinha um coração. E o que ela fez, todos sabem. Ai do mundo quando outra como esta vier para amaldiçoá-lo!

Por um momento encontrei os olhos de Cleópatra quando ela, de forma indolente, curvou-se para encontrar a causa do tumulto. No início eles estavam escuros e sombrios, como se de fato eles tivessem visto, mas o cérebro não tinha lido nada. Então eles acordaram, e a sua cor pareceu se alterar como a cor do mar se altera quando as águas estão agitadas. Primeiro havia raiva escrita neles, depois uma percepção indolente, e então, quando ela viu o tamanho do homem que eu havia derrotado, aquele que ela sabia ser um gladiador, alguma coisa apareceu em seus olhos, talvez até admiração. Ao menos eles se suavizaram, apesar de, na verdade, seu rosto não ter se alterado. Mas aquele que quisesse ler a mente de Cleópatra deveria aprender a observar os seus olhos, pois sua fisionomia variava pouco. Ao se virar, ela disse algumas palavras para seus guardas. Eles se aproximaram e me levaram até ela, enquanto a multidão esperava em silêncio que eu fosse morto.

Fiquei na frente dela, com meus braços cruzados sobre meu peito. Embora dominado pela admiração de seus encantos, eu a odiava em meu coração, essa mulher que ousava se vestir como Ísis, essa usurpadora que se sentava em meu trono, essa libertina que esbanjava a riqueza do Egito com carruagens e perfumes. Quando ela me encarou da cabeça aos pés, falou em uma voz cheia e baixa na língua de Kemet que ela, de todos os lágida, havia aprendido sozinha.

"Quem és tu, egípcio, pois sei que tu és egípcio, que ousou ferir o meu escravo enquanto eu prosseguia pela minha cidade?"

"Eu sou Harmachis", respondi com coragem, "Harmachis, o astrólogo, filho adotivo do supremo sacerdote e governador de Aboukis, que vim para cá buscar a minha sorte. Feri o teu escravo, oh, rainha, pois ele sem motivo algum derrubou aquela mulher. Pergunte aos que viram, oh, realeza do Egito".

"Harmachis", ela disse, "esse nome tem um som superior, e tu tens uma aparência superior". Então, falando com um soldado que tinha visto tudo, ela fez com que ele lhe contasse o que havia acontecido. Ele contou toda a verdade, sendo amigável comigo porque eu havia derrotado o núbio. Depois ela se virou e falou com a garota que segurava o leque ao seu lado, uma garota com o cabelo encaracolado e olhos tímidos, muito bonita de se ver. A garota respondeu alguma coisa. Então Cleópatra fez com que trouxessem o escravo até ela. Trouxeram para a frente o gigante que havia recuperado seu fôlego, e junto com ele a mulher que havia derrubado.

"Tu és um cão!", ela disse, na mesma voz baixa. "Covarde! Pois sendo forte, derrubaste esta mulher, e sendo um covarde, foste derrotado por este jovem homem. Veja, vou te ensinar a ter modos. Daqui para a frente, quando tu atacares mulheres, será com o teu braço esquerdo. Guardas, agarrem este escravo negro e cortem a sua mão direita."

Depois de ter dado a ordem, ela se sentou novamente em sua carruagem dourada, e mais uma vez seus olhos se nublaram. Os guardas agarraram o gigante, e apesar de seus gritos e rogos por clemência, eles cortaram a mão dele com uma espada em cima da madeira da arquibancada, e ele foi carregado, gemendo. Então a procissão se moveu de novo. Quando estava se afastando, a linda mulher com o leque virou a sua cabeça, alcançou o meu olhar, sorriu e assentiu com a cabeça, como se estivesse alegre, o que me surpreendeu.

As pessoas aplaudiram e gesticularam, dizendo que em breve eu deveria praticar Astrologia no palácio. Mas, assim que possível, escapei com o meu tio e nós voltamos para a casa. Durante todo o tempo ele me repreendeu pela imprudência, mas quando estávamos de volta a casa ele me abraçou e ficou muito feliz, pois eu havia derrotado o gigante sem me ferir muito.

Capítulo II

A Vinda de Charmion e a Ira de Sepa

Naquela mesma noite, enquanto jantávamos na casa, alguém bateu à porta. Quando a porta abriu, passou uma mulher coberta da cabeça aos pés com uma túnica ou manto escuro, de tal maneira que quase não se enxergava seu rosto.

Meu tio se levantou, e a mulher proferiu a palavra secreta.

"Eu vim, meu pai", ela disse em uma voz doce e límpida, "apesar de que, em verdade, não foi fácil escapar dos festejos no palácio. Mas eu disse à rainha que o Sol e o tumulto nas ruas tinham me deixado doente, então ela me deixou ir".

"Muito bem", ele respondeu. "Tire o seu véu, aqui tu estás segura."

Com um pequeno suspiro de cansaço ela soltou o manto e deixou que escorregasse de seu corpo, trazendo para minha visão o rosto e a forma daquela linda garota que abanava Cleópatra na carruagem. Pois ela era muito linda e agradável de olhar, e suas vestes gregas aderiam com suavidade a seus membros flexíveis e sua forma que estava florescendo. Seu cabelo indócil que caía em uma centena de pequenos cachos estava preso com um filete dourado, e em seus pés havia sandálias presas com botões de ouro. Suas bochechas se coravam como uma flor, e seus olhos suaves e negros olhavam para baixo, como se estivessem tímidos, mas sorrisos e covinhas acompanhavam seus lábios.

Meu tio franziu o cenho quando seus olhos caíram sobre o vestido dela.

"Por que vens aqui com esta roupa, Charmion?", ele perguntou severamente. "O vestido de tua mãe não é bom o suficiente para ti? Aqui não é lugar nem hora para as vaidades de uma mulher. Tu não estás aqui para conquistar, mas sim para obedecer."

"Ah, não fique nervoso, meu pai", ela respondeu com suavidade. "Talvez tu não saibas que aquela a quem eu sirvo não gosta dos nossos vestidos egípcios, pois estão fora de moda. Se eu os vestisse, poderia causar desconfiança. E também, vim às pressas". E enquanto ela falava, notei que ao mesmo tempo ela me observava de maneira secreta através dos longos cílios que emolduravam seus olhos recatados.

"Muito bem", ele disse com rispidez, fixando seu olhar agudo no rosto dela, "não duvido que estejas falando a verdade, Charmion, mas nunca te esqueças de teu juramento e da causa pela qual juraste. Não sejas leviana, e ordeno que tu esqueças a beleza com que tu foste amaldiçoada. Mas entenda isso, Charmion: Falhe apenas um pouco conosco, e a vingança cairá sobre ti, a vingança do homem e a vingança dos deuses! Para esta missão", ele continuou, aumentando a sua raiva conforme falava, até que a sua forte voz ressoasse na sala estreita, "tu nasceste, para esta missão tu foste educada e enviada para onde estás a fim de ganhar a confiança daquela libertina cruel que tu finges servir. Não te esqueças disso, e que a luxúria daquela corte não corrompa a tua pureza e te afaste de teu objetivo, Charmion". Os olhos dele brilharam e sua pequena estatura parecia aumentar, até atingir certa dignidade, quase uma grandeza.

"Charmion", ele continuou, avançando na direção dela com o dedo em riste, "eu digo que às vezes não confio em ti. Mas duas noites atrás sonhei que te via de pé no deserto. Tu rias e levantava a tua mão para o céu, e de tua mão caía uma chuva de sangue. Então o céu mergulhou na terra de Kemet e a cobriu. De onde veio este sonho, garota, e qual é o seu significado? Ainda não tenho nada contra ti, mas escute com atenção! No momento em que eu deva, mesmo sendo minha parente e eu te amando muito, naquele momento, eu te digo, irei destruir estes membros delicados que tu adoras mostrar, e os entregarei para o falcão e para o chacal, e que a tua alma sofra todas as torturas dos deuses! Tu irás repousar sem ser sepultada, e tu irás vagar por Amenti sem corpo e amaldiçoada! Para sempre!".

Ele fez uma pausa, pois sua súbita explosão de paixão tinha se exaurido. Com mais clareza do que antes, vi o quão profundo era o coração desse homem sob o manto de alegria e simplicidade em seu semblante e com que ferocidade sua mente estava focada em seu objetivo. A garota se encolheu aterrorizada por ele, e colocando suas mãos em seu rosto suave, começou a chorar.

"Não fale assim, meu pai", ela disse entre soluços, "o que eu fiz? Não entendo sobre o mal que aparece em teus sonhos. Não sou uma profetisa que pode ler os sonhos. Não fiz tudo de acordo com o teu desejo? Não tenho me lembrado daquele terrível juramento?" Ela tremia. "Não tenho bancado a espiã e te contado tudo? Não ganhei o coração da rainha, e ela me ama como a uma irmã, e não me recusa nada? E também os corações daqueles ao redor dela? Por que tu me assustas com tuas palavras e ameaças?" Ela chorou de novo e, estando magoada, parecia ainda mais linda do que antes.

"Chega, chega", ele respondeu. "O que eu disse já foi dito. Foste avisada, e não afronte mais a nossa visão com este vestido devasso. Pensas tu que nós devemos satisfazer nossos olhos com estes braços redondos? Nós, cuja causa é o Egito, e que nos dedicamos aos deuses do Egito? Garota, eis o teu primo e teu rei!"

Ela parou de chorar e limpou seus olhos com sua túnica. Eles pareciam ainda mais doces depois das lágrimas.

"Eu acho, tão nobre Harmachis, e amado primo", ela disse, enquanto se curvava perante mim, "que nós já nos conhecemos".

"Sim, prima", respondi, não sem alguma timidez, pois eu nunca tinha falado com uma garota tão linda. "Tu estavas na carruagem de Cleópatra hoje enquanto eu lutava com o núbio?"

"Sim, primo", ela respondeu com um sorriso e um repentino brilho nos olhos, "foi uma luta nobre, e com coragem tu derrotaste aquele negro bruto. Eu vi a luta e, embora não soubesse que eras tu, temi muito por alguém tão corajoso. Mas o fiz pagar, pois fui eu que coloquei na mente de Cleópatra que ela ordenasse aos guardas que cortassem a mão dele. Agora, sabendo que eras tu, eu deveria ter pedido a cabeça dele". Ela olhou para cima, olhando-me de relance, e então sorriu.

"Chega", disse meu tio Sepa, "não temos muito tempo. Conte para ele a tua missão, Charmion, e vá embora".

Então o seu comportamento mudou. Ela dobrou as mãos com humildade na sua frente e disse:

"Deixe que o faraó escute a sua serva. Eu sou a filha do tio do faraó, irmão de seu pai, que morreu há muito tempo, e por isso também corre em minhas veias o sangue nobre do Egito. Também sigo a antiga fé, odeio os gregos, e ver-te sentado no trono tem sido a minha maior esperança há muitos anos. Por isso eu, Charmion, coloquei minha posição social de lado e me tornei uma serviçal de Cleópatra, para que eu pudesse cavar um lugar para que tu pudesses colocar teus pés no palácio quando fosse a hora de subires ao trono. E agora, faraó, o lugar está cavado.

Este é o nosso plano, nobre primo. Tu deves ganhar acesso à casa e aprender seus caminhos e segredos, e quando necessário, subornar os eunucos e os capitães, sendo que alguns eu já seduzi. Feito isso, e com tudo pronto, tu deverás assassinar Cleópatra, e com minha ajuda e daqueles que eu controlo, na confusão que se seguirá, tu irás abrir os portões, deixando entrar aqueles da nossa causa que estarão esperando, que irão derrotar com a espada os que ainda permanecerem fieis a Cleópatra e irão tomar o Bruchium. Quando isso tiver terminado, em dois dias tu irás dominar esta volúvel Alexandria. Ao mesmo tempo, aqueles que prestaram juramento a ti irão pegar em armas em todas as cidades do Egito, e dez dias depois da morte de Cleópatra, tu serás o faraó. Isto é o que foi decidido, e tu vês, meu nobre primo, que apesar de nosso tio pensar tão mal de mim, eu fiz a minha parte, e fiz muito bem."

"Eu te compreendo, prima", respondi admirado de que uma mulher tão jovem, que não deveria ter mais do que 20 anos, pudesse ter tramado um plano tão audacioso, pois a origem da conspiração veio dela. Mas naqueles dias eu pouco conhecia Charmion. "Continue; como então terei acesso ao palácio de Cleópatra?"

"Calma, primo, as coisas não são assim tão fáceis. Cleópatra adora olhar para um homem, e perdoe-me, mas o teu rosto e teu corpo são muito bonitos. Hoje ela o notou, e me disse duas vezes que ela deveria ter perguntado onde o astrólogo poderia ser encontrado. Ela acredita que um astrólogo que pode derrotar um gladiador núbio somente com suas próprias mãos, é com certeza um mestre na leitura das estrelas. Eu disse a ela que iria perguntar sobre ti. Preste atenção, nobre Harmachis. Ao meio-dia Cleópatra dorme no aposento interno que tem vista para os jardins do porto. Amanhã, àquela hora, eu te encontrarei nos portões do palácio, onde tu irás pedir com coragem pela dama Charmion. Irei marcar um horário para ti e Cleópatra, para que quando ela acordar ela esteja sozinha contigo. O restante é contigo, Harmachis. Ela adora brincar com os mistérios da magia, e sei que ela passa noites inteiras observando as estrelas e fingindo interpretá-las. Mas recentemente ela expulsou o médico Dioscórides, pois o pobre coitado se arriscou em uma profecia vinda da conjuntura das estrelas. Nessa profecia, Cássio iria derrotar Marco Antônio. Assim, Cleópatra deu ordens ao general Allienus para que unisse as legiões que ela havia enviado para a Síria, para ajudar Antônio, ao exército de Cássio, cuja vitória, de acordo com Dioscórides, estava escrita nas estrelas. Mas ocorreu que Antônio primeiro derrotou Cássio e depois Bruto, e por isso Dioscórides foi embora. Agora, para poder se sustentar, ele dá aulas sobre ervas no museu, e odeia ouvir falar em estrelas. Mas o lugar dele está vazio, e tu deves preenchê-lo, então nós iremos trabalhar em segredo e na sombra do cetro. Ah, iremos trabalhar como o verme no coração da fruta, até que chegue o dia da colheita, e com o toque de tua adaga, meu nobre primo, a estrutura deste trono grego irá desabar até não restar mais nada, e o verme que o apodreceu sairá de seu esconderijo servil e, aos olhos dos impérios, espalhará suas nobres asas sobre o Egito.

Encarei aquela garota estranha mais uma vez com admiração e vi que o seu rosto estava iluminado com tal luz como eu nunca havia visto nos olhos de uma mulher.

"Ah", interrompeu meu tio que a estava observando. "Ah, adoro te ver assim, garota. Esta é a Charmion que eu conheci e criei. Não a garota da corte que eu não gosto, vestida com a seda de cós e perfumada com essências. Deixe que o teu coração endureça neste molde, grave nele o zelo fervoroso da fé patriota e tu irás encontrar a tua recompensa. E agora cubra teu vestido vergonhoso e deixe-nos, pois já está tarde. Amanhã Harmachis irá como tu disseste, então adeus."

Charmion fez uma reverência com sua cabeça, virou-se e enrolou seu manto escuro ao seu redor. Então, ela pegou minha mão e a tocou com seus lábios, e foi embora sem dizer mais nada.

"Uma mulher estranha!", disse Sepa depois que ela havia ido embora. "Uma mulher tão estranha, e uma incerteza!"

"Eu acho, meu tio", eu disse, "que foste muito ríspido com ela".

"Sim", ele respondeu, "mas não sem razão. Veja bem, Harmachis, cuidado com Charmion. Ela é muito caprichosa, e temo que ela possa se desvirtuar. Na verdade, ela é uma mulher que, como um cavalo rebelde, irá seguir o caminho que mais lhe agrade. Ela tem cérebro e paixão e adora a nossa causa, mas rezo para que a causa não fique frente a frente com os seus desejos, pois o que o seu coração quiser fazer, ela fará a qualquer custo. Por isso a assustei agora, enquanto posso, pois quem sabe o que acontecerá com ela fora do alcance do meu poder? Eu te digo, nossas vidas estão nas mãos dessa garota, e se ela nos trair, o que acontecerá? Ai de nós, que temos que usar meios como estes! Mas foi necessário. Não havia outra maneira, mas mesmo assim sou desconfiado. Rezo para que tudo corra bem, mas às vezes temo Charmion, pois ela é bonita demais, e o sangue da juventude corre quente demais naquelas veias azuis dela.

Ah, ai da causa que baseia sua força na fé de uma mulher, pois as mulheres são fiéis somente enquanto elas amam, e quando elas amam, sua infidelidade se torna sua fé. Elas não são constantes como os homens. Elas sobem mais alto e afundam mais baixo, elas são fortes e volúveis como o oceano. Harmachis, cuidado com esta Charmion, pois como o oceano, ela pode te levar flutuando para casa, ou como o oceano, ela pode te afundar, e contigo, a esperança do Egito!"

Capítulo III

A Chegada de Harmachis ao Palácio; como Ele Passou por Paulo Adentrando aos Portões; o Sono de Cleópatra; a Mágica que Harmachis Mostrou a Ela

Assim, no dia seguinte, eu me vesti com uma túnica solta e longa, como as que os mágicos ou astrólogos usam. Coloquei um chapéu com estrelas bordadas na minha cabeça, e em meu cinto havia uma paleta de escriba e um rolo de papiro, escrito com feitiços e sinais. Eu segurava na minha mão uma vara de ébano, com a ponta de marfim, como usam os sacerdotes e mestres da magia. Na verdade, dentre eles eu ocupava uma alta posição, completando o conhecimento de seus segredos que havia aprendido em Heliópolis com as habilidades que vêm com a prática. Muito envergonhado, pois eu não gostava daquele disfarce e tendo desprezo por esta mágica comum, fui andando pelo Bruchium na direção do palácio no Lochias, sendo conduzido pelo meu tio Sepa. Enfim, depois de passar pela Avenida das Esfinges, nós chegamos à enorme entrada de mármore e aos portões de bronze, onde ficava a guarda. Aqui meu tio me deixou, rezando muito pela minha segurança e sucesso. Mas eu avancei com um ar seguro para o portão, onde fui rudemente intimado pelos sentinelas gauleses, que perguntaram meu nome e o que eu estava fazendo ali. Eu disse o meu nome, Harmachis, o astrólogo, dizendo que eu queria ver a dama Charmion, dama da rainha. O guarda fez um movimento para me deixar passar, quando um capitão da guarda, um romano chamado Paulo, chegou e o proibiu. Esse Paulo era um homem enorme, com um rosto de mulher, e um aperto de mão de um bebedor de vinho. Ele havia me reconhecido.

"Veja", ele gritou na língua latina para outro que estava com ele, "este é o homem que lutou ontem com o gladiador núbio, o mesmo que agora uiva pela sua mão perdida embaixo de minha janela. Amaldiçoado seja o negro bruto! Eu tinha apostado nele para os jogos! Eu tinha apostado nele contra Caio, e agora ele nunca mais irá lutar, e eu perdi o meu dinheiro, tudo por causa deste astrólogo. O que foi que tu disseste? Que tens um assunto a tratar com a dama Charmion? Não, está decidido. Eu não te deixarei passar. Companheiro, eu adoro ela, ah, nós todos adoramos, ainda que ela nos dê mais tapas do que suspiros. E tu pensas que iremos deixar um astrólogo com os olhos e o peito como os teus entrar no jogo? Por Baco, não! Ela terá que sair para manter o encontro, pois tu não irás entrar".

"Senhor", eu disse com humildade, mas com dignidade, "eu peço que uma mensagem seja entregue para a dama Charmion, pois meus negócios não podem se atrasar".

"Pelos deuses!", respondeu o tolo, "quem nós temos aqui que não pode esperar? Um César disfarçado? Não, vá embora, vá embora, se tu não quiseres saber como é a sensação de uma ponta de flecha no traseiro".

"Não", disse o outro guarda, "ele é um astrólogo. Obrigue-o a profetizar. Obrigue-o a fazer truques".

"Sim", gritaram os outros que se aproximavam, "deixe o homem mostrar sua arte. Se ele é um mágico pode passar pelos portões, com ou sem Paulo".

"De bom grado, senhores!", respondi, pois não estava vendo outro jeito de entrar. "Tu, meu jovem e nobre lorde", dirigi-me para o homem que estava com Paulo, "concordas que eu olhe nos teus olhos e que eu talvez possa ler o que está escrito neles?"

"Está bem", respondeu o jovem, "mas gostaria que a dama Charmion fosse a feiticeira. Eu iria encará-la perplexo, eu garanto".

Peguei-o pela mão e olhei profundamente em seus olhos. "Eu vejo", eu disse, "um campo de batalha à noite, com corpos espalhados. Dentre eles está o teu corpo, e uma hiena rasga a tua garganta. Nobre senhor, tu irás morrer dentro de um ano pelos golpes de espada".

"Por Baco!", disse o jovem, muito pálido, "tu és um feiticeiro de mau agouro!" Pouco tempo depois, como por acaso, ele foi se encontrar com o seu destino, pois foi enviado a serviço para o Chipre e morreu assassinado.

"Agora para ti, grande Capitão!", eu disse para Paulo. "Irei te mostrar como passarei por estes portões sem que tu saias, e arrastá-lo por eles depois de mim. Por favor, fixe o seu nobre olhar na ponta da vara que está em minha mão".

Sendo encorajado pelos seus colegas, foi o que ele fez, relutante. Eu o deixei fitar até que vi seus olhos tão vazios como os olhos de uma coruja ao Sol. Então, de súbito? retirei a vara, e colocando em seu lugar o meu rosto, prendi-o com a minha vontade e meu olhar fixo, e começando a girar e girar o trouxe atrás de mim, seu rosto cruel quase colado ao meu. Então me movi para trás bem devagar, até que havia passado pelos portões, com ele ainda atrás de mim, e de repente tirei a minha cabeça. Ele caiu no chão, e depois se levantou limpando sua testa com uma expressão tola no rosto.

"Estás satisfeito, nobre capitão?", eu disse. "Tu vês que passamos pelos portões. Há algum outro nobre senhor para quem eu deva demonstrar minhas habilidades?".

"Por Taranis, Deus do Trovão, e todos os deuses do Olimpo, não!" rosnou um velho centurião, um gaulês chamado Breno. "Eu não gosto de ti, eu digo. O homem que conseguiu arrastar Paulo por estes portões com um olhar, como você fez, não é um homem para brincadeiras. Paulo, também, que sempre anda do jeito que você não quer, de costas, como um asno. Paulo! Pois seu tratante, tu tens que ter uma mulher em um olho e um copo de vinho no outro para conseguir arrastar o nosso Paulo".

Nesse momento a conversa acabou, pois a própria Charmion descia pelo caminho de mármore, seguida por um escravo armado. Ela caminhava calma e relaxada, suas mãos dobradas em suas costas, seus olhos fitando o nada. Mas era quando Charmion olhava para o nada que ela via quase tudo. Quando se aproximou, os oficiais e os homens da guarda abriram caminho para ela, curvando-se. Eu descobri mais tarde que essa garota, depois da própria Cleópatra, era a mais poderosa do palácio.

"O que é este tumulto, Breno?", ela disse para o centurião, fingindo que não havia me visto. "Tu não sabes que a rainha dorme neste horário, e que se ela acordar tu é que responderás por isso, meu caro?"

"Sim, dama", disse o centurião humildemente. "Mas é que nós temos aqui", apontando seu dedão na minha direção, "um mágico pestilento, hum, me perdoe, um mágico do melhor tipo, pois agora mesmo, somente colocando seus olhos próximos ao nariz do respeitável capitão Paulo, ele o arrastou, o mesmo Paulo, pelos próprios portões pelos quais Paulo havia jurado que ele não poderia passar. Pelo mesmo motivo, senhora, o mágico diz que tem negócios com a senhora, o que me faz temer pela sua segurança".

Charmion se virou e olhou para mim sem dar muita atenção: "Ah, eu me lembro", ela disse, "então ele está aqui, e enfim a rainha irá ver seus truques. Mas se ele não puder fazer mais do que arrastar um beberrão", e ela lançou um olhar de escárnio para o espantado Paulo, "seguindo seu nariz pelos próprios portões que vigiava, é melhor que volte de onde veio. Siga-me, senhor mágico. E tu, Breno, mantenha este grupo mais quieto. E quanto a ti, tão honorável Paulo, mantenha-te sóbrio, e da próxima vez que perguntarem por mim no portão, ofereça uma audiência a quem a estiver solicitando". Assim, com um aceno de cabeça, tal qual o de uma rainha, ela se virou e abriu o caminho, seguida a distância por mim e o escravo armado.

Nós passamos pelo caminho de mármore que corta o jardim, com estátuas de mármore dos dois lados, a maioria de deuses e deusas pagãs, com os quais estes lágidas não se envergonhavam de contaminar sua residência real. Enfim alcançamos um lindo pórtico com colunas caneladas no estilo de arte grego, onde encontramos mais guardas, que abriram caminho para a dama Charmion. Cruzando o pórtico atingimos um vestíbulo de mármore onde uma fonte jorrava água com suavidade, e depois de uma porta baixa havia um segundo aposento, conhecido como o Salão de Alabastro, muito bonito de se ver. Seu teto era sustentado por leves colunas de mármore negro, mas todas as suas paredes eram cobertas de alabastro, nas quais as lendas gregas estavam esculpidas. O chão estava coberto por mosaicos ricos e coloridos, que contavam a lenda da paixão entre Psiquê e o deus grego do amor, e sobre o piso havia cadeiras de ouro e marfim. Charmion ordenou que o escravo ficasse na entrada desse aposento, então entramos sozinhos. O lugar estava vazio, exceto por dois eunucos que ficavam com espadas desembainhadas na frente da cortina no fim do aposento.

"Estou aborrecida, meu lorde", ela disse, falando em voz baixa e timidamente, "que tu tenhas encontrado tamanhas afrontas no portão, mas os guardas haviam feito um turno duplo, e eu tinha dado minhas ordens ao oficial que deveria ter substituído a guarda. Aqueles oficiais romanos são sempre insolentes, e apesar de estarem aqui para servir, sabem bem que o Egito é o seu brinquedo. Mas tudo deu certo, pois esses brutos soldados são supersticiosos, e irão te temer. Agora espere aqui enquanto eu entro no quarto de Cleópatra, onde ela dorme. Acabei de cantar para que ela dormisse, e se ela estiver acordada, eu te chamarei, pois ela aguarda a tua presença". Sem dizer mais nada, ela se afastou do meu lado.

Em pouco tempo ela retornou, e me disse:

"Queres ver a mulher mais linda do mundo em seu sono?", ela sussurrou. "Então, siga-me. Não tenhas medo, quando ela acordar irá somente rir, pois ela me deu ordens para que eu te trouxesse de imediato, mesmo que estivesse dormindo. Veja, eu tenho o sinete dela."

Então passamos pelo lindo aposento até alcançar o lugar onde os eunucos estavam com as espadas desembainhadas. Eles teriam impedido a minha entrada, mas Charmion franziu o cenho e tirou o sinete do seu peito e o mostrou a eles. Depois de examinar o que estava escrito no anel, eles se curvaram, abaixando a ponta de suas espadas, e nós atravessamos as pesadas cortinas com bordados dourados, entrando no lugar de descanso de Cleópatra. Era um lugar lindo além da imaginação. Maravilhoso, com muitos mármores coloridos, ouro e marfim, pedras preciosas e flores. Tudo o que a arte pudesse fornecer e que toda luxúria pudesse imaginar estavam aqui. Havia quadros tão reais que os pássaros poderiam ter bicado as frutas pintadas. Ali havia estátuas com a graciosidade da mulher congelada na pedra. As cortinas eram finas como as sedas mais suaves, mas tecidas como uma trama de ouro. Havia sofás e carpetes como eu nunca tinha visto. O ar estava doce com perfume, e pela janela aberta vinha o murmúrio distante do mar. No fundo do quarto, em um sofá de seda brilhante e protegido por uma rede da gaze mais fina, Cleópatra dormia. Ali ela se deitava. A coisa mais bela que qualquer homem já havia visto. Mais linda que um sonho, com a teia de seus cabelos negros fluindo por todo o seu corpo. Um braço branco e redondo servia de travesseiro para sua cabeça, e o outro pendia em direção ao chão. Seus lábios cheios se abriam em um sorriso, mostrando as linhas de marfim de seus dentes. Seus membros rosados estavam enrolados em uma túnica de seda de cós tão fina, presa em seu corpo por um espartilho cheio de joias, que era possível ver o branco brilho da carne. Eu fiquei atônito, e apesar de meus pensamentos terem se voltado pouco para isso, a visão de sua beleza me atingiu como um golpe, e por um momento me perdi, como se tivesse visto o poder dela, e fiquei com meu coração aflito, pois tinha que matar uma coisa tão bela.

Quando me virei de repente, encontrei Charmion observando-me com olhos vivos, como se ela pudesse examinar o meu coração. Na verdade, algo de meu pensamento devia estar escrito em meu rosto em uma língua que ela podia ler, pois ela sussurrou em meu ouvido:

"Ah, é uma pena, não? Harmachis, como és apenas um homem, eu acho que tu irás necessitar de toda a tua força espiritual para te dar coragem para realizar a tua parte".

Franzi o cenho, mas antes que pudesse elaborar uma resposta ela tocou de leve em meu braço e apontou para a rainha. Ela havia se movido. Suas mãos estavam fechadas, e em seu rosto, rosado com a cor do sono, se acumulava uma nuvem de medo. Sua respiração estava ofegante, ela levantou os braços como se fosse se proteger de um golpe, e então com um gemido sufocado se sentou e abriu as janelas de seus olhos. Eles estavam escuros, escuros como a noite. Mas quando a luz os encontrou, eles ficaram azuis como os céus ficam azuis antes do rubor da aurora.

"Cesário?", ela disse, "onde está meu filho Cesário? Foi um sonho? Sonhei que Júlio, Júlio que está morto, veio até mim, com uma toga ensanguentada enrolada em seu rosto, jogou seus braços em volta de seu filho e o levou embora. Então sonhei que eu havia morrido, morrido ensanguentada e em agonia. Alguém que eu não conseguia ver zombava de mim enquanto eu morria. Ah, quem é este homem?".

"Fique tranquila, senhora, fique tranquila!", disse Charmion. "Este é apenas o mágico Harmachis, aquele que eu deveria trazer para ti neste horário."

"Ah, o mágico. Aquele Harmachis que derrotou o gigante? Eu me lembro agora. Ele é bem-vindo. Diga-me, senhor mágico, poderia o teu espelho mágico fornecer uma resposta a este sonho? O sono é algo tão estranho, envolvendo a mente em uma teia de escuridão, agindo por vontade própria! De onde, então, vêm estas imagens de medo crescendo no horizonte da alma como uma lua prematura no céu do meio-dia? Quem dá poder a eles para espreitar de maneira tão realista os muros da memória, e ao apontar para as suas feridas, confrontam o presente com o passado? Eles seriam então mensageiros? A meia-morte que é o sono lhes dá apoio em nossos cérebros, e com isso unem o fio cortado da raça humana? Eu te digo que aquele era o próprio César, que esteve agora há pouco do meu lado e sussurrou de maneira abafada palavras de advertência por meio de sua túnica, palavras que já não me lembro mais. Desvende este enigma, esfinge egípcia,[13] e te mostrarei um caminho mais rosado para a fortuna do que todas as tuas estrelas podem apontar. Tu trouxeste o presságio, então resolva este problema.

"Eu cheguei em boa hora, poderosa rainha", respondi. "Pois tenho algumas habilidades nos mistérios do sono, que é, como tu adivinhaste de maneira correta, uma escada pela qual aqueles que estão reunidos com Osíris podem, de tempos em tempos, atravessar os portões de nos-

---

13. Fazendo uma alusão ao nome dele. Harmachis era o nome grego para a divindade da esfinge, assim como Horemkhu era o nome egípcio.

sos sentidos vivos, e mediante sinais e palavras que podem ser lidas por mortais instruídos, repetir os ecos daquele Salão da Verdade que é a sua habitação. Sim, o sono é uma escada pela qual os mensageiros dos deuses guardiões podem descer sob muitas formas, sobre espírito que escolherem. Oh, rainha, para aqueles que detêm a chave, as loucuras de nossos sonhos podem mostrar um propósito mais claro, e falar com mais certeza do que toda a sabedoria de nossa vida enquanto estamos acordados, que na verdade é um sonho. Tu viste o grande César em sua túnica ensanguentada, e ele jogou seus braços ao redor do príncipe Cesário e o levou. Preste atenção agora para o segredo de tua visão. Foi o próprio César que veio de Amenti e estava ao teu lado, com tal aparência que ele não poderia ter sido confundido com outra pessoa. Quando ele abraçou a criança Cesário, ele o fez para passar um sinal de que para Cesário, e somente para ele, César enviava a sua grandeza e o seu amor. Quando parecia que ele levava a criança, ele na verdade o estava tirando do Egito para que ele fosse coroado no Capitólio, coroado imperador de Roma e senhor de todas as terras. O restante eu não sei, está escondido de mim.

Assim então eu interpretei a visão, apesar de que para mim ela tinha um significado mais sombrio. Mas não é bom profetizar o infortúnio aos reis.

Enquanto isso, Cleópatra havia levantado, e tendo afastado a rede de gaze, se sentava na beirada do sofá, com seus olhos fixos no meu rosto, enquanto seus dedos brincavam com a ponta do espartilho incrustado de joias.

"É verdade", ela gritou, "que tu és o melhor de todos os mágicos, pois tu leste o meu coração, e revelou uma doçura escondida na casca dura de um presságio ruim".

"Ah, rainha", disse Charmion, que olhava para baixo, e eu pensava que havia um significado amargo em seus tons suaves, "que palavras ásperas não afrontem teus ouvidos nunca mais, e que nenhum presságio ruim se aproxime de tua felicidade".

Cleópatra colocou suas mãos atrás da cabeça, inclinou-se para trás e olhou para mim com olhos semicerrados.

"Vamos, mostre-nos a tua mágica, egípcio", ela disse. "Ainda está quente lá fora, e estou cansada desses embaixadores hebreus e seu discurso sobre Heródes e Jerusalém. Eu odeio aquele Heródes, como ele irá descobrir, e não quero ouvir os embaixadores hoje, apesar de estar um pouco ansiosa para treinar o meu hebraico com eles. O que tu sabes fazer? Tens algum truque novo? Por Serápis! Se tu puderes conjurar como tu podes profetizar, tu terás um lugar na corte, com pagamento e privilégios, se a tua alma grandiosa não desprezar privilégios."

"Não", respondi, "todos os truques são velhos, mas há alguns tipos de mágica que raramente são utilizadas, e com discernimento, elas podem ser novas para ti. Oh, rainha! Tens medo de se aventurar no encanto?".

"Eu não tenho medo de nada, continue e faça o teu pior. Venha, Charmion, sente-se comigo. Mas, espere, onde estão todas as garotas? Iras e Merira? Elas também adoram mágicas."

"Nem tanto", eu disse, "os feitiços não funcionam bem na frente de muitas pessoas. Agora preste atenção!". E encarando as duas mulheres, coloquei minha varinha em cima do mármore e murmurei um feitiço. Por um momento ela estava parada, então, conforme eu sussurrava, a varinha começou a se contorcer. Ela se curvou, ficou de pé e se moveu sozinha. Depois ela criou escamas, e eis que surgiu uma serpente que se rastejava e sibilava com fúria.

"Que é isso!", gritou Cleópatra, batendo palmas. "Tu chamas isto de mágica? Este é um truque antigo que qualquer mágico de beira de estrada pode fazer. Eu já vi várias vezes."

"Espere, oh, Rainha", respondi, "tu não viste tudo". Enquanto eu falava, a serpente pareceu se quebrar em pedaços, e de cada pedaço cresceu uma nova serpente. E estas também se quebraram em fragmentos e originaram outras, até que em pouco tempo, o lugar, para sua visão encantada delas, era um mar fervente de serpentes, que rastejavam, sibilavam e se enrolavam em nós. Então dei um sinal e as serpentes se reuniram ao meu redor, e pareciam se enroscar devagar em meu corpo e em meus membros, até que, exceto pelo meu rosto, eu estava envolto em uma grossa trança de serpentes sibilando.

"Oh, horrível, horrível!", gritou Charmion, escondendo seu rosto na saia da rainha.

"Já chega, mágico, já chega!", disse a rainha. "Tua mágica nos oprime."

Eu movi meus braços cobertos de serpentes, e tudo se foi. Aos meus pés estava a varinha negra com a ponta de marfim, e nada ao seu lado.

As duas mulheres entreolharam-se e arfaram de admiração. Mas peguei a varinha e fiquei de pé, diante delas, com os braços cruzados.

"A rainha está feliz com a minha pobre arte?", perguntei com humildade.

"Ah, eu estou, egípcio, pois nunca vi nada igual! Tu és astrônomo da corte a partir de hoje, com direito de acesso à presença da rainha. Tens mais deste tipo de mágica?"

"Sim, realeza do Egito. Se o quarto ficar um pouco mais escuro, eu te mostrarei mais uma coisa."

"Estou com um pouco de medo", ela respondeu, "mas mesmo assim faça o que este Harmachis diz, Charmion".

Então as cortinas foram fechadas e o quarto ficou como se o crepúsculo tivesse chegado. Eu me aproximei e fiquei do lado de Cleópatra. "Olhe para lá!", eu disse com firmeza, apontando com a minha varinha para o lugar onde eu estava antes, "e tu irás ver aquilo que está em tua mente".

Por algum tempo fez-se silêncio, enquanto as duas mulheres olhavam fixamente para o lugar, com um pouco de medo.

Enquanto elas olhavam, uma nuvem se formou na frente delas. Bem devagar tomou conteúdo e forma, e a forma que ela tomou era a forma de um homem, apesar de que ele ainda era apenas uma sombra no crepúsculo e que parecia às vezes crescer e às vezes derreter.

Então exclamei em voz alta:

"Espírito, eu te conjuro, apareça!"

E quando exclamei, a coisa, perfeita em toda parte, se formou na nossa frente, de repente, como a luz do dia. Sua forma era a do nobre César, a toga jogada em seu rosto, e em sua forma havia uma veste ensanguentada por centenas de ferimentos. Ele ficou ali por uns instantes, depois mexi a minha varinha e ele se foi.

Eu me virei para as duas mulheres no sofá e vi o rosto adorável de Cleópatra envolto em terror. Seus lábios tinham um tom de branco acinzentado, seus olhos fixos estavam arregalados e toda a sua carne tremia em seus ossos.

"Homem!", ela respirava com dificuldade. "Homem! Quem és tu, e o que tu és que podes trazer os mortos de volta diante de nossos olhos?"

"Eu sou o astrônomo, mágico e servo da rainha. O que a rainha desejar", respondi, rindo. "Era esta a forma que estava na mente da rainha?"

Ela não respondeu, mas se levantou e saiu do aposento por outra porta.

Então Charmion também se levantou e tirou as mãos do seu rosto, pois ela também estava aterrorizada.

"Como tu fazes estas coisas, nobre Harmachis?", ela disse. "Diga-me, pois na verdade eu tenho medo de ti."

"Não tenhas medo", respondi, "talvez tu tenhas visto apenas aquilo que estava na minha mente. Todas as coisas são sombras. Como tu podes, então, saber a sua natureza, ou o que é e o que apenas parece ser? Como isso funciona? Lembre-se, Charmion, este jogo está sendo jogado com uma finalidade".

"Muito bem", ela disse. "Amanhã, ao raiar do dia, estes contos já terão se espalhado e tu serás mais temido do que qualquer outro homem em Alexandria. Siga-me, eu te suplico."

Capítulo IV

Os Modos de Charmion; a Coroação de Harmachis como o Rei do Amor

No dia seguinte, recebi por escrito minha nomeação como astrólogo e mágico chefe da rainha, com o pagamento e os privilégios do cargo, que não eram poucos. Eu também ganhei quartos no palácio, pelos quais eu passava, à noite, para chegar à alta torre de observação, onde eu olhava para as estrelas e extraía seus presságios. Nessa época, Cleópatra estava com muitos problemas políticos, e sem saber como a grande luta entre as facções romanas iria terminar, mas tendo grande desejo em ficar do lado mais forte, ela se aconselhava comigo com frequência, para saber sobre os avisos das estrelas. Estes eu lia para ela de tal maneira que servisse ao interesse maior dos meus objetivos. Antônio, um dos líderes do Triunvirato Romano, estava agora na Ásia Menor, e de acordo com os rumores, com muita raiva, pois haviam dito a ele que Cleópatra era hostil ao Triunvirato, já que o general dela, Serápio, havia ajudado Cássio. Cleópatra protestou com veemência para mim e para outras pessoas, dizendo que Serápio tinha agido contra a vontade dela. Mas Charmion me disse que, como havia acontecido com Allienus, foi por causa da profecia de Dioscórides, o azarado, que a rainha havia ordenado que Serápio agisse. Mesmo assim, Serápio não se salvou, pois para provar a Antônio que ela era inocente, ela arrastou o general do santuário e o matou. Ai daqueles que realizam os desejos de seus tiranos se a balança pende contra eles! E assim Serápio pereceu.

Enquanto isso, tudo ia bem conosco, pois as mentes de Cleópatra e daqueles próximos a ela estavam tão concentradas nos problemas do exterior, que nem ela nem ninguém podiam imaginar uma revolta interna. Mas dia após dia nosso grupo ganhava força nas cidades do Egito, até mesmo em Alexandria, que é outra terra para o Egito, já que tudo lá é estrangeiro. Dia após dia, aqueles que ainda duvidavam foram convencidos e juraram para a causa com aquele juramento que não pode ser quebrado. Nossos planos de ação foram combinados de modo mais firme. A cada dois dias eu saía do palácio e ia para me aconselhar com meu tio Sepa, e aí, em sua casa, eu encontrava os nobres e os grandes sacerdotes que faziam parte do grupo de Kemet.

Eu via muito Cleópatra, a rainha, e estava ainda mais atônito com a riqueza e o esplendor de sua mente, rica e variada como um pano tecido de ouro, que refletia de volta todas as luzes de seu rosto que mudava a cada instante. Ela tinha um pouco de medo de mim, e assim queria fazer amizade comigo, perguntando-me sobre muitas coisas que iam além do escopo de meu trabalho. Eu também via muito a dama Charmion. Na verdade, ela nunca deixava o meu lado, então eu nem percebia quando ela saía ou voltava, pois ela se aproximava com seus passos suaves, e eu me virava e a encontrava observando-me por baixo daqueles enormes cílios com seus olhos que miravam o chão. Não havia tarefa muito dura para ela, e nenhuma tarefa era muito longa, pois dia e noite ela trabalhava para mim e para nossa causa.

Mas quando eu a agradeci pela sua lealdade, dizendo que chegaria a hora de sua recompensa, ela bateu o pé, fez um biquinho com seus lábios como uma criança, e me disse que de todas as coisas que aprendi, esta eu não havia aprendido, que o serviço feito com amor não exige pagamento, e era a sua própria recompensa. Eu, sendo inocente e tolo como eu era, não me importava com os modos das mulheres, e interpretei o que ela me disse com o sentido de que os serviços dela eram para a causa de Kemet, que ela amava, e que traziam com eles sua própria recompensa. Mas quando elogiei seu espírito tão bonito, ela começou a chorar de raiva, o que me deixou espantado. Eu não sabia nada do sofrimento em seu coração. Eu não sabia que espontaneamente aquela mulher tinha me dado o seu amor, e que ela estava dilacerada, despedaçada com as dores da paixão fincadas como flechas em seu peito. Eu não sabia, e como eu deveria saber, pois nunca olhei para ela de outro jeito a não ser como um instrumento de nossa causa sagrada que era comum a nós dois? Sua beleza nunca mexeu comigo, nem mesmo quando ela se inclinava sobre mim e respirava em meu cabelo. Eu nunca pensei nela de outra maneira do que quando um homem pensa na beleza de uma estátua. Qual a minha relação com tais delícias, eu, que fui consagrado a Ísis e me dedicava à causa do Egito? Ah, deuses, sejam testemunha de que sou inocente nisso que foi a causa de todo o meu infortúnio e o infortúnio de Kemet!

Como é estranho o amor de uma mulher, pois é tão pequeno no início e no fim é tão imenso! No início, é como uma pequena nascente de água jorrando do coração de uma montanha. No fim, o que é? É como um rio poderoso, onde flutuam navios de contentamento, e faz com que as terras largas sorriam. Ou talvez é uma torrente que varre, arruinando na inundação os campos da esperança, explodindo nas barreiras do desígnio e destruindo a pureza do homem e os templos de sua fé. Pois quando o invisível concebeu a ordem do Universo, ele colocou a semente do amor da mulher em seu plano, pois seu crescimento desigual é condenado a trazer a igualdade da lei. Pois às vezes ele eleva o inferior para alturas inimagináveis, e às vezes leva o nobre ao nível do pó. E assim, enquanto a mulher, a grande surpresa da natureza, existir, o Bem e o Mal nunca irão se separar. Enquanto ela permanece, e cega de amor, ela dispara a lança de nosso destino, derrama a água adocicada no copo da amargura e envenena o saudável sopro de vida com a condenação de seu desejo. De um jeito ou de outro, ela está por perto para te encontrar. A fraqueza dela é a tua força, o poder dela é a tua ruína. Tu vens dela, e para ela irás retornar. Ela é tua escrava, mas ainda assim tu és o prisioneiro dela. Ao toque dela, a honra se esvai, fechaduras se abrem e barreiras caem. Ela é infinita como o oceano, ela é mutável como o céu, e o nome dela é o imprevisto. Homem, não lute para escapar da mulher e do amor da mulher, fujas se quiseres, mas ela ainda é o teu destino, e o que tu construíres, tu irás construir para ela!

Assim aconteceu que eu, Harmachis, que havia afastado estas questões de mim, estava condenado à queda pela única coisa que eu considerava sem importância. Pois esta Charmion me amava. Por quê, não sei. Por sua própria vontade ela aprendeu a me amar, e pelo seu amor aconteceu o que irei contar. Mas eu, sem saber de nada, tratava-a como uma irmã, caminhando com ela de mãos dadas em direção ao nosso objetivo comum.

E assim o tempo passou, até que por fim tudo estava pronto.

Era a noite anterior à noite quando o golpe seria dado. Havia foliões no palácio. Naquele mesmo dia eu tinha visto meu tio Sepa, e com ele os capitães de um grupo de 500 homens, que deveriam invadir o palácio à meia-noite do dia seguinte, depois que eu tivesse assassinado a rainha Cleópatra, e matado os legionários romanos e gauleses. Naquele mesmo dia eu havia subornado o capitão Paulo, que havia se tornado meu escravo desde o dia em que eu o fiz atravessar os portões. Em parte por medo, em parte pelas promessas de recompensa, eu o havia convencido a deixar aberto o pequeno portão do lado oriental do palácio na noite seguinte, quando ele estaria de guarda.

Estava tudo pronto. A flor da liberdade que cresceu por 25 anos estava pronta para desabrochar. Grupos armados estavam se reunindo em cada cidade, de Elefantina a Athu, e espiões olhavam para fora de suas paredes, esperando a vinda do mensageiro que iria trazer notícias de que Cleópatra havia caído e de que Harmachis, o nobre egípcio, havia tomado o trono.

Tudo estava preparado, o triunfo estava na minha mão como um fruto maduro na mão de quem o colhe. Mas mesmo assim, quando me sentei no banquete real, meu coração estava pesado, e a sombra de um infortúnio que se aproximava gelava a minha mente. Sentei-me em um lugar de honra, próximo à majestade de Cleópatra. Eu observava a fila de convidados, brilhando com pedras preciosas e coroas de flores, marcando aqueles que eu havia condenado à morte. Na minha frente estava Cleópatra em toda sua beleza, que excitava o espectador como ele se excitava com a chegada de um vendaval no meio da noite, ou com a visão de águas turbulentas. Eu olhava para ela enquanto ela tocava seus lábios com o vinho, e brincava com a guirlanda de rosas de sua testa, e pensava na adaga debaixo de minha túnica que eu havia jurado enterrar no peito dela. Mais uma vez a fitei e lutei para odiá-la, lutei para me alegrar com o fato de que ela iria morrer, mas eu não consegui. Atrás dela também estava a adorável dama Charmion, sempre me observando com seus olhos profundos. Quem, olhando para aquele rosto inocente, iria acreditar que ela iria montar a armadilha na qual a rainha que a amava tanto iria perecer miseravelmente? Quem iria imaginar que o segredo de tantas mortes estava trancado naquele peito juvenil? Olhei para ela e me senti muito enojado, pois eu iria ungir o meu trono com sangue, e com o uso da maldade expulsar a maldade da terra. E naquele momento desejei, de fato, que eu fosse apenas um humilde lavrador, que semeia na temporada e, na época certa, colhe os grãos dourados! Ai de mim, a semente que fui condenado a plantar é a semente da morte, e agora devo ceifar os frutos vermelhos da colheita!

"Harmachis, o que te aflige?", disse Cleópatra com seu sorriso moroso. "A meada dourada das estrelas se emaranhou, meu astrônomo? Ou tu planejas alguma outra façanha mágica? Diga-me, o que é que faz com que tu estejas tão desanimado em nosso banquete? Ah, se eu já não soubesse que tu não te preocupas com coisas tão pequenas quanto nós mulheres, pois poderia jurar que Eros havia te encontrado, Harmachis!"

"Não que eu seja poupado, rainha", respondi. "O servo das estrelas não presta atenção na luz menor dos olhos das mulheres, e por isso ele é feliz!"

Cleópatra se curvou em minha direção, olhando para mim de tal maneira, por longo tempo e com uma intensidade crescente, que apesar de minha determinação, o sangue tremulou em meu coração.

"Não te vanglories, egípcio orgulhoso", ela disse em uma voz baixa que somente eu e Charmion pudemos ouvir, "pois talvez eu esteja tentada a pôr à prova minha mágica contra a tua. Qual mulher pode perdoar que um homem nos afaste como algo sem importância? A própria natureza abomina este insulto ao nosso sexo". Ela se reclinou para trás de novo e riu de uma maneira musical. Olhando por cima, vi Charmion mordendo seus lábios, e um cenho franzido de raiva se formou em sua testa.

"Perdão, realeza do Egito", respondi com frieza, mas com toda a perspicácia que eu podia reunir, "diante da rainha do Céu, até as estrelas ficam pálidas". Isto eu disse sobre a Lua, que é o signo da Santa Mãe com a qual Cleópatra ousou competir, nomeando a si própria como Ísis na Terra.

"Muito bem colocado", ela respondeu, batendo palmas. "Ah, aqui está um astrônomo perspicaz e que sabe como elogiar! Tal maravilha não pode passar despercebida, para que os deuses não se ressintam. Charmion, pegue esta guirlanda de rosas do meu cabelo e coloque na testa de nosso versado Harmachis. Ele será coroado rei do amor, queira ele ou não".

Charmion levantou a guirlanda da cabeça de Cleópatra e, carregando-a até onde eu estava, a colocou em minha cabeça com um sorriso. A guirlanda ainda estava quente e perfumada pelo cabelo da rainha. Ela colocou a guirlanda de maneira tão bruta que chegou a me machucar. Ela fez isto, pois estava com raiva, ainda que sorrisse com seus lábios e sussurrasse: "Um presságio, nobre Harmachis". Ainda que Charmion já fosse uma mulher, quando ela estava nervosa ou com ciúmes, ela agia de maneira infantil.

Depois de prender a guirlanda, ela se curvou na minha frente, e com o mais suave tom de escárnio me nomeou, na língua grega, "Harmachis, rei do amor". Cleópatra riu e propôs um brinde ao "rei do amor", e todos a acompanharam, achando a brincadeira engraçada, pois em Alexandria eles não gostam daqueles que vivem uma vida puritana e se desviam das mulheres.

Fiquei sentado ali, com um sorriso em meus lábios, mas com uma ira negra em meu coração. Sabendo quem e o que eu era, aborrecia-me pensar em mim mesmo como um brinquedo para os nobres frívolos e as belas mulheres da corte de Cleópatra. Mas eu estava sobretudo com raiva de Charmion, pois foi ela quem teve a risada mais alta, e eu ainda não sabia que o riso e a amargura são com frequência os véus com os quais um coração ferido esconde suas fraquezas do mundo. "Um presságio", ela disse que era aquela guirlanda de flores. E na verdade aquilo se provou um presságio. Pois eu estava fadado a trocar a dupla coroa do Alto Egito e do Baixo Egito por uma guirlanda de rosas da paixão, que iriam murchar antes mesmo de desabrochar por completo. Eu iria trocar a cama de marfim do faraó pelo travesseiro do peito de uma mulher infiel.

"Rei do amor!", eles me coroaram em sua zombaria. Ah, e deus da vergonha! Eu, com as rosas perfumadas em minha cabeça, eu, por descendência e ordenação o faraó do Egito, pensei nos salões imortais de Aboukin e na outra coroação que seria consumada no dia seguinte.

Ainda sorrindo, brindei de volta para eles e respondi com um gracejo, pois ao me levantar, eu me curvei perante Cleópatra e pedi permissão para ir embora. "Vênus", eu disse, falando sobre o planeta que nós conhecemos como Tioumoutiri de manhã e Ouaiti à tarde, "estava no ascendente. Assim, como o recém-coroado rei do amor, eu devo ir embora agora para prestar minha homenagem à minha rainha", pois estes bárbaros chamam Vênus de rainha do amor.

E assim, no meio de suas risadas eu me recolhi para a minha torre de observação, e jogando aquela vergonhosa guirlanda no meio dos instrumentos do meu ofício, fingi estar observando a rotação das estrelas. Ali esperei, pensando em muitas coisas que iriam acontecer, até que Charmion viesse com a última lista daqueles que estavam condenados e com as mensagens do meu tio Sepa, que ela tinha visto naquela tarde.

Enfim a porta se abriu com suavidade, e ela veio cheia de joias e vestida com sua túnica branca, como havia saído do banquete.

Capítulo V

A Ida de Cleópatra ao Quarto de Harmachis; o Lenço de Charmion é Jogado para Fora; as Estrelas; e o Presente de Cleópatra como Prova de sua Amizade com seu Servo Harmachis

"Enfim vieste, Charmion", eu disse. "Já é muito tarde."
"Sim, meu lorde, mas não havia maneira da escapar de Cleópatra. Seu humor está estranhamente oposto esta noite. Eu não sei o que isto pode prenunciar. Estranhos caprichos e fantasias sopram sobre ela, como a luz e os ventos contrários sopram sobre o mar de verão, e eu não consigo entender a intenção dela."

"Bem, chega de Cleópatra. Viste o nosso tio?"
"Sim, nobre Harmachis."
"Tens as últimas listas?"
"Sim, estão aqui", e ela as tirou de seu peito. "Aqui está a lista daqueles que devem ser mortos depois da rainha. Dentre eles tu irás notar o nome daquele velho gaulês Breno. Eu me aflijo por ele, pois nós somos amigos, mas é o que deve ser. É uma lista carregada."

"É mesmo", respondi, analisando a lista. "Quando os homens escrevem sua contagem, eles não se esquecem de nada, e a nossa contagem é longa. O que deve ser, deve ser. Agora para a próxima lista."

"Esta é a lista dos que devem ser poupados, pois são favoráveis ou incertos; e aqui está a lista das cidades que com certeza se insurgirão assim que o mensageiro chegar em seus portões com notícias da morte de Cleópatra."

"Bom. E agora", pausei, "e agora sobre como deve ser a morte de Cleópatra. Como tu a planejaste? Tem que ser pelas minhas próprias mãos?"

"Sim, meu lorde", ela respondeu, e mais uma vez percebi aquele tom de amargura em sua voz. "Sem dúvida o faraó irá se rejubilar com o fato de que tem que ser a tua mão que irá livrar a terra desta falsa rainha e mulher devassa, e com um golpe quebrar as correntes que afligem o pescoço do Egito."

"Não fale desta maneira, garota", eu disse. "Tu sabes bem que eu não sinto júbilo, pois sou levado ao ato por uma profunda necessidade e pela pressão dos meus votos. Ela não poderia, então, ser envenenada? Ou um dos eunucos não poderia ser subornado para assassiná-la? A minha alma vira do avesso com este trabalho sangrento! Na verdade, eu me admiro, pois mesmo que os crimes dela sejam tão pesados, como tu podes falar com tanta leveza sobre a morte por traição daquela que te ama!"

"Por certo o faraó é muito sensível, esquecendo-se da grandeza do momento e de que tudo depende deste golpe de adaga que irá cortar o fio da vida de Cleópatra. Escute, Harmachis. Tu tens que realizar o feito, e sozinho! Eu o faria se tivesse força nos braços, mas não tenho. Não pode ser feito por envenenamento, pois cada gota que ela bebe e cada pedaço que toca seus lábios são rigorosamente provados por três diferentes provadores que não podem ser subornados. Também não podemos confiar nos eunucos da guarda. Dois eunucos, na verdade, estão do nosso lado, mas não o terceiro. Ele deve ser morto depois. Na verdade, depois da queda de tantos homens, o que importa um eunuco a mais ou a menos? Assim é que deverá ser. Amanhã, às nove horas da noite, tu irás ler o presságio final sobre o assunto da guerra. E tu irás sozinho, conforme o combinado, descendo comigo, eu com o sinete, para o aposento externo do apartamento da rainha. O navio levando ordens para os legionários sairá de Alexandria na manhã seguinte. Sozinho com Cleópatra, já que ela deseja que a leitura seja tão secreta quanto o mar, tu irás ler a mensagem das estrelas. Quando ela se inclinar sobre os papiros, tu irás apunhalá-la pelas costas, para que ela morra. E faça com que a tua vontade e o teu braço não falhem! Depois de feito, e de fato será fácil, tu irás pegar o sinete, e passar para onde o outro eunuco está, pois os outros estarão esperando. Se por um acaso tiveres algum problema com ele, mas não haverá nenhum problema, pois ele não ousa entrar nos aposentos privados, e os sons da morte não podem alcançar tão longe, tu deverás matá-lo. Então te encontrarei, e nós iremos até Paulo, e é o meu dever garantir que ele não esteja bêbado ou apalermado, mas eu sei como fazer isso. Ele e os que estiverem com ele irão abrir o portão lateral, por onde Sepa e os 500 homens escolhidos que estão esperando irão entrar e atacar os legionários que dormem, matando-os. A coisa é tão fácil que tu deves permanecer puro, e não deixar que medos tolos invadam o teu coração. O que é o golpe de uma adaga? Não é nada, mas dele dependem os destinos do Egito e do mundo."

"Silêncio", eu disse. "O que é isso? Eu escuto um barulho."

Charmion correu para a porta, e olhando para a passagem escura e comprida, escutou. Em um momento ela voltou com seu dedo nos lábios. "É a rainha", ela sussurrou com pressa. "A rainha que sobe sozinha as escadas. Eu a escutei pedindo que Iras a deixasse. Eu não posso ser vista sozinha contigo a esta hora, seria estranho, e ela poderia suspeitar. O que ela quer aqui? Onde eu posso me esconder?"

Eu olhei ao meu redor. No fundo do quarto havia uma pesada cortina que escondia uma pequena reentrância na parede que eu usava para guardar rolos de papiro e instrumentos.

"Ali, depressa!", eu disse, e ela deslizou para trás da cortina, que oscilou de volta e a cobriu. Então coloquei o papiro fatal da morte no peito de minha túnica e me debrucei sobre o gráfico místico. Naquele momento eu ouvi o farfalhar de túnicas femininas, então veio uma batida baixa na porta.

"Entre, quem quer que seja", eu disse.

O trinco se levantou, e Cleópatra entrou regiamente vestida, com seus cabelos soltos e a serpente sagrada da realeza brilhando em sua testa.

"De fato, Harmachis", ela disse com um suspiro, enquanto caía em uma cadeira, "o caminho para o céu é difícil de escalar. Estou cansada, pois foram muitos degraus. Mas eu queria ver-te em teu refúgio, meu astrônomo".

"Estou muito honrado, majestade!", eu disse me curvando para ela.

"Estás? Mas este teu rosto escuro ainda tem uma expressão irada. Tu és muito jovem e bonito para esta profissão árida, Harmachis. Ah, tu jogaste minha guirlanda de rosas entre as tuas ferramentas enferrujadas! Reis teriam cuidado desta guirlanda como cuidam de seus diademas favoritos, Harmachis! E tu a jogas fora, como se fosse algo sem importância! Ah, que homem que tu és! Mas espere, o que é isso? O lenço de uma mulher, por Ísis! Harmachis, como isto está aqui? Agora lenços também são instrumentos de tua suprema arte? Ah, não, eu te apanhei? És na verdade uma raposa?

"Não, minha nobre Cleópatra, não!", eu disse me virando, pois o lenço que havia caído do pescoço de Charmion tinha uma aparência estranha. "Na verdade, eu não sei como este objeto frívolo chegou aqui. Talvez alguma das mulheres que limpa meu quarto o tenha deixado cair."

"Ah, sim", ela disse secamente, ainda rindo como o murmúrio de um riacho. "Sim, com certeza, as escravas que cuidam dos aposentos têm brinquedos como este, da mais fina seda, que vale mais do que o dobro do seu peso em ouro, e bordado com muitas cores. Eu mesma não me envergonharia de usá-lo, e na verdade, ele me parece familiar." Ela o jogou em volta de seu pescoço e alisou as pontas com sua mão branca. "Mas veja, sem dúvida é uma coisa horrível que tu estejas vendo o lenço de tua adorada em meu peito. Pegue-o, Harmachis. Pegue-o e o esconda em teu peito, perto de teu coração!"

Eu peguei o objeto amaldiçoado, e resmungando algo que não posso escrever, fui para a vertiginosa plataforma onde eu observava as estrelas. Então, amassando-o como uma bola, eu o joguei para os ventos do céu.

Com este gesto, a adorável rainha riu mais uma vez.

"Pense bem", ela disse, "o que iria pensar a dama se visse sua demonstração de amor lançada para todo o mundo? Talvez, Harmachis, tu deveste fazer o mesmo com a minha guirlanda, pois as rosas murcham. Vamos, jogue fora", e inclinando-se, ela pegou a guirlanda e entregou-a para mim.

Por um momento eu estava tão enraivecido que pensei em seguir a sugestão e jogar a guirlanda para que se juntasse ao lenço. Mas pensei melhor.

"Não", eu disse com suavidade, "é o presente de uma rainha, e eu irei mantê-lo". Quando falei isto, vi a cortina se mexer. Desde aquela noite, com frequência eu tenho me lamentado por causa destas simples palavras.

"Eu agradeço com sinceridade ao rei do amor por esta pequena misericórdia", ela respondeu, olhando para mim de forma estranha. "Agora, chega de humor. Venha para esta sacada e conte-me o mistério das tuas estrelas. Pois eu sempre amei as estrelas que são tão puras, brilhantes e frias, e estão tão longe de nossos problemas febris. Eu gostaria de morar lá, embalada no seio escuro da noite, perdendo a noção de mim mesma enquanto eu contemplasse para sempre a fisionomia com olhos doces do espaço além. O que me dizes, Harmachis? Talvez estas estrelas façam parte de nossa própria matéria, e unidas a nós pela corrente invisível da natureza, consigam, de fato, conduzir o nosso destino conforme elas fazem o movimento de rotação. O que diz a lenda grega sobre aquele que se tornou uma estrela? Talvez tenha um fundo de verdade, pois além das minúsculas faíscas podem estar as almas dos homens, mas iluminadas com mais pureza e colocadas em um lugar onde descansam felizes para iluminar a turbulência de sua mãe-terra. Ou elas são lâmpadas penduradas bem alto na abóbada celestial onde, noite após noite, alguma Divindade, cujas asas são escuridão, toca as estrelas com seu fogo imortal, até que elas em resposta saltem fulgurantes? Dê-me a tua sabedoria e desvende estes mistérios para mim, meu servo, pois tenho pouco conhecimento. No entanto, meu coração é grande e eu gostaria de preenchê-lo, pois tenho a inteligência, mas nunca pude encontrar um professor."

Assim, sentindo-me aliviado em poder colocar os pés em um território mais seguro, e admirado em saber que Cleópatra tinha um lugar para pensamentos sublimes, eu falei, e de bom grado disse-lhe as coisas como são de verdade. Eu disse a ela como o céu é uma massa líquida que pressionava em volta da terra e descansava nos pilares elásticos do ar, e como acima de nós está o oceano celestial Nut, onde os planetas flutuam como navios enquanto eles se apressam em seu caminho radiante. Eu lhe disse muitas coisas, dentre elas como, por meio do incessante movimento das esferas de luz, o planeta Vênus, que era chamado de Tioumoutiri quando aparecia como a estrela da manhã, se tornava o planeta Ouaiti quando aparecia como a doce estrela da tarde. Enquanto eu falava observando as estrelas, ela se sentava com as mãos cruzadas em seu joelho observando o meu rosto.

"Ah", ela me interrompeu por fim, "então a Vênus pode ser vista tanto de manhã quanto no céu da noite. Bom, para falar a verdade, ela está em todo lugar, mas ela prefere a noite. Mas tu não gostas que eu use esses nomes latinos contigo. Nós iremos falar na língua antiga de Kemet, que eu conheço bem. Fiques sabendo que fui a primeira, de todos os lágidas, a aprendê-la. E agora", ela continuou, falando em minha própria língua, mas com um leve sotaque estrangeiro que tornava sua fala ainda mais doce, "chega das estrelas, pois depois de tudo que foi dito, são apenas coisas inconstantes, e talvez mesmo agora estejam preparando um momento maligno para ti ou para mim, ou para nós dois juntos. Não que eu não adore te ouvir falando sobre elas, pois nestes momentos tu perdes aquela nuvem sombria que marca o teu rosto e te tornas vivo e humano. Harmachis, tu és muito jovem para esta profissão solene. Eu acho que devo encontrar algo melhor para ti. A juventude só vem uma vez. Por que desperdiçá-la com estas reflexões? A hora de pensar é quando não podemos mais agir. Diga-me, qual a tua idade, Harmachis?".

"Eu tenho 26 anos, rainha", respondi, "pois nasci no terceiro dia do mês no primeiro mês de Shomu,[14] no verão".

"Ah, então nós temos a mesma idade até no dia", ela exclamou, "pois eu também tenho 26 anos, e também nasci no terceiro dia do primeiro mês de Shomu. Bem, verdade seja dita: aqueles que nos geraram não devem se envergonhar. Pois se eu for a mulher mais linda do Egito, eu acho, Harmachis, que não há no Egito um homem mais bonito e forte do que tu, ou mais instruído. Nascer no mesmo dia é um sinal de que nós estamos destinados a ficar juntos. Eu como a rainha, e tu talvez como um dos principais pilares de meu trono, e assim trabalharemos para o bem-estar um do outro".

"Ou talvez para o infortúnio um do outro", respondi, olhando para cima, pois os seus doces discursos atingiram meus ouvidos e trouxeram mais cor ao meu rosto do que eu gostaria que ela visse.

"Ah, nunca fale sobre infortúnio. Sente-se comigo, Harmachis, e vamos conversar. Não como rainha e servo, mas como um amigo para amigo. Tu estavas aborrecido comigo na festa de hoje à noite porque zombei de ti com aquela guirlanda, não é mesmo? Ah, foi só uma brincadeira. Tu não sabes como é cansativa a tarefa dos monarcas, e como são aborrecidas as nossas horas, por isso não fiques com raiva quando expulso o meu tédio com uma brincadeira. Aqueles príncipes e nobres me cansam, e também aqueles romanos arrogantes e cheios de pompa. Na minha frente eles se declaram meus escravos, mas nas minhas costas eles zombam de mim e me proclamam a serva de seu Triunvirato, ou seu império, ou sua república, conforme a roda da fortuna gira e cada um tem a sua vez! Não há nenhum homem entre eles, nada além de tolos, parasitas e marionetes. Nunca houve um homem desde que com as suas adagas covardes eles mataram César, que todas as armas do mundo não foram fortes o suficiente para domar. Eu tenho que colocar um contra o outro, pois talvez, se o fizer, eu consiga manter o Egito longe de suas garras. E qual é a minha recompensa? Esta é a minha recompensa, todos eles falam mal de mim. Eu sei, meus súditos me odeiam. Eu acredito que mesmo sendo mulher eles iriam me assassinar se encontrassem uma maneira!"

Ela fez uma pausa, cobrindo seus olhos com a sua mão, o que foi bom, pois suas palavras penetraram em mim de tal maneira que eu me afundei na cadeira ao lado dela.

---

14. Marcava a época de seca do Rio Nilo e a época da colheita.

"Eles pensam mal de mim, eu sei, e me chamam de devassa, eu que nunca me desviei, exceto uma vez, quando amei o maior homem de todo o mundo, e ao toque do amor a chama de minha paixão se incendiou de verdade, mas queimou uma chama sagrada. Estes blasfemos alexandrinos juram que envenenei Ptolomeu, meu irmão, a quem o Senado Romano teria, da maneira menos natural, forçado a mim, sua irmã, como marido! Mas isto não é verdade, ele adoeceu e morreu de febre. E da mesma maneira eles dizem que eu teria matado Arsinoé, minha irmã, que na verdade, iria me matar! Mas isto também é falso! Apesar de ela não querer saber de mim, amo a minha irmã. Sim, eles pensam mal de mim sem ter motivo. Até tu pensas mal de mim, Harmachis.

Ah, Harmachis, antes que tu julgues que tu lembres o que é a inveja! Aquela doença tola da mente que faz com que o olho invejoso da mesquinhez enxergue todas as coisas de maneira perturbada, que lê o Mal escrito no rosto do Bem, e encontra impureza na alma da mais branca virgem! Imagine o que é, Harmachis, se sentar acima da multidão boquiaberta de patifes que te odeia por causa de tua sorte e de tua inteligência. Que rangem os dentes e lançam as flechas da mentira a partir da capa da própria sombra deles. Por isso eles não têm asas para voar, e o coração deles busca trazer para baixo a nobreza, para que fique no mesmo nível dos ignorantes e dos tolos!

Não sejas rápido em pensar mal do grande, de quem cada palavra e ato são revirados por um milhão de olhos raivosos, procurando por um erro, e cuja menor falha é espalhada por mil gargantas, até que o mundo estremeça com os ecos dos pecados deles. Não digas, 'é verdade, por certo é verdade', mas digas, 'Não poderia ser de outra maneira? Nós ouvimos certo? Ela fez isto por sua própria vontade?' Julgue com gentileza, Harmachis, pois tu poderás ser julgado. Lembre-se de que uma rainha nunca é livre. Ela é na verdade apenas a ponta e o instrumento das forças políticas com as quais os livros de ferro da História são gravados. Seja meu amigo, Harmachis, meu amigo e conselheiro! Um amigo em quem eu possa confiar de verdade! Pois aqui nesta corte lotada estou mais sozinha do que qualquer alma que respire nestes corredores. Mas confio em ti. Há fé escrita nestes teus olhos quietos, e estou decidida a te elevar, Harmachis. Eu não posso mais suportar a solidão de minha mente, tenho que encontrar alguém com quem eu possa comungar e falar o que está dentro de meu coração. Eu tenho defeitos, eu sei. Mas não sou desmerecedora por completo de tua fé, pois há um grão bom entre as sementes do mal. Diga-me, Harmachis, tu terás pena de mim por causa de minha solidão e te tornarás meu amigo, eu que tenho mais amantes, cortesãos, escravos e dependentes do que posso contar, mas nunca tive um único amigo?" Ela se inclinou em minha direção, tocando-me de leve e encarando-me com seus maravilhosos olhos azuis.

Fui dominado. Pensando na noite seguinte, a vergonha e a tristeza me castigaram. Eu, seu amigo! Eu, cuja adaga assassina estava em meu peito! Abaixei a minha cabeça, e um soluço ou um gemido, não sei bem o quê, irrompeu da agonia de meu coração.

Mas Cleópatra, pensando que eu estava apenas comovido pela surpresa de sua graciosidade, sorriu com suavidade, e disse:

"Já é tarde. Amanhã à noite, quanto tu trouxeres as previsões, nós conversaremos de novo, meu amigo Harmachis, e tu me responderás." Ela me deu a mão para que eu a beijasse. Sem saber o que fazer, eu a beijei, e logo depois ela se foi.

Eu fiquei no quarto, olhando para ela como se estivesse adormecido.

Capítulo VI

As Palavras e o Ciúme de Charmion; o Riso de Harmachis; a Preparação para o Ato Sangrento

Eu fiquei parado, mergulhado em pensamentos. Como se fosse algo perigoso, peguei a guirlanda de rosas e olhei para ela. Não sei por quanto tempo fiquei assim, mas quando eu por fim levantei meus olhos, eles se depararam com a figura de Charmion, que havia esquecido por completo. Naquele momento não me dei conta, mas notei vagamente que ela estava corada como se estivesse com raiva, e batia o seu pé no chão.

"Ah, és tu, Charmion", eu disse. "O que te aflige? Estás com câimbras por ter ficado tanto tempo de pé no seu esconderijo? Por que tu não saíste quando Cleópatra me levou para a sacada?"

"Onde está o meu lenço?", ela perguntou, lançando um olhar raivoso para mim. "Eu deixei cair meu lenço bordado."

"Teu lenço! Não viste? Cleópatra me perguntou sobre ele, e eu o joguei da sacada."

"Sim, eu vi", respondeu a garota. "Eu vi muito bem. Tu jogaste fora o meu lenço, mas não jogaste fora a guirlanda de rosas. Foi um 'presente da rainha', de fato, e por isso o nobre Harmachis, o sacerdote de Ísis, o escolhido dos deuses, o faraó coroado comprometido com a felicidade de Kemet, estimou a guirlanda e a guardou. Mas o meu lenço, atacado pela risada daquela rainha leviana, ele jogou fora!"

"O que queres dizer?", perguntei, atônito com o seu tom amargo. "Eu não consigo compreender teus enigmas."

"O que eu quero dizer?", ela respondeu, jogando a sua cabeça para trás e mostrando as brancas curvas de seu pescoço. "Eu não quero dizer nada, ou tudo, entenda como quiseres. Queres saber o que quero dizer, Harmachis, meu primo e meu lorde?", ela continuou em uma voz baixa e áspera. "Então eu te direi. Tu estás correndo risco da maior ofensa.

Esta Cleópatra jogou suas artimanhas fatais em ti, e tu estás próximo de amá-la, Harmachis. Amar aquela que tu deverás matar amanhã. Sim, fique parado e contemple a guirlanda em tua mão. A guirlanda que tu não pudeste jogar para que se juntasse ao meu lenço. Com certeza Cleópatra a vestiu, e hoje à noite! O perfume do cabelo da amante de César, de César e de outros, ainda se mistura com o perfume das rosas! Agora, por favor, Harmachis, o quão longe tu foste naquela sacada? Pois naquele buraco em que eu me escondia eu não podia ver nem ouvir. Este é um lugar perfeito para amantes, não? Sim, e a hora é propícia também, não? Vênus por certo governa as estrelas esta noite?"

Tudo isso ela disse com tamanha discrição, de um jeito tão suave e recatado, apesar de que suas palavras não eram recatadas, e ainda assim com tanta amargura, que cada sílaba me cortou o coração e me deixou tão nervoso que eu não conseguia falar.

"Na verdade tu fizeste uma economia sábia", ela continuou percebendo a sua vantagem, "hoje à noite tu beijaste os lábios que amanhã estarão quietos para sempre! É um jeito frugal de lidar com a ocasião do momento, ah, lidaste de uma forma digna e honrada!"

Então por fim eu a interrompi. "Garota", gritei, "como te atreves a falar assim comigo? Não lembras quem sou e o que sou para que tu soltes teus comentários impertinentes para cima de mim?"

"Eu sei bem o que tu precisas ser", ela respondeu com rapidez. "O que tu és agora eu não sei. Com certeza somente tu sabes, tu e Cleópatra!"

"O que queres dizer?", eu disse. "Eu tenho culpa se a rainha..."

"A rainha! O que temos aqui? O faraó possui uma rainha!"

"Se Cleópatra quiser vir até aqui durante a noite e conversar..."

"Sobre estrelas, Harmachis, certamente sobre estrelas e rosas, e nada mais!"

Depois disso não sei mais o que eu disse, pois, perturbado do jeito que estava, a língua amarga da garota e seu jeito quieto me levaram à loucura. Isso é o que sei: falei com tal ferocidade que ela se curvou na minha frente, como havia se curvado na frente de meu tio Sepa quando ele a repreendeu por causa de sua vestimenta grega. Da mesma maneira que ela chorou naquele dia chorou hoje, mas desta vez de forma mais apaixonada e com grandes soluços.

Enfim eu parei, um pouco envergonhado, mas ainda furioso e magoado de maneira dolorosa, pois mesmo enquanto ela chorava, ela encontrava um jeito de me responder, e as lanças de uma mulher são afiadas.

"Tu não deverias falar comigo deste jeito", ela soluçava, "é cruel e desumano! Mas eu me esqueço que tu és apenas um sacerdote, e não um homem, exceto talvez para Cleópatra".

"Que direito tens tu?", eu disse. "O que estás insinuando?"

"Que direito tenho eu?", ela perguntou, seus olhos negros inundados de lágrimas que corriam pelo seu rosto suave como o orvalho da manhã corre para o centro de um lírio. "Que direito tenho eu? Harmachis, tu és cego? Tu não sabes com que direito falo assim contigo? Então irei te falar. Bem, este é o costume em Alexandria! Pelo primeiro e sagrado direito da mulher, pelo direito do grande amor que tenho por ti, o qual parece que tu não tens olhos para ver. Pelo direito da minha glória e da minha vergonha. Oh, não fiques com raiva de mim, Harmachis, nem me julgue como leviana, pois afinal a verdade explodiu de mim e não sou leviana. Eu sou o que tu quiseres fazer de mim. Eu sou a cera nas mãos daquele que molda, e no que tu quiseres que me transforme, então serei. Aqui sopra em mim um sopro de glória, soprando através das águas de minha alma, que podem soprar para lugares mais nobres com que nunca sonhei antes, se tu fores o meu piloto e o meu guia. Mas se eu te perder, então perco tudo que me protege do que há de pior em mim, e que venha o naufrágio! Tu não me conheces, Harmachis! Tu não podes ver como é grande o espírito que luta nesta minha frágil forma! Para ti sou uma garota inteligente, caprichosa e superficial. Mas sou muito mais! Mostre-me o teu pensamento mais elevado, e o igualarei, mostre-me os segredos mais profundos de tua mente e os decifrarei. Nós somos do mesmo sangue, e o amor pode enredar a nossa pequena diferença, e nos tornar um só. Nós temos um objetivo, uma terra que nós amamos e um voto que nos une. Leve-me para o teu coração, Harmachis, coloque-me contigo no duplo trono, e juro que te elevarei mais alto do que nenhum homem já subiu. Rejeite-me, e cuidado para que eu não te puxe para baixo! E agora, deixando de lado a fria delicadeza de costume, ferida por ele pelo que eu vi das artes daquela adorável criatura mentirosa, Cleópatra, que por diversão praticou em tua loucura. Eu falei do meu coração, agora me respondas!" Ela apertou as mãos, e dando um passo para aproximar, branca e tremendo, olhou para o meu rosto.

Por um momento fiquei mudo, pois a magia de sua voz e o poder de seu discurso tinham, apesar de tudo, mexido comigo como uma música avançando. Se eu amasse aquela mulher, sem dúvida ela teria me incendiado com a sua chama, mas eu não a amava, e não podia brincar com a paixão. E então veio a razão, e com a razão uma vontade de rir, que parece sempre surgir quando se está com os nervos à flor da pele. Em um instante, por assim dizer, eu me lembrei de como ela havia forçado a guirlanda de flores em minha cabeça naquela noite, lembrei-me do lenço, e como eu o havia jogado pela sacada. Eu pensei em Charmion escondida observando o que ela pensava serem as artes de Cleópatra, e em seu discurso amargo. Finalmente, pensei no que diria o meu tio Sepa se pudesse ver Charmion agora, e na estranha e emaranhada confusão na qual eu estava envolvido. E ri em voz alta! A risada do tolo que seria a minha sentença de destruição!

Ela ficou ainda mais branca. Branca como os mortos, e a expressão que surgiu em seu rosto reprimiu a minha tola alegria. "Tu achas então, Harmachis", ela disse em uma voz baixa e embargada, e baixando os olhos, "tu achas engraçado o que eu te disse?"

"Não", respondi. "Não, Charmion, perdoe-me por ter rido. Era apenas uma risada de desespero, pois o que posso te dizer? Tu disseste palavras honradas sobre tudo que tu poderias ser, é então o meu dever te dizer o que és?"

Ela se encolheu, e fiz uma pausa.

"Fale", ela disse.

"Tu sabes melhor do que ninguém quem sou e qual a minha missão, tu sabes melhor do que ninguém que sou consagrado a Ísis, e de acordo com a Lei Divina, não posso ter nada contigo!"

"Ah", ela interrompeu com sua voz baixa e seus olhos ainda fixos no chão, "ah, eu sei que os teus votos não foram quebrados na forma, mas foram quebrados em espírito, quebrados como guirlandas de nuvens, pois tu, Harmachis, amas Cleópatra!"

"É mentira", gritei. "Garota leviana, que iria me desencaminhar de meus deveres e me envergonhar! Que levada pela paixão ou pela ambição, ou pelo amor ao pecado, não tiveste vergonha de quebrar as barreiras de teu sexo e falar comigo como tu falaste. Cuidado para que não vás muito longe! E se tu queres uma resposta à tua pergunta, aqui está, e de maneira bem clara. Charmion, além das questões do meu dever e dos meus votos, tu não és nada para mim! Nem com todos os teus ternos olhares o meu coração irá bater um pouco mais rápido! Dificilmente tu serás a minha amiga agora, pois na verdade eu mal posso confiar em ti. Mais uma vez, cuidado! Tu podes fazer o pior para mim, mas se tu ousares levantar um dedo contra a nossa causa, neste dia tu morrerás! E agora este jogo terminou?"

Cego de raiva, conforme eu falava, ela se encolheu, afastando-se, cada vez mais para trás, até que por fim ela se apoiou na parede, com os olhos cobertos pela sua mão. Quando cheguei ao fim, ela baixou sua mão, olhou para cima, e seu rosto estava como o rosto de uma estátua, cujos grandes olhos brilhavam como brasas, e ao redor deles havia um círculo de sombra roxa.

"Não terminado por completo!", ela respondeu com gentileza, "ainda temos que jogar areia na arena". Ela disse isto fazendo referência à areia que é jogada na arena para cobrir as marcas de sangue dos gladiadores depois das lutas. "Bem", ela continuou, "não desperdice tua raiva com algo tão indigno. Eu joguei o meu lance e perdi. Ai dos vencidos! Ai dos vencidos! Por que tu não me emprestas a adaga que está em tua túnica para que eu termine com a minha vergonha aqui e agora? Não? Então, só mais uma palavra, nobre Harmachis! Se tu não podes esquecer a minha tolice, então, pelo menos, não tenhas medo de mim. Eu sou agora, como sempre, a tua serva e serva de nossa causa. Adeus!"

Ela se foi, encostando sua mão contra a parede. Eu fui para o meu quarto, joguei-me em minha cama e gemi com o espírito amargurado. Ai de mim! Nós delineamos nossos planos e com vagar construímos nossa casa de esperança, mas nunca contamos com os hóspedes que o tempo traz para se hospedarem naquele lugar. Pois quem pode se proteger contra o imprevisto?

Enfim dormi e meus sonhos foram ruins. Quando acordei, a luz do dia que deveria ver a sangrenta concretização do plano estava atravessando o batente da janela e os pássaros cantavam com alegria nas palmeiras do jardim. Acordei, e enquanto acordava, uma sensação de angústia tomou conta de mim, pois me lembrei que antes que este dia estivesse confinado ao passado, eu deveria mergulhar as minhas mãos em sangue, sim, no sangue de Cleópatra, que confiava em mim! Por que eu não conseguia odiá-la como deveria? Houve um tempo em que eu olhava para este ato de vingança com um justificado entusiasmo. E agora, agora, eu com sinceridade daria meus direitos hereditários para me livrar desta necessidade! Mas ai de mim! Eu sabia que não tinha como escapar. Tenho que secar este cálice ou ser expulso para sempre. Senti os olhos do Egito, os olhos dos deuses do Egito me observando. Rezei para que minha Mãe Ísis me desse forças para fazer o necessário, e rezei como nunca havia rezado antes! Mas que surpresa, não veio nenhuma resposta. Como isto era possível? O que havia afrouxado a ligação que havia entre nós, pois pela primeira vez a Deusa não se dignou a responder a seu filho e servo escolhido? Poderia ser que em meu coração eu havia pecado contra ela? O que Charmion dissera, que eu amava

Cleópatra? Seria esse mal-estar amor? Não, mil vezes não! Era apenas a revolta da natureza contra um ato de traição e sangue. A Deusa estava apenas testando minha força, ou talvez ela também tivesse afastado sua sagrada fisionomia do assassinato?

Eu me levantei cheio de terror e desespero, e prossegui com a minha tarefa como um homem sem alma. Decorei as listas fatais e todos os planos. Em meu cérebro reunia as palavras da proclamação de minha realeza que no dia seguinte eu iria emitir para o mundo perplexo.

"Cidadãos de Alexandria e moradores da nação do Egito", começava, "Cleópatra da Macedônia padeceu por ordem dos deuses, tendo sofrido justiça pelos seus crimes...."

Eu fiz estas coisas e outras, mas as fiz como um homem sem alma, um homem movido por uma força que vinha de fora e não de dentro. E assim os minutos passaram. Às três horas da tarde fui ao encontro marcado na casa onde meu tio Sepa estava morando, a mesma casa que eu havia visitado três meses atrás, quando entrei em Alexandria pela primeira vez. Ali encontrei os líderes da revolução na cidade, reunidos em uma assembleia secreta. Eram sete homens. Quando entrei e as portas foram fechadas, eles se prostraram e gritaram: "Salve, faraó!", mas fiz com que se levantassem, dizendo que eu ainda não era o faraó, pois o frango ainda estava no ovo.

"Sim, príncipe", disse o meu tio, "mas o bico dele já está aparecendo. O Egito não terá suportado em vão todos esses anos se tu não falhares com o teu golpe de adaga esta noite, mas como podes falhar? Agora nada pode impedir o nosso curso para a vitória".

"Está nos joelhos dos deuses", respondi.

"Não", ele disse, "os deuses colocaram o assunto nas mãos de um mortal, em tuas mãos, Harmachis! E em tuas mãos está seguro. Veja, aqui estão as últimas listas. Trinta e um mil homens armados juraram se levantar quando as notícias chegarem até eles. Dentro de cinco dias cada fortaleza do Egito estará em nossas mãos, então o que nós temos que temer? Pouco de Roma, pois suas mãos estão cheias, e além do mais, nós faremos uma aliança com o Triunvirato e, se necessário, iremos suborná-los. Pois há muito dinheiro na nação, e se for necessário mais, tu, Harmachis, sabes onde está guardado para atender às necessidades de Kemet, e longe do alcance dos romanos. Quem irá nos prejudicar? Ninguém. Talvez haja luta nesta cidade turbulenta, e um contragolpe para trazer Arsinoé para o Egito e colocá-la no trono. Por isso mesmo Alexandria deve ser tratada com toda a severidade, até com a destruição se for necessário. Com relação à Arsinoé, aqueles que irão levar as notícias da morte da rainha amanhã deverão matá-la em segredo".

"Ainda resta o rapaz Cesário", eu disse. "Roma pode alegar que ele é o filho de César, e o filho de Cleópatra recebe de herança os direitos de Cleópatra. Ele é um perigo duplo."

"Não tenhas medo", disse meu tio, "amanhã Cesário irá juntar-se àqueles que o geraram, em Amenti. Eu preparei tudo. Os Ptolomeus devem ser aniquilados para que nenhum rebento brote nunca mais daquela raiz que foi destruída pela vingança dos Céus".

"Não há outra maneira?", perguntei com tristeza. "Meu coração está doente com a promessa desta chuva vermelha de sangue. Eu conheço bem a criança. Ele tem o fogo e a beleza de Cleópatra e a inteligência do grande César. Será uma pena matá-lo."

"Ah, não seja tão covarde, Harmachis", disse meu tio de forma severa. "O que te aflige, então? Se o garoto for tudo isso, mais uma razão para matá-lo. Tu gostarias de criar um jovem leão que iria te arrancar do trono?"

"Que assim seja", respondi, suspirando. "Pelo menos ele será poupado de muitas coisas, e irá, portanto, livre do mal. Agora vamos aos planos."

Nós nos sentamos em conselho por um longo tempo, até que por fim, em vista da grande urgência de nossa nobre missão, senti algo do espírito dos dias passados voltando ao meu coração. Tudo estava combinado, e combinado de tal maneira que eu mal poderia abortar a missão, pois foi combinado que, se por algum motivo eu não pudesse matar Cleópatra naquela noite, o plano seria suspenso até o dia seguinte, quando iria matá-la na hora certa. A morte de Cleópatra seria o sinal. Com tudo resolvido, mais uma vez nos levantamos, e com nossas mãos sobre o símbolo sagrado, fizemos o juramento que não pode ser escrito. Então meu tio me beijou com lágrimas de esperança e alegria em seus olhos negros cheios de entusiasmo. Ele me abençoou, dizendo que daria sua vida e cem vidas se as tivesse, para que pudesse viver para ver o Egito como uma nação livre mais uma vez, e eu, Harmachis, o descendente do sangue nobre e antigo, sentado no trono. Pois ele era um patriota de verdade, que não pedia nada para si próprio, e dava todas as coisas para sua causa. Eu o beijei de volta, e assim nos separamos. Eu nunca mais o vi em carne que ganhou o restante que ainda me é negado.

Eu fui embora, e ainda com tempo, andei rapidamente de lugar para lugar na grande cidade, marcando a posição dos portões e os lugares onde nossas forças deveriam se reunir. Enfim, cheguei ao porto onde eu havia atracado e vi um navio zarpando para o alto-mar. Olhei e, com meu coração pesado, desejei estar a bordo, sendo carregado por suas asas brancas para algum lugar distante onde pudesse viver na obscuridade e ser esquecido. Também vi outro barco que havia descido o Nilo, e os passageiros estavam deixando o convés. Por um momento fiquei observando-os, imaginando de modo indolente se eles seriam de Aboukis, quando de repente eu ouvi uma voz familiar ao meu lado.

"Lá, lá", disse a voz. "Ah, esta é uma boa cidade para uma mulher velha procurar a sua sorte! E como irei encontrar aqueles que conheço? Devo olhar pelo farfalhar no rolo de papiro.[15] Vá embora, patife, e deixe minha cesta de ervas aqui, ou pelos deuses, irei te medicar com elas!"

Eu me virei espantado, e me encontrei frente a frente com minha velha ama Atoua. Ela me reconheceu instantaneamente, pois vi sua expressão, mas na presença de outras pessoas ela fingiu estar surpresa.

"Bom homem", ela choramingou, levantando seu rosto murcho em minha direção, e ao mesmo tempo fazendo o sinal secreto. "Pelas tuas roupas tu deves ser um astrônomo, e me disseram para evitar os astrônomos, pois eles são um bando de mentirosos que pregam truques e adoram somente sua própria estrela. E aqui estou eu, falando contigo, fazendo exatamente o contrário, o que é a lei para nós mulheres. Mas com certeza em Alexandria, onde todas as coisas estão de cabeça para baixo, os astrônomos devem ser honestos, já que todos os outros são claramente ladrões." Então, estando longe do alcance dos outros, "nobre Harmachis, eu vim com a missão de entregar-te uma mensagem de teu pai Amenemhat".

"Ele está bem?", perguntei.

"Sim, está bem, embora esperar pelo momento o desgaste com intensidade."

"E a mensagem?"

"É isto. Ele manda cumprimentos a ti, com uma advertência que um grande perigo te ameaça, mas ele não pode decifrá-lo. Estas são as palavras dele: 'Seja firme e prospere'."

Eu abaixei minha cabeça e as palavras causaram um novo arrepio de medo em minha alma.

"Quando é a hora?", ela perguntou.

"Esta noite. Para onde vais?"

"Para a casa do honorável Sepa, sacerdote de Heliópolis. Podes me indicar o caminho para lá?"

---

15. Os papiros eram fabricados do miolo dos juncos, por isso a fala de Atoua.

"Não, não devo ficar, e não é sábio que eu seja visto contigo. Espere!", e chamei um carregador que estava ocioso no porto, entreguei-lhe um pouco de dinheiro e fiz com que ele guiasse a velha ama para a casa.

"Adeus", ela sussurrou. "Adeus e até amanhã. Seja firme e prospere."

Então me virei e segui meu caminho pelas ruas lotadas onde as pessoas abriam caminho para mim, o astrônomo de Cleópatra, pois minha fama já havia se espalhado.

Conforme eu caminhava meus passos pareciam marcar: seja firme, seja firme, seja firme, até que no final era como se o próprio chão estivesse me alertando.

Capítulo VII

As Palavras Veladas de Charmion; o Desmaio de Harmachis na Presença de Cleópatra; a Derrota de Harmachis

Já era noite e eu estava sentado sozinho em meu quarto esperando pelo momento conforme combinado, quando Charmion iria me chamar para ir ao encontro de Cleópatra. Eu me sentava sozinho, e na minha frente estava a adaga com a qual deveria matar Cleópatra. Ela era comprida e afiada, e o cabo era formado por uma esfinge de ouro puro. Eu estava sozinho, questionando o futuro, mas não me veio nenhuma resposta. Por fim olhei para cima, e Charmion estava na minha frente. Charmion, não mais brilhante e jovial, mas pálida e com olheiras.

"Nobre Harmachis", ela disse, "Cleópatra exige a tua presença para que declares para ela as vozes das estrelas".

Então a hora havia chegado!

"Muito bem, Charmion", respondi. "Todas as coisas estão em ordem?"

"Sim, meu lorde. Todas as coisas estão em ordem. Bem suprido com vinho, Paulo guarda os portões, os eunucos estão afastados, exceto um deles; os legionários dormem, e Sepa e suas forças estão escondidos do lado de fora. Nada foi negligenciado, e nenhum cordeiro saltando no matadouro pode ser mais inocente de sua morte do que é a rainha Cleópatra."

"Muito bem", eu disse de novo. "Vamos indo", e levantando-me, coloquei a adaga no peito da minha túnica. Pegando um copo de vinho que estava próximo, bebi tudo, pois mal tinha comido durante todo o dia.

"Uma palavra", disse Charmion com rapidez, "pois ainda não é a hora. A noite passada, ah, noite passada", e seu peito arquejou, "eu tive um sonho que está me assombrando de maneira estranha, e talvez tu tenhas tido o mesmo sonho. Tudo foi um sonho e foi esquecido, não é mesmo, meu lorde?".

"Sim, sim", eu disse, "por que tu me incomodas em uma hora como esta?"

"Eu não sei, mas hoje à noite, Harmachis, o destino está parindo um grande evento, e em seus espasmos doloridos pode acontecer que ele irá me esmagar com seu aperto, a mim ou a ti, ou a nós dois, Harmachis. E se isso acontecer, bem, eu gostaria de ouvir de ti, antes de tudo terminar, que tudo não passou de um sonho, e que o sonho foi esquecido."

"Sim, tudo isso é um sonho", eu disse de forma indolente. "Eu e tu, e a terra firme, e esta noite densa de terror, e esta faca afiada, o que é tudo isto senão sonhos, e com qual rosto virá o despertar?"

"Então tu concordas comigo, nobre Harmachis. Como disseste, nós sonhamos, e enquanto estivermos sonhando, a visão ainda pode mudar. Pois as fantasias dos sonhos são maravilhosas, já que elas não têm estabilidade, mas variam como a borda vaporosa das nuvens no fim do dia, formando ora isto, ora aquilo, estando escuras em um momento, e depois iluminadas de maneira esplendorosa. Assim, antes que acordemos amanhã, diga-me uma coisa. Aquela visão da noite passada, na qual eu 'parecia' estar um tanto envergonhada, e na qual tu 'parecias' rir da minha vergonha, é uma fantasia fixa, ou poderá, por um acaso, mudar de fisionomia? Pois lembre-se, quando vier o despertar, os caprichos de nossos sonhos serão mais inalteráveis e mais duráveis do que as pirâmides. Eles estarão reunidos naquela região imutável do passado, onde todas as coisas, pequenas ou grandes, até os sonhos, Harmachis, estão, cada uma com a sua própria aparência, congelados na pedra e edificados na imortal tumba do tempo."

"Não, Charmion", respondi. "Eu lamento se te feri, mas aquela visão não irá se alterar. Eu disse o que estava em meu coração e ponto final. Tu és minha prima e minha amiga, e nunca poderei ser mais do que isso para ti."

"Muito bem, muito bem", ela disse, "vamos esquecer tudo isso. E daqui para a frente, de sonho em sonho", e ela abriu um sorriso como eu nunca havia visto nela antes, mais triste e mais profético do que qualquer marca de tristeza que pode se formar na fronte.

Pois estando cego pela minha própria tolice e com as preocupações em meu coração, eu não sabia que com aquele sorriso a felicidade da juventude havia morrido para Charmion, a egípcia. A esperança do amor fugiu e os elos sagrados do dever se despedaçaram. Com aquele sorriso ela se consagrou ao mal, renunciou ao seu país e aos seus deuses e pisoteou seu próprio juramento. Ah, aquele sorriso marcou o momento em que a história mudou seu curso. Pois se eu nunca o tivesse visto no rosto dela, Otaviano não teria dominado o mundo, e o Egito teria sido mais uma vez livre e grandioso.

E isso foi apenas o sorriso de uma mulher!

"Por que me olhas de modo tão estranho, garota?", perguntei.

"Nos sonhos nós sorrimos", ela respondeu. "E agora é a hora, siga-me. Seja firme e prospere, nobre Harmachis!" E se curvando para a frente ela pegou a minha mão e a beijou. Depois, com um olhar estranho, ela se virou e me conduziu escada abaixo e pelos salões vazios.

Nós paramos no aposento que é chamado de Salão de Alabastro, onde o teto é sustentado por colunas de mármore negro. Depois desse aposento ficava o quarto privado de Cleópatra, o mesmo em que eu a havia visto dormindo.

"Espere aqui", ela disse, "enquanto digo para Cleópatra que tu estás vindo", e ela se afastou do meu lado.

Eu fiquei ali por muito tempo, talvez meia hora, contando meus próprios batimentos cardíacos, e como em um sonho, lutando para reunir minhas forças para o que estava reservado para mim.

Por fim Charmion voltou com a cabeça baixa e caminhando de maneira pesada.

"Cleópatra espera por ti", ela disse, "podes entrar, não há guardas".

"Onde eu te encontrarei depois que o que tiver de ser feito for feito?", perguntei com a voz rouca.

"Estarei aqui, e depois iremos até Paulo. Seja firme e prospere, Harmachis. Adeus!"

Então fui, mas ao chegar à cortina me virei de súbito, e ali no meio daquele solitário salão iluminado por uma lâmpada tive uma estranha visão. Ao longe, de modo que a luz a iluminasse por completo, estava Charmion, sua cabeça jogada para trás, seus braços brancos esticados como se fosse abraçar, e em seu rosto juvenil uma paixão angustiada tão terrível de se ver, que de fato nem posso descrever. Pois ela acreditava que eu, aquele a quem ela amava, estava indo para a minha morte, e este seria seu último adeus para mim.

Mas eu não sabia de nada disso. Com outra pontada de assombro movi as cortinas, cheguei à soleira da porta, e me vi dentro do quarto de Cleópatra. Ali, em um divã de seda no fundo do quarto perfumado, vestida com uma roupa branca maravilhosa, estava Cleópatra. Em sua mão um leque de penas de avestruz adornado com pedras preciosas, com o qual ela se abanava com gentileza. Ao seu lado uma harpa de marfim e uma pequena mesa com figos, taças e um frasco com vinho que era da cor do rubi. Eu me aproximei com lentidão pela luz suave e difusa até chegar onde a maravilha do mundo estava deitada, com toda sua beleza radiante. E de fato, eu nunca a havia visto tão linda como naquela noite fatídica. Sentada em suas almofadas de cor de âmbar, ela parecia brilhar como uma estrela do crepúsculo. Exalava perfume de seu cabelo e de suas roupas, música caía de seus lábios, e em seus olhos celestiais todas as luzes mudavam e se acumulavam como no sinistro disco de opala.

E esta era a mulher que eu deveria matar em breve!

Eu me aproximei devagar, curvando-me enquanto eu andava, mas ela não me deu atenção. Ela continuou ali, e o leque enfeitado flutuava de um lado para o outro, como a asa resplandecente de um pássaro pairando no ar.

Por fim fiquei na sua frente, e ela olhou para cima com as plumas de avestruz prensadas contra o seu peito, como se quisesse esconder a sua beleza.

"Ah, amigo, tu vieste!", ela disse. "Que bom, pois estou solitária aqui. Não, este é um mundo enfadonho! Nós conhecemos tantos rostos, e mesmo assim há tão poucos que gostaríamos de ver de novo. Bem, não fique de pé parado, sente-se." E ela apontou com o seu leque uma cadeira entalhada que ficava próxima aos seus pés.

Mais uma vez eu me curvei e me sentei.

"Obedeci ao desejo da rainha", eu disse, "e com muito cuidado e habilidade aprendi as lições das estrelas, e aqui está o registro do meu trabalho. Se a rainha permitir, irei expô-lo para ela". Eu me levantei para que pudesse passar por detrás do sofá e, enquanto ela lia, apunhalá-la pelas costas.

"Não, Harmachis", ela disse calmamente com um sorriso lento e adorável. "Fiques onde estás e me dês os escritos. Por Serápis! Teu rosto é muito gracioso para mim e eu não quero perdê-lo de vista."

Censurado daquela forma, eu não poderia fazer nada a não ser entregar o papiro, pensando comigo mesmo como, enquanto ela lia, eu poderia me levantar de súbito e enterrar a adaga em seu coração. Ela pegou o papiro, e quando o fez, tocou a minha mão. Então ela fingiu ler, mas não leu nenhuma palavra, pois vi que os seus olhos estavam fixos em mim, por cima da beirada do rolo.

"Por que colocas a tua mão dentro da túnica?", ela me perguntou naquele momento, pois eu estava segurando o cabo da adaga. "O teu coração está agitado?"

"Sim, rainha", eu disse, "ele bate muito rápido".

Ela não me respondeu, e mais uma vez fingiu ler ao mesmo tempo em que me observava.

Pensei comigo mesmo. Como eu iria realizar a odiosa missão? Se me jogasse em cima dela agora, ela iria me ver, gritar e lutar. Não, eu teria de esperar por uma chance.

"Então as previsões são favoráveis, Harmachis?", ela disse por fim, apesar de que ela deve ter adivinhado.

"Sim, rainha", respondi.

"Muito bem", e ela jogou o papiro no mármore. "Os navios irão zarpar, sendo bom ou não, pois estou cansada de ponderar as chances."

"Este é um assunto sério, rainha", eu disse. "Eu gostaria de lhe mostrar as circunstâncias nas quais baseio minha previsão."

"Não é necessário, Harmachis, estou cansada do modo das estrelas. Tu profetizaste e isso já é o suficiente para mim, pois sem dúvida, por seres honesto, tu escreveste com honestidade. Por isso, guarde os teus argumentos e vamos nos alegrar. O que nós devemos fazer? Eu poderia dançar para ti, não há ninguém que dance tão bem, mas não seriam modos de uma rainha. Não, já sei, irei cantar." Curvando-se para a frente, ela se levantou e, colocando a harpa de encontro ao corpo, começou a tocar alguns acordes. Então a sua voz baixa irrompeu na mais doce e perfeita canção.

E assim ela cantou:
"Noite no mar, e noite sobre o céu,
Com música em nossos corações, lá nós flutuávamos,
Embalados pelas vozes baixas do mar, tu e eu,
E os beijos do vento em meu cabelo nebuloso:
E tu olhando para mim e me chamando de linda
Envolvido pelo manto estrelado da noite
Então o teu canto emocionado no ar,
A voz do desejo do coração e do deleite do amor

À deriva, com o céu estrelado acima,
Com os mares estrelados abaixo,
Nos movemos com todos os sóis que se movem,
Com todos os mares que fluem,
Pois unidos ou livres, a Terra, o Céu e o Mar,
Giram com um desejo circular,

E o teu coração vaga em direção a mim,
E somente o tempo fica parado.

Entre duas margens de Morte nós flutuamos,
Para trás estão coisas esquecidas:
À frente, a maré sobe rápido
Para terras desconhecidas.
Acima, o céu está longe e frio,
Abaixo, o mar que geme
Varre os amores antigos,
Mas, Oh, Amor! Beije-me.

Ah, solitário é o caminho dos oceanos,
Perigosa é a profundidade,
E frágil é a barca que se perde
Acima dos mares adormecidos!
Ah, não trabalhemos mais na vela nem no remo,
Nós estamos à deriva, unidos ou livres;
Naquela margem distante as ondas rugem,
Mas, Oh, Amor! Beije-me.

E enquanto tu cantavas, eu me aproximei,
Então o silêncio súbito ouviu nossos corações que batiam,
Pois agora havia um final de dúvida e medo,
Agora a paixão encheu a minha alma e guiou os meus pés
Então em silêncio tu ergueste o teu amor para encontrar
Aquela que afundando em teu peito, não conhecia nada mais além de ti,
E na noite feliz eu te beijei, Querido,
Ah, Querido! Entre a luz das estrelas e o mar."

Os últimos ecos de suas ricas notas flutuaram pelo quarto e foram desaparecendo devagar, mas em meu coração elas continuavam e continuavam. Eu já ouvi dentre as mulheres cantoras de Aboukis vozes mais perfeitas que a voz de Cleópatra, mas eu nunca ouvi uma voz tão emocionante ou tão doce como as notas adoçadas pelo mel da paixão. E na verdade não era somente a voz, mas também o quarto perfumado onde havia tudo que movia os sentidos, era a paixão de pensamento e palavras, a graça e beleza insuperáveis daquela tão nobre mulher que cantava. Enquanto ela cantava, tive a impressão que ambos estávamos de fato flutuando sozinhos com a noite, acima do mar de verão iluminado por estrelas. E quando ela parou de tocar a harpa e, levantando-se, de súbito esticou seus braços em minha direção, e ainda com as últimas notas baixas da canção tremulando em seus lábios, fixou seus olhos maravilhosos nos meus, ela quase me atraiu para ela. Mas eu me lembrei, e não fui.

"Não tens palavras de agradecimento para minha pobre cantoria, Harmachis?", ela disse por fim.

"Sim, rainha", eu disse em voz muito baixa, pois a minha voz estava embargada. "Mas tuas canções não são boas para os filhos do homem ouvirem, na verdade elas me oprimem!"

"Não, Harmachis, não tema por ti", ela disse, rindo com suavidade, "agora que sei que teus pensamentos passam longe da beleza da mulher e da fraqueza comum de teu sexo. Com ferro frio nós podemos brincar com segurança".

Pensei comigo mesmo que se o fogo fosse forte o suficiente, mesmo o ferro mais frio poderia ser levado ao calor mais incandescente. Mas eu não disse nada, e com a minha mão tremendo, mais uma vez alcancei o cabo da adaga, e temendo a minha própria fraqueza, tentava encontrar um modo de matá-la enquanto meus sentidos ainda permaneciam.

"Venha cá, Harmachis", ela continuou, com sua voz mais suave". Venha, sente-se comigo e iremos conversar, pois tenho muito para te dizer", e ela preparou um lugar para mim ao seu lado, no assento de seda.

Eu, pensando que poderia atacar com maior rapidez, levantei-me e sentei-me no divã a certa distância dela, enquanto ela jogava a cabeça para trás e fitava-me com seus olhos sonolentos.

Agora era a minha chance, pois sua garganta e seu peito estavam livres, e com muito esforço, mais uma vez levantei a minha mão para pegar o cabo da adaga, mas mais rápido do que o pensamento, ela apanhou meus dedos com os seus, e gentilmente os segurou.

"Por que tens esta aparência tão estranha, Harmachis?", ela disse. "Estás doente?"

"Sim, estou doente", arfei.

"Então te deites nas almofadas e descanse", ela respondeu, ainda segurando a minha mão, da qual a força havia fugido. "O mal-estar com certeza irá passar. Tu tens trabalhado com as estrelas por muito tempo. Como é suave o ar da noite que vem da janela, e está pesado com o sopro dos lírios! Ouça o sussurro do mar batendo contra as pedras que, apesar de ser fraco, é forte a ponto de afogar a veloz queda fria daquela fonte longínqua. Ouça o rouxinol que canta de maneira doce com um coração cheio de amor sua mensagem para o seu amado! Esta é uma noite adorável com a música mais bela da natureza cantada pelas centenas de vozes do vento, das árvores, dos pássaros e dos lábios enrugados do oceano, e todos cantam no mesmo tom. Ouça Harmachis, adivinhei algo que te diz respeito. Tu tens, também, uma estirpe nobre. Não há sangue humilde correndo pelas tuas veias. Por certo tal rebento só poderia ter vindo de uma estirpe de nobres? Por que tu olhas para a marca de folha em meu seio? Ela foi colocada aqui em honra ao grande Osíris, a quem venero como tu. Veja!"

"Deixe-me ir", resmunguei, lutando para me levantar, mas toda a minha força tinha ido embora.

"Não, não por enquanto. Tu queres me deixar? Tu não podes me deixar ainda. Harmachis, tu nunca amaste?"

"Não, rainha. O que tenho a ver com amor? Deixe-me ir, estou fraco, estou arruinado."

"Nunca ter amado, que estranho! Nunca ter conhecido o coração de uma mulher que bate no mesmo ritmo que o teu. Nunca ter visto os olhos de tua adorada cheios de lágrimas de paixão, enquanto ela suspirava seus votos sobre teu peito. Nunca ter amado! Nunca ter se perdido no mistério da alma de outra pessoa. Nunca ter aprendido como a natureza pode superar nossa solidão nua, e com a teia dourada do amor de dois tecer uma identidade! Isto é nunca ter vivido, Harmachis!"

Enquanto ela murmurava, ela se aproximava de mim, até que por fim, com um longo e suave suspiro, ela colocou um braço atrás de meu pescoço, encarou-me com seus impenetráveis olhos azuis, e sorriu o seu sorriso sombrio e lento, que, como uma flor desabrochando, revelava a beleza escondida. Cada vez mais perto ela curvou sua forma majestosa, e ainda mais perto, com o seu hálito perfumado em meu cabelo, e então seus lábios encontraram os meus.

Ai de mim! Naquele beijo, mais forte e mortal que o abraço da morte, esqueci Ísis, minha esperança celestial, juramentos, honra, país, amigos, todas as coisas. Esqueci de todas as coisas, exceto Cleópatra, que me apertava em seus braços e me chamava de amor e lorde.

"Agora brinde comigo", ela suspirou, "brinde com um copo de vinho como símbolo de teu amor".

Eu peguei o cálice e bebi com vontade. Tarde demais, percebi que havia alguma droga nele.

Eu caí no sofá, e embora meus sentidos ainda estivessem comigo, não conseguia falar ou me mover.

Cleópatra, curvando-se sobre mim, tirou a adaga de minha túnica.

"Eu venci!", ela gritou, balançando para trás seu cabelo longo. "Eu venci, e pelo Egito, este era um jogo que valia a pena jogar! Pois com esta adaga tu irias me matar, meu nobre rival, cujos soldados estão neste momento reunidos no portão do meu palácio? Ainda estás acordado? O que me impede agora de enterrar esta adaga em teu coração?"

Ouvi e apontei, fraco, para o meu peito, pois eu queria morrer. Ela se levantou até o limite de sua altura imperial, e a grande faca brilhou em sua mão. Ela abaixou a faca até que sua ponta tocou minha carne.

"Não", ela gritou de novo e afastou a adaga, "gosto muito de ti, seria uma pena matar um homem como tu! Eu te dou a vida. Viva, faraó perdido! Viva, pobre príncipe caído, derrotado pela inteligência de uma mulher! Viva, Harmachis, para adornar o meu triunfo!"

Então deixei de ver, e em meus ouvidos ouvi somente a canção do rouxinol, o murmúrio do mar e a música da risada de vitória de Cleópatra. E enquanto eu afundava, o som daquela risada baixa me seguia pela terra do sono, e ainda me segue ao longo da vida até a morte.

Capítulo VIII

Harmachis Acorda; a Visão da Morte; a Vinda de Cleópatra e suas Palavras de Conforto

Mais uma vez acordei e me encontrava no meu próprio quarto. Comecei a me levantar. Com certeza eu também havia tido um sonho? Poderia ser nada mais que um sonho? Não seria possível que eu tivesse acordado como um traidor! Que a oportunidade tivesse sido perdida para sempre! Que eu tivesse traído a causa, e que na noite passada aqueles homens corajosos liderados pelo meu tio ficassem esperando em vão no portão! Que o Egito, de Elefantina a Athu, ainda estivesse esperando, esperando em vão! Não, o que quer que fosse, isto não era possível! Ah, que sonho horrível sonhei! Um segundo sonho como este mataria um homem. Seria melhor morrer do que encarar outra visão enviada do inferno como essa. Mas se tudo não passou de uma terrível fantasia da mente, onde eu estava agora? Onde eu estava agora? Eu deveria estar no Salão de Alabastro esperando até que Charmion voltasse.

Onde eu estava? Pelos deuses! O que era aquela coisa horrenda cuja forma era a de um homem? Aquela coisa embrulhada em um tecido branco ensanguentado e amontoado em uma pilha horrível no pé da cama na qual eu parecia me deitar?

Eu saltei sobre a coisa com um grito, como salta um leão, e a atingi com toda a minha força. O soco caiu pesadamente, e com o seu peso a coisa se virou para o lado. Meio louco de terror, afastei o pano branco que cobria a coisa. Ali, com seus joelhos amarrados embaixo de sua mandíbula pendurada, estava o corpo nu de um homem, e este homem era o capitão romano Paulo! Ele estava deitado ali com uma adaga atravessando o seu coração. A minha adaga, com a esfinge de ouro no cabo! Preso com a lâmina ao seu peito largo havia um rolo, e no rolo algo estava escrito em caracteres romanos. Eu me aproximei e li, e isto era o que estava escrito:

HARMACHIDI.SALVERE.EGO.SUM.QUEM.SUBDERE. NORAS

PAULO.ROMANUS.DISCE.HINC.QUID.PRODERE.PROSIT.

"Saudações, Harmachis! Eu sou o romano Paulo que tu subornaste. Aprenda agora quão abençoados são os traidores."

Doente e exausto, eu me afastei da visão daquele corpo branco manchado com seu próprio sangue. Eu me afastei doente e exausto até encontrar a parede, enquanto do lado de fora os pássaros cantavam uma alegre saudação ao dia. Então não era um sonho, e eu estava perdido! Perdido!

Pensei em meu pai idoso, Amenemhat. A imagem dele veio à minha mente, em como ele ficaria quando viessem dizer a ele sobre a vergonha de seu filho e a ruína de todas as suas esperanças. Eu pensei naquele sacerdote patriota, meu tio Sepa, esperando pela longa noite por um sinal que nunca veio. Ah, então outro pensamento cruzou a minha mente! O que seria deles? Pois eu não era o único traidor. Eu também havia sido traído. Mas por quem? Talvez por Paulo. Mas se foi Paulo, ele sabia pouco sobre aqueles que conspiravam comigo. Contudo, as listas secretas estavam dentro de minha túnica. Oh, Osíris, elas haviam desaparecido! O destino de Paulo seria o destino de todos os patriotas do Egito. E com este pensamento minha mente entrou em colapso. Eu afundei e desmaiei ali mesmo onde estava.

Meus sentidos voltaram e as sombras alongadas me diziam que a tarde havia chegado. Cambaleei e fiquei de pé. O corpo de Paulo ainda estava ali, mantendo sua horrível vigília sobre mim. Corri em desespero para a porta. Estava trancada, e ouvi os pesados passos dos sentinelas do lado de fora. Enquanto eu estava ali, ouvi-os pedirem a senha a alguém e para baixarem as suas lanças. Então os ferrolhos se moveram, a porta se abriu, e radiante, vestida com trajes reais, veio a conquistadora Cleópatra. Ela veio sozinha e a porta se fechou depois dela. Eu fiquei parado como uma pessoa perturbada, mas ela se aproximou até que estava frente a frente comigo.

"Saudações, Harmachis!", ela disse sorrindo com suavidade. "Então meu mensageiro te encontrou", apontando para o corpo de Paulo. "Ugh, ele é repulsivo! Guardas!"

A porta se abriu e dois gauleses armados atravessaram o batente da porta.

"Levem esta carniça e arremessem-na para os falcões. Espere, tirem esta adaga do peito deste traidor." Os homens se abaixaram e a faca manchada com o vermelho do sangue foi tirada do coração de Paulo e colocada sobre a mesa. Então eles o pegaram pela cabeça e pelo corpo e o levaram dali, e eu pude ouvir os seus passos pesados enquanto eles o carregavam escada abaixo.

"Eu acho, Harmachis, que tu és um caso infeliz", ela disse quando o som dos passos havia desaparecido. "Como a roda da fortuna se move de forma estranha! Mas para este traidor", ela apontou na direção da porta por onde o corpo de Paulo havia sido carregado, "eu seria agora algo tão ruim de se olhar quanto ele, e a ferrugem vermelha naquela faca teria sido recolhida do meu coração".

Então foi Paulo que havia me traído.

"Sim", ela continuou, "quando vieste me encontrar na noite passada eu sabia que tu vinhas para me matar. Quando em diversos momentos tu colocaste a tua mão dentro de tua túnica, eu sabia que estavas segurando o cabo de uma adaga e que tu estavas reunindo a tua coragem para fazer o que tu não tinhas vontade de fazer. Ah, foi uma hora estranha e selvagem que valeu a pena ser vivida, e eu imaginava a cada momento qual de nós dois iria dominar, já que nos igualávamos em força e astúcia!

Sim, Harmachis, os guardas estão atrás da porta, mas não te enganes. Se eu não soubesse que os meus laços contigo são mais fortes do que as correntes da prisão, se eu não soubesse que eu estou protegida do mal de tuas mãos por uma cerca de honra mais difícil para ti ultrapassar do que todas as lanças dos meus legionários, tu estarias morto agora. Veja, aqui está a tua faca", ela me entregou a adaga, "agora me mate se tu puderes", e ela se aproximou abrindo o peito de sua túnica, e ficou esperando com olhos calmos.

"Tu não consegues me matar", ela continuou, "pois há coisas, como eu sei bem, que nenhum homem pode fazer e sobreviver, nenhum homem como tu. E esta é a maior de todas: matar a mulher que é toda sua. Não, detenha a tua mão, não vire aquela adaga contra o teu peito, pois se tu não podes me matar, mais ainda tu não podes matar a ti próprio. Ah, sacerdote renegado de Ísis! Tu estás tão ansioso para encarar aquela irada majestade em Amenti? Com que olhos tu pensas que a Mãe Celestial irá encarar Seu filho, que envergonhado com todas as coisas, e tendo sido falso com seus votos mais sagrados, chega para cumprimentá-la com o próprio sangue em suas mãos? Onde está então o tempo para a tua reparação? Se é que de fato tu podes te reparar."

Eu não podia ouvir mais, pois meu coração estava partido. Ai de mim, era tudo verdade! Eu não ousava morrer! Eu havia chegado a um ponto em que nem ousava morrer! Eu me joguei na cama e chorei. Chorei lágrimas de sangue e angústia.

Mas Cleópatra veio até mim e, sentando-se do meu lado, começou a me consolar, colocando seus braços em volta de meu pescoço.

"Não, amor, olhe para cima", ela disse, "nem tudo está perdido para ti, pois eu não estou com raiva de ti. Nós jogamos um jogo poderoso e, conforme eu tinha te avisado, coloquei a minha mágica de mulher contra a tua, e venci. Mas serei honesta contigo. Tanto como rainha quanto como mulher, tu tens minha misericórdia. E mais, eu não gosto de te ver mergulhado em amargura. É correto e de seu direito que tu lutes para reconquistar o trono e a antiga liberdade do Egito, que meus pais confiscaram. Eu mesma como a rainha de direito fiz o mesmo, sem me esquivar da ação das trevas para a qual fui jurada. Por isso então tu tens a minha compaixão, que sempre vai para aqueles que são grandiosos e corajosos. Também é verdade que tu deves lamentar o tamanho de tua queda. Por tudo isso, e por ser mulher e uma mulher amável, tu tens a minha compaixão. Mas nem tudo está perdido. Teu plano foi tolo, pois creio que o Egito nunca teria se levantado sozinho. Pois mesmo que tu tiveste conquistado o trono e o país, como sem dúvida tu terias feito, tu ainda terias que lidar com os romanos. E para que tenhas esperança, saiba de uma coisa: poucos me conhecem. Não existe um coração nesta ampla nação que bata com um amor mais verdadeiro pela terra de Kemet do que o meu coração. Nem o teu coração, Harmachis. No entanto, fui duramente algemada até agora, por guerras, rebeliões, inveja, planos, que me martelaram por todos os lados, e eu não pude servir ao meu povo como eu deveria. Mas tu, Harmachis, poderás me mostrar como. Tu serás o meu conselheiro e meu amor. Não é pouca coisa, Harmachis, ter conquistado o coração de Cleópatra. Aquele coração, que vergonha, que você teria calado? Sim, tu irás me unir ao meu povo e nós iremos reinar juntos, assim unindo em um só o novo e o antigo reino e o novo e o antigo pensamento. Assim todas as coisas trabalham para o bem, para o melhor, e assim, por outra estrada, mais suave, tu irás ascender ao trono do faraó.

Veja, Harmachis, a tua traição deverá ser escondida o quanto for possível. Foi então culpa tua que um patife romano traiu teus planos? Que então tu foste drogado, que tiveste seus papéis secretos roubados e que o teu segredo tenha sido descoberto? Será então tua culpa, já que o grande plano foi arruinado e aqueles que o arquitetaram fugiram, que tu, ainda fiel ao teu dever, te utilizes daquilo que a natureza te deu, e conquiste o coração da rainha do Egito? Assim, graças ao amor gentil dela, tu irás alcançar o teu objetivo e espalhar tuas asas do poder através da terra do Nilo. Eu estou te aconselhando de maneira errada, Harmachis?"

Eu levantei minha cabeça e um raio de esperança rastejou na escuridão de meu coração, pois quando os homens caem, eles se agarram em penas. Então falei pela primeira vez:

"E aqueles que estavam comigo e que confiaram em mim, o que será deles?"

"Ah", ela respondeu, "Amenemhat, teu pai, o velho sacerdote de Aboukis, e Sepa, teu tio, aquele patriota ardente, cujo grande coração está escondido debaixo de uma forma tão comum, e..."

Eu pensei que ela iria fazer menção a Charmion, mas ela não a nomeou.

"E muito outros, ah, sei de todos!"

"Então", eu disse, "o que será deles?"

"Escute bem, Harmachis", ela respondeu, levantando-se e colocando a mão no meu braço. "Por amor a ti, terei piedade deles. Não farei mais do que deve ser feito. Juro pelo meu trono e por todos os deuses do Egito que nenhum fio de cabelo da cabeça de teu velho pai será machucado por mim. E se já não for tarde, eu também pouparei teu tio Sepa e os outros. Não farei como o meu antecessor Epifânio, que, quando os egípcios se voltaram contra ele, arrastou Athino, Pausiras, Chesupo e Irobasto presos em sua carruagem pelos muros da cidade, não do modo como Aquiles arrastou Heitor, mas com eles ainda vivos. Eu irei poupar a todos eles, exceto os hebreus, se houver algum, pois eu odeio os judeus."

"Não há hebreus", eu disse.

"Muito bem", ela disse, "pois nunca pouparei nenhum hebreu. Sou de fato uma mulher tão cruel quanto dizem? Em tua lista, Harmachis, muitos estavam condenados à morte, e tirei a vida de apenas um patife romano, um traidor duplo, pois ele traiu a ti e a mim. Tu não estás esmagado com o peso da misericórdia que eu te dou, pois tais são as razões femininas, apenas porque tu me agradas? Não, por Serápis!", ela adicionou com uma risada. "Eu irei mudar de ideia. Eu não te darei tanto por nada. Tu terás que comprar isso de mim, e o preço será alto. Será um beijo, Harmachis."

"Não", eu disse, afastando-me daquela linda mulher sedutora, "o preço é muito alto. Eu não beijo mais."

"Pense bem", ela respondeu com o cenho franzido. "Pense e escolha. Eu sou apenas uma mulher, Harmachis, e uma mulher que não tem o hábito de suplicar a homens. Faça como queiras, mas te digo, se tu me afastares, irei tirar a misericórdia que dispensei. Assim, sacerdote virtuoso, escolha entre o fardo pesado do meu amor e a morte rápida de teu pai idoso e de todos aqueles que conspiraram com ele.

Olhei para ela e vi que estava com raiva, pois seus olhos brilhavam e seu peito arfava. Assim suspirei e a beijei, selando dessa maneira a minha vergonha e a minha escravidão. Então, sorrindo como a triunfante Afrodite dos gregos, ela se foi, levando a adaga consigo.

Eu ainda não sabia com que profundidade havia sido traído, ou por que fui poupado e ainda podia respirar o sopro da vida, ou porque Cleópatra, com coração de tigre, havia se tornado misericordiosa. Eu não sabia que ela temia me matar, com receio do golpe que era muito forte e por causa do controle débil que ela tinha da dupla coroa. O tumulto que ocorreria com a notícia de minha morte colocaria em risco o trono para Cleópatra. Eu não sabia que por causa do medo e do peso da política ela havia, de má vontade, sido misericordiosa com aqueles que eu havia traído, ou que por causa da sua astúcia e não pelo sagrado amor de uma mulher, ainda que ela gostasse de mim o suficiente, escolheu me prender a ela pelas fibras do meu coração. E mesmo assim irei dizer isso a seu favor: mesmo depois que a nuvem de perigo havia se dissipado de seu céu, ela ainda manteve sua palavra, e salvo por Paulo e algum outro, ninguém sofreu a pena máxima de morte pela participação no plano contra a coroa e dinastia de Cleópatra. Mas eles sofreram muitas outras coisas.

Assim ela se foi, deixando a visão de sua glória rivalizar com a minha vergonha e amargura em meu coração. Ah, as horas eram amargas e não poderiam ser amenizadas com preces, pois o elo que me unia à Divina foi quebrado, e Ísis não comungava mais com seu sacerdote. As horas eram amargas e sombrias, mas até através da escuridão brilhavam os olhos cintilantes de Cleópatra, e vinha o eco de seu amor sussurrado. Mas o copo de tristeza ainda não estava cheio. A esperança ainda permanecia em meu coração, e eu quase podia acreditar que havia falhado para um fim maior e que nas profundezas da ruína eu deveria encontrar outro caminho, um caminho mais florido para o triunfo.

Pois aqueles que pecam enganam a si mesmos, lutando para colocar o peso de seu desastre nas costas do Destino, esforçando-se para acreditar que sua fraqueza poderá trazer o bem, e matando a Consciência com a desculpa afiada da necessidade. Mas isto de nada adianta, pois no caminho do pecado o remorso e a ruína andam de mãos dadas, e ai daquele que é seguido por eles! Ah, ai de mim que sou o maior de todos os pecadores!

Capítulo IX

A Prisão de Harmachis; o Escárnio de Charmion; Harmachis é Libertado; a Vinda de Quintus Délio

Durante 11 dias fui mantido prisioneiro em meu quarto. Eu não podia ver ninguém, exceto os sentinelas em minha porta, os escravos que, em silêncio, me traziam bebida e comida, e a própria Cleópatra, que vinha sempre. Apesar de suas muitas palavras de amor, ela não me dizia nada sobre o que estava acontecendo do lado de fora. Seu humor variava. Às vezes ela vinha jovial e alegre, às vezes cheia de pensamentos sábios e articulada, e às vezes somente apaixonada, e a cada mudança de humor eu descobria um novo charme nela. Ela falava muito sobre como eu a ajudaria a tornar o Egito um grande país, a diminuir o fardo de seu povo e a expulsar os romanos. A princípio eu ouvia tudo com cautela enquanto ela falava sobre essas coisas, mas lentamente ela me embrulhou cada vez mais em sua teia mágica, até que eu não podia mais escapar e a minha mente havia se unido com a dela. Então eu também abri algo em meu coração, e contei a ela alguns dos planos que havia elaborado para o Egito. Ela parecia escutar com prazer pesando todas as opções, e me falava sobre maneiras e métodos, dizendo que ela iria purificar a fé e restaurar os antigos templos, além de construir novos para os deuses. Ela ia se rastejando cada vez mais fundo no meu coração, até que por fim, agora que já não me restava mais nada, aprendi a amá-la com toda a paixão acumulada até então em minha alma sofrida. Não me restava mais nada a não ser o amor de Cleópatra, e entrelacei a minha vida com este amor, e pensava nele sempre, como faz uma viúva com seu único filho. E assim a mesma causadora de minha vergonha se tornou tudo para mim, a mais querida, e eu a amava com um amor intenso que crescia e crescia, até que pareceu engolir o meu passado e tornar o presente um sonho. Pois ela havia me conquistado, roubado a minha honra e me atraído em vergonha para seus lábios, e eu, um pobre derrotado cego pela desgraça, beijei a tirana que havia me ferido e me tornei seu escravo.

Ah, mesmo agora, nos sonhos que ainda vêm quando o sono abre o coração secreto e liberta o terror para vaguear pelos salões abertos do pensamento, eu ainda vejo a forma nobre de Cleópatra, como outrora vi, vindo com seus braços abertos e a luz do amor brilhando em seus olhos, com os lábios entreabertos e os cabelos soltos, e estampada em sua face uma expressão de pura ternura que ela demonstrava como ninguém. Ah, mesmo depois de todos estes anos, parece que posso vê-la vindo, como outrora ela veio, e eu ainda acordo para reconhecê-la como uma grande mentirosa!

Então um dia ela veio. Ela me disse que havia fugido apressada de algum grande conselho que tinha sido convocado para discutir as guerras de Antônio na Síria. Ela veio como havia deixado o conselho, com todos os seus trajes cerimoniais, o cetro em sua mão e com a coroa de ouro em sua testa. Ela se sentou, rindo, na minha frente, pois tendo se cansado deles, ela disse aos enviados com os quais estava tendo a audiência que sua presença havia sido convocada por uma mensagem súbita vinda de Roma, e a mentira parecia alegrá-la. De repente ela se levantou, tirou a coroa de sua cabeça e colocou-a no meu cabelo, pôs seu manto real em meus ombros, o cetro em minha mão, e se ajoelhou para mim. Então, rindo de novo, ela beijou meus lábios e disse que eu era de fato o seu rei. Mas ao lembrar a maneira pela qual fui coroado nos salões de Aboukis, e lembrando também daquela guirlanda de rosas da qual o odor ainda me assombra, eu me levantei pálido de ira e tirei os ornamentos de mim, perguntando como se atrevia a zombar de mim, o seu pássaro engaiolado. Eu acho que ela se assustou com a minha reação, pois se afastou.

"Não, Harmachis", ela disse, "não fiques com raiva! Como sabes tu que estou zombando de ti? Como sabes que tu não és o faraó de fato e direito?"

"O que queres dizer?", eu disse. "Tu irás então casar-te comigo na frente de todo o Egito? De que outra maneira poderei ser o faraó agora?"

Ela abaixou seus olhos. "Talvez, meu amor, eu esteja pensando em casar-me contigo", ela disse com delicadeza. "Tu estás pálido aqui nesta prisão, e tens comido pouco, e não tente negar, pois os escravos me contaram! Eu te mantive aqui, Harmachis, pelo teu próprio bem, pois tu és muito precioso para mim. Pelo teu próprio bem, e pelo bem de tua honra, tu ainda tens que ser visto como meu prisioneiro. Do contrário tu estarias envergonhado e seria morto em segredo. Mas eu não posso mais mantê-lo aqui. Por isso irei te libertar no todo amanhã, exceto no nome, e tu serás visto mais uma vez na corte como o meu astrônomo. E a minha justificativa será o seguinte: que tu provaste a tua inocência, e mais ainda, que as tuas previsões relacionadas à guerra se mostraram verdadeiras, como se tornaram na verdade, mas não posso te agradecer por isso já que tu fizeste as profecias que se adequavam à tua causa. Agora, adeus, pois preciso retornar para aqueles embaixadores carrancudos. E não fiques irritado com tanta rapidez, Harmachis, pois quem sabe o que poderá acontecer entre mim e ti?"

Com um breve aceno com a cabeça ela se foi, deixando em minha mente que ela tinha em seu coração a ideia de se casar comigo abertamente. Na verdade acreditei que naquele momento esta era a sua intenção, pois mesmo que não me amasse ela ainda gostava e não tinha se cansado de mim.

No dia seguinte Cleópatra não veio, mas Charmion veio. Eu não tinha visto Charmion desde aquela noite fatídica de minha ruína. Ela entrou e ficou na minha frente com um rosto pálido e olhos fitando o chão, e suas primeiras palavras foram palavras amargas.

"Perdoe-me", ela disse com sua voz gentil, "por ousar vir a ti no lugar de Cleópatra. Mas a tua felicidade não demorará, pois tu irás vê-la logo".

Eu me encolhi com suas palavras, o quanto pude, e vendo a sua vantagem, ela agarrou-a.

"Harmachis que não é mais nobre, vim para dizer que tu és livre! Tu és livre para encarar a tua própria infâmia, e vê-la refletida em cada olho dos que confiaram em ti, assim como as sombras o são pela água. Eu vim para te dizer que o grande plano, o plano de mais de 20 anos, terminou de maneira absoluta. Ninguém foi morto, é verdade, exceto por Sepa, que desapareceu. Mas todos os líderes foram capturados, acorrentados, ou expulsos da nação, e o grupo deles está destruído e disperso. A tempestade desfez-se antes de arrebatar. O Egito está perdido, perdido para sempre, pois a sua última esperança se foi! Ele não irá mais lutar, e agora por toda a eternidade o Egito terá que se curvar com o jugo e desnudar suas costas para a vara do opressor!"

Gemi alto. "Ai de mim, fui traído", eu disse. "Paulo nos traiu."

"Foste traído? Não, tu foste o traidor! Por que tu não assassinaste Cleópatra enquanto estavas sozinho com ela? Fale, renegado!"

"Ela me drogou", eu disse de novo.

"Ah, Harmachis!", respondeu a garota impiedosa, "quão baixo tu afundaste em comparação àquele príncipe que uma vez conheci! Tu que não desdenhou ser um mentiroso! Sim, tu foste drogado, drogado com uma poção do amor! Sim, tu vendeste o Egito e a tua causa pelo beijo de uma libertina! Tua vergonha e tua tristeza!", ela continuou, apontando seu dedo para mim e levantando seus olhos para o meu rosto. "Desprezível, pária, desonrado! Negue se puderes. Ah, afasta-te de mim, sabendo o que tu és, tu deves te afastar! Arrasta-te aos pés de Cleópatra e beije as sandálias dela até que chegará a hora em que ela queira pisar em ti na tua própria imundície. Mas te afasta de todas as pessoas honestas, afasta-te!"

Minha alma estremeceu debaixo do chicote de seu escárnio amargo e de seu ódio, mas eu não encontrava palavras para responder.

"Como foi", eu disse por fim com uma voz pesada, "que tu também não foste traída, mas ainda estás aqui para me assombrar, tu que uma vez juraste amor por mim? Sendo uma mulher, tu não tens piedade da fragilidade de um homem?".

"Meu nome não estava nas listas", ela disse, baixando seus olhos negros. "Aqui está uma oportunidade, tu podes me trair também, Harmachis! É justamente por eu ter te amado, como tu te lembras, que sinto ainda mais a tua queda. A vergonha daquele que nós amamos de alguma forma torna-se a nossa vergonha, e estará sempre agarrada a nós, pois guardamos de maneira cega algo tão vil próximo ao mais íntimo de nosso coração. Tu também és um tolo? Tu virias, recém-saído dos braços nobres da libertina, procurar-me para te confortar? A mim, de todas as pessoas do mundo?"

"Como vou saber", eu disse, "que não foste tu, com tua raiva cega de ciúmes, que traíste os nossos planos? Há muito tempo Sepa me advertiu contra ti, Charmion, e na verdade, agora que me lembro..."

"É bem típico do traidor", ela interrompeu, corando, "achar que todos são iguais a ele e que pensam a mesma coisa! Não, não te traí. Foi aquele pobre patife, Paulo, cujo coração fraquejou no final e teve o que merecia. Eu não vou ficar aqui para ouvir ideias tão baixas. Harmachis, que não é mais nobre! Cleópatra, a rainha do Egito, me mandou dizer que estás livre, e que ela espera por ti no Salão de Alabastro".

Depois de lançar um olhar rápido através de seus longos cílios, ela fez uma reverência e se foi.

Mais uma vez eu podia ir e vir pela corte, embora o fizesse com moderação, pois meu coração estava cheio de vergonha e terror, e em cada face eu temia ver o desprezo daqueles que me conheciam pelo que eu era. Mas não vi nada, pois todos os que tinham conhecimento do plano haviam fugido e Charmion não havia dito nem uma palavra, para seu próprio bem. Além do mais, Cleópatra havia espalhado que eu era inocente. Mas a pesada culpa que eu carregava dentro de mim me fez emagrecer e perder a beleza de meu rosto. Apesar de eu ser nomeado livre, era vigiado sempre e não podia sair do palácio.

Assim chegou o dia que trouxe Quintus Délio, o falso cavaleiro romano que sempre serviu a estrela em ascensão. Ele trouxe para Cleópatra cartas de Marco Antônio, o Triúnviro, que recém-saído da vitória de Filipos estava agora na Ásia arrancando o ouro dos reis subjugados para satisfazer a ganância de seus legionários.

Eu me lembro daquele dia. Cleópatra, vestida em seus trajes cerimoniais junto com os oficiais da corte, eu dentre eles, estava sentada em seu trono de ouro no grande salão. Ela ordenou que os arautos trouxessem o Embaixador de Antônio, o Triúnviro. As enormes portas foram abertas e, entre o toque de trombetas e as saudações dos guardas gauleses, o romano entrou vestido com uma armadura brilhante e dourada, e com um manto vermelho de seda, seguido pelo seu grupo de oficiais. Ele tinha o rosto liso e era bonito na aparência, com uma forma física flexível, mas a sua boca era fria, assim como os seus olhos que se moviam a todo momento. Enquanto os arautos proclamavam o seu nome, seus títulos e cargos, ele encarava Cleópatra como um homem atônito, enquanto ela se sentava com indolência em seu trono, toda radiante de beleza. Quando os arautos chegaram ao fim ele ainda ficou parado, sem se mexer, até que Cleópatra falou em latim:

"Saudações, nobre Délio, enviado do tão poderoso Antônio, cuja sombra cobre todo o mundo, assim como se o próprio Marte agora se erguesse sobre nós, pequenos príncipes. Saudações e seja bem-vindo à nossa pobre cidade de Alexandria. Nós solicitamos que reveles o propósito de tua vinda".

Mesmo assim o astuto Délio não respondeu, mas ficou parado como um homem atônito.

"O que te aflige, nobre Délio, que tu não falas?", perguntou Cleópatra. "Ficaste tanto tempo na Ásia que as portas do idioma romano estão fechadas para ti? Que língua tu falas? Diga o nome e nós a falaremos, pois todas as línguas são conhecidas por nós."

Então, enfim ele falou em uma voz cheia e suave: "Perdoe-me, tão adorável egípcia, se eu estou atônito perante ti, mas tanta beleza, assim como a própria morte, paralisa a língua e rouba nossos sentidos.

Os olhos daquele que olha para o fogo do Sol do meio-dia estão cegos para tudo ao seu redor, e assim esta visão súbita de tua glória, realeza do Egito, dominou a minha mente e me deixou desamparado e sem consciência de mais nada".

"De fato, nobre Délio", respondeu Cleópatra, "ensinam uma bela escola de lisonjas na Cilícia".

"Como diz o ditado aqui em Alexandria?", replicou o lisonjeiro romano: "O sopro da lisonja não pode fazer flutuar uma nuvem.[16] Ou pode? Mas à minha tarefa. Aqui, nobre egípcia, estão cartas escritas pelo nobre Antônio e com o lacre dele, que tratam de certos assuntos de Estado. Gostarias que eu as lesse em público?"

"Quebre os lacres e leia", ela respondeu.

Então, fazendo uma reverência, ele quebrou os selos e leu:

"Os Triúnviros para a Organização do Povo, pela boca de Marco Antônio, o Triúnviro, manda saudações para Cleópatra, que pela graça do povo romano é a rainha do Baixo e do Alto Egito. Chegou ao nosso conhecimento que tu, Cleópatra, ao contrário de tua promessa e teu dever, pelo teu servo Allienus e teu servo Serápio, o governador do Chipre, ajudou o rebelde assassino Cássio contra as armas do mais nobre Triunvirato. E também é de nosso conhecimento que tu tens reunido nos últimos tempos uma grande frota com este objetivo. Nós te convocamos sem demora para fazer uma jornada à Cilícia para lá encontrar o nobre Antônio e responder em pessoa a estas acusações que estão sendo feitas contra ti. Nós advertimos que a tua desobediência a esta convocação será por tua conta e risco. Adeus".

Os olhos de Cleópatra faiscaram enquanto ela absorvia essas palavras duras, e eu vi as suas mãos apertarem as cabeças douradas de leão onde elas descansavam.

"Já tivemos a lisonja", ela disse, "e agora, para que não fiquemos enjoados com tanto doce, nós temos o antídoto! Escute, Délio, as acusações nesta carta, ou melhor, nesta ordem de convocação, são falsas, como todos aqui são nossas testemunhas. Mas não será agora e não será para ti que defenderemos nossos atos de guerra e política. Nem iremos deixar nosso reino para viajar para a distante Cilícia, e lá, como algum pobre requerente da lei, defender a nossa causa perante a corte do nobre Antônio. Se Antônio quiser falar conosco e nos perguntar sobre estes assuntos importantes, o mar está aberto, e ele será recepcionado como um rei. Deixe que ele venha até aqui! Esta é a nossa resposta a ti e ao Triunvirato, Délio!"

---

16. Em outras palavras, o que é divino está além do alcance dos humanos.

Mas Délio sorriu como alguém que tinha posto de lado o peso da ira, e mais uma vez falou:

"Realeza do Egito, tu não conheces o nobre Antônio. Ele é severo no papel, e quando ele escreve seus pensamentos é como se a pena fosse uma lança mergulhada no sangue dos homens. Mas frente a frente com ele tu irás encontrar o guerreiro mais gentil que já ganhou uma batalha. Tenha ciência disso, ó realeza do Egito, e venha! Não me envie com palavras tão coléricas, pois se tu trouxeres Antônio para Alexandria, trará o infortúnio para Alexandria, para o povo do Nilo e para ti, realeza! Pois então ele virá armado e respirando guerra e será severo contigo, que desafiou o poder de Roma. Eu te suplico, então, obedeça esta convocação. Venha para a Cilícia, venha com presentes de paz e não armas. Venha com a tua beleza e vestida com as tuas melhores roupas, e tu nada tens a temer do nobre Antônio." Ele silenciou e olhou para ela de maneira significativa, enquanto eu, entendendo a intenção dele, senti o sangue da ira tomar no meu rosto.

Cleópatra também entendeu, pois a vi descansar seu queixo em sua mão e a nuvem de pensamentos que se formou em seus olhos. Por algum tempo ela se sentou desta maneira, enquanto o astuto Délio a observava com curiosidade. Charmion, de pé com as outras damas perto do trono, também percebeu a intenção dele, pois sua face se acendeu como brilha uma nuvem de verão quando um relâmpago reluz por detrás. Então mais uma vez seu rosto ficou pálido e sereno.

Enfim, Cleópatra falou: "Este é um assunto sério", ela disse, "por isso, nobre Délio, precisamos de tempo para deixar o nosso julgamento amadurecer. Descanse aqui, e fique tão à vontade quanto as circunstâncias permitirem. Tu terás uma resposta dentro de dez dias".

O enviado refletiu por algum tempo e depois respondeu sorrindo: "Muito bem, realeza! No décimo dia eu comparecerei para minha resposta e no décimo primeiro dia velejarei daqui para me encontrar com o meu lorde Antônio".

Mais uma vez, com um sinal de Cleópatra, as trombetas tocaram e ele foi embora, curvando-se.

Capítulo X

A Apreensão de Cleópatra; seu Juramento para Harmachis; Harmachis Conta para Cleópatra Sobre o Segredo do Tesouro que Está Debaixo da Estrutura "Dela"

Naquela mesma noite Cleópatra me convocou para os seus aposentos particulares. Eu fui e a encontrei muito preocupada. Eu nunca a havia visto tão perturbada. Ela estava sozinha e, como uma leoa encurralada, andava de um lado para o outro pelo chão de mármore, enquanto pensamentos e mais pensamentos passavam pela sua mente, cada um deles como as nuvens correndo sobre o mar, lançando sua sombra nos seus olhos profundos.

"Então vieste, Harmachis", ela disse descansando um pouco enquanto pegava minha mão. "Dê-me um conselho, pois nunca precisei mais de um conselho do que agora. Ah, que dias os deuses reservaram para mim, dias agitados como o oceano! Eu nunca conheci a paz, desde minha infância, e parece que não irei conhecê-la. Eu mal escapei da ponta de tua adaga, Harmachis, e agora vem este novo problema que, como uma tempestade se acumulando na linha do horizonte, de súbito explode em cima de mim. Viste aquele homem sanguinário? Ah, como gostaria de tê-lo capturado! Ele falava de maneira tão suave! Ele ronronava como um gato, mas ao mesmo tempo esticava suas garras. Escutaste a carta? Tinha um som horrível. Eu conheço este Antônio. Quando era apenas uma criança, com minha feminilidade brotando, eu o vi, mas meus olhos sempre foram rápidos e percebi o que ele era. Metade Hércules metade tolo, com uma pitada de gênio passando pela sua tolice. Influenciado com facilidade por aqueles que entram nos portões de seus sentidos voluptuosos, mas ele se torna um inimigo de ferro quando irritado. Leal com seus amigos se ele os ama de verdade, mas muitas vezes ele é falso por interesse próprio. Generoso, destemido e um homem de virtude na adversidade. Na abundância ele é um beberrão e escravo de mulher. Este é o Antônio. Como lidar com tal homem, a quem o destino e a oportunidade, apesar dele próprio, colocaram na crista da onda da fortuna? Um dia ela irá esmagá-lo, mas até chegar esse dia ele marcha pelo mundo e ri daqueles que se afogam."

"Antônio é somente um homem", respondi, "e um homem com muitos inimigos, e sendo apenas um homem, ele pode ser derrotado".

"Ah, ele pode ser derrotado, mas ele é um dos três, Harmachis. Agora que Cássio se foi para onde todos os tolos vão, Roma soltou uma cabeça de Hidra. Esmague uma delas e outra aparece para sibilar em teu rosto. Há Lépido, e com ele o jovem Otaviano, cujos olhos frios devem contemplar com um sorriso de triunfo as formas assassinadas do vazio e inútil Lépido, as formas de Antônio e de Cleópatra. Escute o que digo, se eu não for para a Cilícia, Antônio irá armar a paz com esses partianos, e espalhando as lendas ao meu respeito como se fosse verdade, pois há um fundo de verdade nelas, irá cair com toda sua força no Egito. E então?"

"Então? Então nós o mandaremos de volta para Roma."

"Ah, isso é o que tu dizes. Talvez, se eu não tivesse ganhado aquele jogo que nós jogamos juntos 12 dias atrás, tu, sendo faraó, pudesse ter feito isto, pois o antigo Egito estaria reunido ao redor de teu trono. Mas o Egito não me ama, nem a meu sangue grego, e acabei de derrotar aquele teu grande plano no qual a metade da pátria estava interligada. Esses homens irão se rebelar para me socorrer? Se o Egito fosse leal a mim, eu poderia me defender contra toda a força que Roma trouxesse, mas o Egito me odeia, e seria de bom grado governado pelos romanos ou pelos gregos. No entanto, eu poderia me defender se tivesse ouro, pois com dinheiro pode-se comprar soldados para alimentar a boca da batalha mercenária. Mas não tenho nada. Meus tesouros secaram, e embora haja riqueza na pátria, os débitos me deixam perplexa. Essas guerras me arruinaram, e agora não sei como encontrar nem um talento.[17] Talvez, Harmachis, tu que és por direito hereditário sacerdote das pirâmides", e ela se aproximou e olhou-me nos olhos, "se o boato antigo não for mentira, tu podes me dizer onde eu posso alcançar o ouro para salvar esta terra da ruína e o teu amor do alcance de Antônio? Diga-me, é possível?"

Eu pensei por um instante, então respondi:

---

17. Moeda da época.

"Se tal lenda fosse verdadeira e eu pudesse te mostrar o tesouro escondido pelos poderosos faraós das épocas mais antigas para as necessidades de Kemet, como posso saber que tu irás fazer uso dessa riqueza para o bem?"

"Então existe tal tesouro?", ela perguntou com curiosidade. "Não me atormente, Harmachis, pois na verdade só a citação da palavra ouro nesta época de necessidade é como ver água no deserto."

"Eu acredito que exista tal tesouro, embora nunca o tenha visto", eu disse. "Mas o que sei é que se o tesouro ainda estiver no lugar onde foi colocado, é porque existe uma maldição tão grande que irá perseguir aquele que colocar suas mãos no tesouro com intenções perversas ou egoístas que nenhum dos faraós que sabiam do tesouro ousou tocá-lo, por maior que fosse sua necessidade."

"Então eles eram covardes naquela época, ou sua necessidade não era tão grande", ela disse. "Então tu irás me mostrar esse tesouro, Harmachis?"

"Talvez. Eu irei te mostrar o tesouro se ele ainda estiver lá, depois que tu tiveres jurado que irás utilizá-lo para o bem do povo egípcio e para defender o Egito contra este romano Antônio", eu disse.

"Eu juro", ela falou com toda a seriedade. "Oh, juro por cada Deus em Kemet que se tu me mostrares este grande tesouro, irei desafiar Antônio e mandar Délio de volta para a Cilícia com palavras mais afiadas do que as que ele trouxe. Sim, eu farei mais, Harmachis. Assim que possível, eu te farei meu esposo perante todo o mundo, e tu irás realizar o teu plano e repelir as águias romanas."

Assim ela falou, olhando para mim com olhos sérios e honestos. Eu acreditei nela, e pela primeira vez desde a minha queda eu me senti feliz por um momento, pensando que nem tudo estava perdido para mim, e que, com Cleópatra, que eu amava loucamente, eu ainda poderia recuperar o meu lugar e o meu poder.

"Jure, Cleópatra", falei.

"Eu juro, meu querido! E assim selo meu juramento!" Então ela me beijou na testa. Eu também a beijei e nós conversamos sobre o que faríamos depois de casados e como iríamos derrotar os romanos.

E assim mais uma vez fui enganado. Mas acredito que se não fosse pela fúria ciumenta de Charmion, que como será visto estava sempre impulsionando-a para novos feitos da vergonha, Cleópatra teria se casado comigo e rompido com os romanos. E de fato, isto teria sido melhor para ela e para o Egito.

Nós atravessamos a noite conversando e revelei a ela algo sobre o antigo segredo do poderoso tesouro escondido embaixo da estrutura Dela. Ali concordamos que sairíamos no dia seguinte, e no outro dia tentaríamos procurar pelo tesouro. Assim, no dia seguinte bem cedo aprontaram um barco em segredo, e Cleópatra entrou nele, vestida como uma senhora egípcia fazendo uma peregrinação para o templo de Horemkhu. Eu entrei depois dela, também vestido como um peregrino, e conosco vieram dez de seus mais confiáveis servos disfarçados de marinheiros. Charmion não veio conosco. Navegamos com um bom vento desde a boca canópica do Nilo, e naquela noite, avançando junto com a Lua, nós alcançamos Sais à meia-noite, e lá descansamos por algum tempo. Ao nascer do dia mais uma vez zarpamos, e durante todo o dia navegamos com rapidez até que, por fim, três horas depois do pôr do sol, avistamos as luzes daquela fortaleza que é chamada de Babilônia. Ali, na margem oposta do rio, ancoramos o barco com segurança em uma cama de juncos.

Então eu, Cleópatra e um eunuco de confiança saímos a pé em segredo, em direção às pirâmides que estavam a uma distância de duas léguas. Os outros servos ficaram com o barco. Havia um burro vagando por um campo cultivado, e eu o capturei para que Cleópatra pudesse montá-lo. Coloquei uma manta no burro, ela se sentou nele, e conduzi o burro por caminhos que eu conhecia, com o eunuco nos seguindo a pé. Pouco mais de uma hora depois, tendo atingido a grande estrada pavimentada, vimos as poderosas pirâmides elevando-se no ar iluminado pela Lua e nos deixando maravilhados e em silêncio. Nós passamos em silêncio absoluto pela cidade assombrada dos mortos, pois ao redor estavam as tumbas solenes, até que, por fim, subimos a colina rochosa e paramos na sombra profunda de Quéops, o esplêndido trono de Quéops.

"De fato", sussurrou Cleópatra, enquanto ela fitava a deslumbrante encosta de mármore sobre ela, toda adornada com um milhão de caracteres místicos. "De fato havia deuses e não homens governando Kemet naqueles dias. Este lugar é tão triste quanto a morte, e tão poderoso e distante do homem. É aqui que devemos entrar?"

"Não", respondi. "Não é aqui. Continue."

Eu liderei o caminho por milhares de tumbas antigas, até que estávamos na sombra de Ur, a Grande, e contemplamos sua estrutura vermelha que perfurava o céu.

"É aqui que nós devemos entrar?", ela sussurrou mais uma vez.

"Não", respondi. "Não é aqui. Continue."

Nós passamos por muitas outras tumbas, até que paramos na sombra Dela[18] e Cleópatra olhou espantada para sua beleza polida, que por milhares de anos, noite após noite, havia refletido a Lua. Havia uma cerca de pedra negra da Etiópia circulando sua base. Esta é a mais linda de todas as pirâmides.

"É aqui que nós devemos entrar?", ela disse.

"É aqui", respondi.

Nós passamos ao redor, entre o templo da adoração de sua Divina majestade, Miquerinos, o Osiríaco, e a base da pirâmide, até que chegamos ao lado norte. Aqui no centro estava gravado o nome do faraó Miquerinos, que construiu a pirâmide para ser a sua tumba e guardou o seu tesouro dentro dela para a necessidade de Kemet.

"Se o tesouro ainda estiver aqui", eu disse para Cleópatra, "como permaneceu nos dias do meu tataravô, que era o sacerdote desta pirâmide antes de mim, ele está escondido nas profundezas da estrutura diante de ti, Cleópatra. Ele não poderá ser encontrado sem trabalho pesado, perigo e terror da mente. Está preparada para entrar, pois tu mesma deves entrar e deves julgar?".

"Tu não podes entrar com o eunuco e trazer o tesouro para fora?", ela perguntou, pois um pouco de sua coragem começou a faltar.

"Não, Cleópatra", respondi. "Nem por ti ou pela prosperidade do Egito eu posso fazer isto, pois, de todos os pecados, este seria o maior. Mas é lícito que eu faça o seguinte: Eu, como detentor hereditário do segredo, posso, se me for exigido, mostrar ao monarca governante de Kemet o lugar onde estão escondidos os tesouros e também mostrar o aviso que está escrito. Se depois de ver e ler, o faraó considerar que a necessidade de Kemet é tão grave e severa a ponto de valer a pena para ele enfrentar a maldição dos mortos e retirar o tesouro, muito bem, pois em sua cabeça deve descansar o peso desta tarefa pavorosa. Nos registros que eu li constam três monarcas que ousaram entrar em tempo de necessidade. Eles eram a divina rainha Hatshepsut, aquela maravilha conhecida somente pelos deuses, seu irmão divino Tutmósis Menkheper-rá e o divino Ramsés Mi-amen. Mas depois daquilo que eles viram nenhuma das três majestades ousou tocar no tesouro, pois por maior que fosse sua necessidade, ela não era grande o suficiente para consagrar o ato. Assim, temendo que a maldição caísse sobre eles, eles foram embora daqui aflitos."

Ela pensou por um momento, até que, por fim, seu espírito superou o seu medo.

---

18. A "Superior", agora conhecida como a Terceira Pirâmide.

"Pelo menos irei ver com meus próprios olhos", ela disse.

"Muito bem", respondi. Assim, eu e o eunuco que estava conosco empilhamos pedras em um determinado lugar na base da pirâmide, a uma altura pouco maior que a de um homem. Subi nas pedras e procurei pela marca secreta do tamanho de uma folha. Eu a encontrei com certa dificuldade, pois o atrito da areia trazida pelo vento havia gastado a pedra da Etiópia. Tendo encontrado a marca, fiz certa pressão com toda minha força, de uma maneira especial. Mesmo depois de tantos anos sem uso, a pedra girou, mostrando uma pequena abertura pela qual um homem poderia se rastejar com dificuldade. Conforme a pedra girou, um enorme morcego, branco como se tivesse idade avançada e de um tamanho que eu nunca havia visto antes, pois era do tamanho de um falcão, voou para fora, e por um momento pairou sobre Cleópatra, então voou devagar em círculos, subindo e subindo, até que, por fim, ele se perdeu na fulgurante luz da Lua.

Cleópatra soltou um grito de terror e o eunuco que estava assistindo caiu de medo, acreditando ser o espírito guardião da pirâmide. Eu também fiquei com medo, mas não disse nada. Pois até hoje acredito que aquele ele era o espírito de Miquerinos, o Osiríaco, que, assumindo a forma de um morcego, voou diante de sua Casa sagrada em advertência.

Esperei um instante até que o ar viciado saísse da passagem. Então tirei as lâmpadas, acendi-as, e passei três delas para dentro da entrada da passagem. Feito isto, fui falar com o eunuco, e tomando-o a parte, fiz com que ele jurasse pelo espírito vivo Daquele que dorme em Aboukis que ele não revelaria as coisas que estava prestes a ver.

Tremendo com violência, pois estava muito assustado, ele jurou. E de fato nunca revelou nada.

Depois disso eu subi pela abertura levando comigo um rolo de corda amarrado na minha cintura, e fiz um gesto para que Cleópatra viesse. Ela prendeu a saia de sua túnica e veio, e a puxei pela abertura até que, por fim, ela estava atrás de mim na passagem que é revestida com placas de granito. Atrás dela veio o eunuco e ele também ficou na passagem. Estudei o mapa da passagem que eu havia trazido comigo, que estava escrito com símbolos que somente os iniciados podem compreender, e que tinha sido copiado dos escritos antigos que tinham chegado até mim depois de 41 gerações dos meus antepassados, os sacerdotes desta pirâmide Dela e do culto do templo do divino Miquerinos, o Osiríaco. Eu liderei o caminho ao longo daquele lugar sombrio até o silêncio absoluto da tumba. Guiados pelas luzes frágeis de nossas lâmpadas fomos para baixo passando por uma inclinação íngreme, sufocando-nos com o calor e com o ar denso e estagnado. Naquele momento havíamos deixado a região de alvenaria e estávamos escorregando para uma galeria abaixo, escavada na rocha. Por 20 passos ou mais a descida foi íngreme. Depois a inclinação se suavizou, e em breve estávamos em uma câmara pintada de branco, com o teto tão baixo onde eu, que era alto, mal podia ficar em pé. Seu comprimento era de quatro passos e sua largura de três passos, e por toda a câmara havia painéis esculpidos. Ali Cleópatra se jogou no chão e descansou um pouco, derrotada pelo calor e pela escuridão absoluta.

"Levante-se", eu disse, "não podemos nos demorar aqui, ou iremos desmaiar".

Então ela se levantou e andando juntos através daquela câmara, encontramo-nos frente a frente com uma enorme porta de granito, que descia do teto em sulcos. Mais uma vez olhei o mapa, pisei em uma determinada pedra e esperei. De repente e de maneira suave, não sei como, a massa se soltou de sua cama de pedra. Nós passamos por baixo e nos encontramos frente a frente com uma segunda porta de granito. Mais uma vez pressionei determinado ponto e essa porta se abriu sozinha. Continuamos e nos deparamos com uma terceira porta, ainda mais forte do que as outras duas que havíamos ultrapassado. Seguindo o mapa secreto, chutei essa porta em um ponto específico e ela mergulhou devagar, como por mágica, até que o topo da porta estava no nível do chão de pedra. Atravessamos e entramos em outra passagem que descia com delicadeza por 14 passos e nos levou a uma grande câmara pavimentada com mármore negro, com mais de nove côvados[19] de altura, nove côvados de largura e 30 côvados de comprimento. Nesse chão de mármore havia um enorme sarcófago de granito e em sua tampa estavam gravados os nomes e títulos da rainha de Miquerinos. Nessa câmara o ar também estava mais puro, mas eu não sei como esse ar tinha chegado até ali.

"O tesouro está aqui?", arfou Cleópatra.

"Não", respondi, "sigam-me", e liderei o caminho até uma galeria onde entramos por uma abertura no chão da grande câmara. Essa abertura havia sido fechada por um alçapão de pedra, mas o alçapão estava aberto. Rastejando por essa passagem por uns dez passos, por fim alcançamos um poço de sete côvados de profundidade. Eu amarrei uma ponta da corda que havia trazido em volta do meu corpo e a outra ponta em um anel na borda do poço. Desci segurando a lâmpada em

---

19. No Egito antigo o côvado era uma medida retirada da distância entre o cotovelo e as pontas dos dedos. Correspondia a 18 polegadas (52,4 centímetros).

minha mão, até que eu estava no último local de descanso do Divino Miquerinos. A corda foi içada, Cleópatra foi amarrada a ela, abaixada pelo eunuco, e a recebi em meus braços. Eu obriguei o eunuco, contra a sua vontade, pois ele temia ficar sozinho, a esperar pela nossa volta na entrada da passagem, pois ele não tinha o direito de entrar onde nós entramos.

Capítulo XI

A Tumba do Divino Miquerinos; o Escrito no Peito de Miquerinos; o Desenho na Frente do Tesouro; o Morador da Tumba; a Fuga de Cleópatra e Harmachis do Lugar Sagrado

Nós estávamos em uma pequena câmara arqueada, pavimentada e revestida com grandes blocos da pedra de granito de Siena. Ali na nossa frente, entalhado em uma única massa de basalto com o formato de uma casa de madeira e descansando sobre uma esfinge com o rosto de ouro, estava o sarcófago do Divino Miquerinos. Paramos e contemplamos maravilhados, pois o peso do silêncio e a solenidade daquele lugar sagrado pareciam nos esmagar. Acima de nós, côvado após côvado em toda sua enorme medida, a pirâmide se erguia para o céu e era beijada pelo ar da noite. Mas estávamos em um lugar profundo, nas entranhas da rocha debaixo de base da pirâmide. Nós estávamos sozinhos com os mortos, cujo descanso iríamos interromper em breve. Nenhum som de ar murmurante ou sinal de vida vinha para aborrecer a horrível borda da solidão. Olhei para o sarcófago. Sua tampa pesada havia sido levantada e se encontrava ao lado dele, e ao redor dele o pó dos séculos se acumulava.

"Veja", sussurrei apontando para uma inscrição com símbolos dos tempos antigos, impregnada com pigmentos na parede.

"Leia, Harmachis", respondeu Cleópatra, com a mesma voz baixa, "pois eu não posso".

Então li: "Eu, Ramsés Mi-amen, neste dia e hora de necessidade, visitei este sepulcro. Mas apesar de minha grande necessidade e do meu coração corajoso, não ousei enfrentar a maldição de Miquerinos. Tu que virás depois de mim, se tua alma for pura e se Kemet estiver de todo aflita, tu irás decidir se levarás o que eu deixei".

"Onde então está o tesouro?", ela sussurrou, "naquele rosto de esfinge de ouro?".

"Ali", respondi, apontando para o sarcófago. "Chegue mais perto para ver."

Ela pegou minha mão e se aproximou.

A tampa estava fora, mas o caixão pintado do faraó estava no fundo do sarcófago. Nós subimos a esfinge, soprei o pó do caixão e li o que estava escrito na tampa. Esta era a inscrição:

"Faraó Miquerinos, o Filho do Céu.

Faraó Miquerinos, Nobre Filho do Sol.

Faraó Miquerinos que jaz no coração de Nut.

Nut, tua Mãe, te envolve na magia do nome santo Dela.

O nome de tua Mãe, Nut, é o mistério do Paraíso.

Nut, a tua mãe, te reúne com os deuses.

Nut, a tua mãe, sopra em teus inimigos e os destrói por completo.

Oh, Faraó Miquerinos, que vive para sempre!"

"Onde então está o tesouro?", ela perguntou de novo. "Aqui de fato está o corpo do Divino Miquerinos, mas a carne não é de ouro, mesmo a dos faraós, e se o rosto desta esfinge for de ouro, como iremos removê-la?"

Como resposta fiz com que ela ficasse acima da esfinge e agarrasse a parte superior do caixão, enquanto eu agarrava o pé. Ao meu sinal, nós levantamos, e a tampa do caixão, que não estava presa, saiu, e a colocamos no chão. Ali no caixão estava a múmia do faraó, como havia sido colocada 3 mil anos antes. Era uma múmia grande e de algum modo desajeitada. Ela não estava enfeitada com uma máscara dourada, como era o costume atual, mas tinha a cabeça envolvida por panos amarelados em função do tempo, que estavam presos com bandagens de linho rosa e abaixo dessas bandagens havia caules de flores de lótus. No peito, envolto por flores de lótus, havia um grande prato de ouro quase coberto por completo com inscrições sagradas. Levantei o prato e segurando-o perto da luz, li:

"Eu, Miquerinos, o Osiríaco, antigo faraó da terra de Kemet, que em meus dias vivi com justiça e sempre trilhei o caminho marcado para meus pés pelo decreto do Invisível, que era o começo e é o fim, falo de minha tumba para aqueles que depois de mim se sentam em meu trono. Prestem atenção. Eu, Miquerinos, o Osiríaco, tendo nos dias de minha vida sido alertado por um sonho, que dizia que chegaria o dia em que Kemet temerá cair nas mãos de estranhos, e a sua monarca precisaria deste tesouro para recrutar exércitos para expulsar de volta os bárbaros, eu fiz isto então de acordo com a minha sabedoria. Pois foi do agrado dos deuses protetores darem-me uma fortuna maior do que a de qualquer faraó desde os dias de Hórus. Milhares de cabeças de gado e gansos, milhares de bezerros e asnos, uma grande quantidade de milho, centenas de pedras preciosas e uma grande quantidade de ouro. Eu usei esta fortuna com moderação, e o que restou troquei por pedras preciosas, inclusive esmeraldas, as mais lindas e maiores que existem no mundo. Guardei estas pedras até que chegasse o dia da necessidade de Kemet. Mas como sempre existiram, da mesma forma existirão aqueles que agem com perversidade na terra e que ansiarão pegar esta fortuna que eu guardei para usá-la para uso próprio; preste atenção, tu que irás nascer, que no tempo certo estará sobre mim lendo isto que ordenei que fosse escrito, que eu guardei o tesouro desta maneira, até entre os meus ossos. Por isso, oh, tu que irás nascer, dormindo no útero de Nut, digo-te o seguinte: Se tu precisares de verdade desta riqueza para salvar Kemet de seus inimigos não temas e não te demores, mas arranque-me, o Osiríaco, de minha tumba, rasgue minhas bandagens e arranque o tesouro de meu peito, e tudo ficará bem para ti. Minha única condição é que tu coloques meus ossos de volta em meu caixão vazio. Mas se tua necessidade não for tão grande e se existir malícia em teu coração, então a maldição de Miquerinos estará contigo! Estará contigo a maldição que cairá sobre aqueles que perturbam os mortos! Estará contigo a maldição que persegue o traidor! Estará contigo a maldição que cai sobre aquele que afronta a majestade dos deuses! Tu irás viver em infelicidade, irás morrer de modo sangrento e na miséria, e na miséria tu serás atormentado para todo o sempre! Pois, ó perverso, em Amenti nos encontraremos frente a frente!

    Com a finalidade de manter este segredo, eu, Miquerinos, fundei um templo para minha adoração, que construí no lado oriental desta minha casa da morte. Este conhecimento deve ser transferido de tempos em tempos para o supremo sacerdote hereditário deste meu templo. Se qualquer supremo sacerdote revelar este segredo para alguém que não seja o faraó, ou aquele que veste a coroa do faraó e que está sentado no trono de Kemet, ele também será amaldiçoado. Assim eu, Miquerinos, o Osiríaco, escrevi. Agora tu, que dormindo no útero de Nut, no tempo certo ainda estará em cima de mim lendo isto, digo que deves julgar! E se tu julgares com maldade, cairá sobre ti esta maldição de Miquerinos, da qual não há como escapar. Saudações e adeus".

"Tu ouviste, Cleópatra", eu disse com solenidade, "agora vasculhe teu coração e julgue, e para o teu próprio bem, julgue com justiça".

Ela abaixou a cabeça pensativa.

"Eu tenho medo de fazer tal coisa", ela disse dentro de pouco tempo. "Vamos, então."

"Muito bem", eu disse, com meu coração mais leve, pois eu também tinha medo, e me abaixei para erguer a tampa de madeira.

"Mas o que diziam as inscrições do Divino Miquerinos? Algo sobre esmeraldas, não? E esmeraldas agora são tão raras e difíceis de encontrar. Eu sempre amei esmeraldas, e nunca consegui encontrá-las sem uma falha."

"Esta não é uma questão sobre o que tu amas, Cleópatra", eu disse, "é uma questão da necessidade de Kemet e da intenção secreta de teu coração, que somente tu poderás saber".

"Ah, por certo, Harmachis, por certo! E agora não é grande a necessidade do Egito? Não há ouro no tesouro, e como eu posso desafiar os romanos se não tenho ouro? E não jurei para ti que iria me casar contigo e desafiar os romanos? Eu não juro, uma vez mais, mesmo nesta hora solene, com a minha mão sobre o coração do faraó morto? Esta é a ocasião com a qual o Divino Miquerinos sonhou. Tu viste, pois senão, Hatshepsut ou Ramsés ou qualquer outro faraó teria tirado as gemas. Mas não, eles as deixaram para esta hora, pois a hora ainda não havia chegado. Agora é o momento certo, pois se eu não levar as gemas, os romanos com certeza irão tomar o Egito, e então não existirá mais faraó para receber o segredo. Não, vamos nos livrar de nossos medos e fazer o trabalho. Por que estás tão assustado? Tendo corações puros não há nada a temer, Harmachis."

"Como queiras", eu disse de novo, "pois tu é que deves julgar, uma vez que se tu julgares com falsidade cairá sobre ti a maldição da qual não se pode escapar".

"Então, Harmachis, pegue a cabeça do faraó e eu pegarei o seu.... Oh, que lugar horrível!" e de súbito ela se agarrou a mim. "Eu acho que vi uma sombra ali na escuridão! Acho que ela se moveu em nossa direção e desapareceu de imediato! Vamos! Tu não viste nada?"

"Eu não vi nada, Cleópatra, mas talvez fosse o espírito do Divino Miquerinos, pois o espírito sempre ronda a sua morada mortal. Vamos então, ficarei feliz em ir embora."

Ela fez como se quisesse começar a andar, mas se virou e falou mais uma vez.

"Não foi nada, apenas a mente que cria as formas sombrias e assustadoras que teme ver, nesta casa de horror. Agora eu tenho que considerar estas esmeraldas, ainda que eu morra, eu tenho que vê-las! Venha, vamos ao trabalho!", e inclinando-se ela levantou da tumba com as suas próprias mãos uma das jarras de alabastro, cada uma selada com uma cabeça gravada à semelhança dos deuses protetores que guardavam o sagrado coração e as entranhas do Divino Miquerinos. Mas nada foi encontrado naquelas jarras, a não ser o que deveria estar lá.

Então, juntos subimos na esfinge, e com dificuldade levantamos o corpo do Divino faraó, colocando-o no chão. Cleópatra pegou a minha adaga e com ela cortou as bandagens que seguravam os panos no lugar, e as flores de lótus, que haviam sido colocadas ali por mãos amorosas há 3 mil anos, caíram no chão. Procuramos e encontramos o fim da bandagem externa, que estava fixada da parte de trás do pescoço. Cortamos esta bandagem, pois ela estava colada com força. Isto feito, começamos a desenrolar os embrulhos do santo corpo. Eu coloquei os meus ombros contra o sarcófago e me sentei no chão de pedra, com o corpo descansando em meus joelhos, e conforme eu o virava, Cleópatra desenrolava os panos. A tarefa era terrível. De repente alguma coisa caiu. Era o cetro do faraó feito de ouro, e em sua ponta havia uma romã lapidada de uma única esmeralda.

Cleópatra pegou o cetro e o contemplou em silêncio. Mais uma vez continuamos com a nossa horrível tarefa. Conforme nós desembrulhávamos, outros ornamentos de ouro, como os que são enterrados com os faraós, começaram a cair dos panos. Colares e braceletes, modelos de sistros, um machado ornado e uma imagem do sagrado Osíris e do sagrado Kemet. Enfim todas as bandagens estavam desenroladas, e debaixo delas encontramos uma cobertura do linho mais grosseiro, pois naquela época os artesãos não tinham tanta habilidade na arte de embalsamar o corpo como eles têm agora. No linho estava escrito em um oval: "Miquerinos, Real Filho do Sol". Este linho não podíamos soltar, pois estava fortemente preso ao corpo. Assim, fracos com o enorme calor, sufocados com o pó de múmia e com o cheiro das especiarias, tremendo de medo por conta de nossa tarefa profana realizada naquele lugar tão solitário e sagrado, colocamos o corpo no chão e cortamos a última cobertura com a faca. Primeiro descobrimos a cabeça do faraó, e agora a face para a qual nenhum homem tinha olhado por 3 mil anos estava à mostra. Aquele rosto era um rosto imponente, com uma testa larga coroada com a serpente real, debaixo da qual estavam os cabelos brancos que caíam em longos e lisos tufos, agora manchados de amarelo por causa das especiarias. Nem a marca fria da morte nem o passar vagaroso destes 3 mil anos foram poderosos o suficiente para estragar a dignidade daquelas feições encolhidas. Nós o contemplamos, e então, corajosos em função do medo, removemos a cobertura do corpo. Por fim ele estava na nossa frente, rígido, amarelo e horrível de se ver. Do lado esquerdo, sobre a coxa, estava o corte pelo qual os embalsamadores tinham feito o seu trabalho, mas ele havia sido costurado com tanta habilidade que nós mal podíamos enxergar a marca.

"As pedras estão lá dentro", sussurrei, pois senti que o corpo estava muito pesado. "Agora, se teu coração não desvanecer, tu deves entrar nesta pobre casa de barro que um dia foi o faraó", e entreguei a ela a adaga, a mesma adaga que havia tirado a vida de Paulo.

"É muito tarde para ter dúvida", ela respondeu, levantando seu lindo rosto branco e fixando os seus olhos azuis, arregalados de terror, nos meus olhos. Ela pegou a adaga e, trincando os dentes, a rainha desse dia mergulhou-a no peito morto do faraó de 3 mil anos atrás. Ao fazer isto, veio o som de um gemido da abertura do poço onde havíamos deixado o eunuco! Nós nos levantamos com rapidez, mas não ouvimos mais nada, e a luz da lâmpada ainda brilhava através da abertura do poço.

"Não é nada", eu disse. "Vamos terminar."

Então, com muita dificuldade, cortamos e abrimos a carne endurecida, e enquanto cortávamos, ouvi a ponta da faca raspar nas pedras preciosas do lado de dentro.

Cleópatra mergulhou a mão no peito morto e tirou alguma coisa de dentro. Ela segurou o objeto contra a luz e soltou um pequeno grito, pois arrancada de dentro da escuridão do coração do faraó, brilhou ali na luz a mais linda esmeralda que o homem já tinha visto. Ela tinha a cor perfeita, era muito grande, sem nenhuma falha, e estava lapidada no formato de um escaravelho. A parte de baixo era oval e havia uma inscrição ali com o divino nome de "Miquerinos, Filho do Sol".

Por muitas vezes Cleópatra mergulhou sua mão e tirou esmeraldas do peito embebido em especiarias do faraó. Algumas eram lapidadas, outras não, mas todas eram perfeitas em cor e sem nenhuma falha, e seu valor era inestimável. Diversas vezes ela mergulhou sua mão branca naquele peito horrível, até que, por fim, todas as pedras foram encontradas, e eram 148 gemas como o mundo nunca tinha visto. Da última vez que procurou ela não trouxe esmeraldas, mas sim duas enormes pérolas embrulhadas em linho, de um tipo que nunca havia sido visto. Falarei mais sobre essas pérolas a seguir.

Então estava feito, e todo aquele poderoso tesouro estava no chão brilhando em uma pilha na nossa frente. Ali estavam também todos os apetrechos reais de ouro, os panos com cheiro enjoativo das especiarias e o corpo dilacerado do faraó de cabelos brancos Miquerinos, o Osiríaco, que vive para sempre em Amenti.

Nós nos levantamos, e um grande temor tomou conta de nós depois do que fizemos, e o nosso coração não estava mais tomado pela fúria da procura. Estávamos tão amedrontados que não conseguíamos nem falar. Fiz um sinal para Cleópatra. Ela segurou a cabeça do faraó e segurei seus pés, e juntos nós o levantamos, subimos na esfinge e o colocamos mais uma vez dentro de seu caixão. Empilhei as bandagens em cima dele e coloquei a tampa no caixão.

Então recolhemos as grandes gemas e os ornamentos que podiam ser carregados com facilidade e escondi tudo o que podia nas dobras de minha túnica. Aqueles que sobraram Cleópatra escondeu em seu peito. Sobrecarregados com o tesouro incalculável, olhamos pela última vez para o lugar solene, o sarcófago e a esfinge sobre a qual o sarcófago descansava, cuja face reluzente e calma parecia zombar de nós com seu sorriso eterno de sabedoria. Então nos viramos e saímos da tumba.

Nós paramos no poço. Chamei o eunuco que tinha ficado em cima, e pensei ouvir a resposta de uma fraca risada zombeteira. Cheio de terror para chamar mais uma vez e temendo que se demorássemos mais Cleópatra iria desmaiar com certeza, agarrei a corda, e sendo forte e rápido montei nela e cheguei à passagem. Ali a lâmpada queimava, mas não vi o eunuco. Pensando que talvez ele estivesse mais para a frente na passagem e estivesse dormindo, como na realidade ele estava, fiz com que Cleópatra amarrasse a corda em sua cintura, e com muito trabalho a puxei para cima. Então, depois de descansar um pouco, seguimos com as lâmpadas para procurar pelo eunuco.

"Ele foi acometido pelo terror e fugiu, deixando aqui a lâmpada", disse Cleópatra. "Pelos deuses! O que é aquilo sentado ali?"

Eu espiei através da escuridão mexendo as lâmpadas, e a luz caiu em alguma coisa. Este é o sonho que adoece a minha alma! Ali, de frente para nós, apoiado contra a rocha com suas mãos abertas nos lados do corpo, sobre o chão, estava sentado o eunuco. Morto! Sua boca e seus olhos estavam abertos, suas bochechas gordas estavam caídas, seu cabelo fino parecia estar arrepiado, e em seu rosto estava estampado o puro terror, do tipo que pode transtornar o cérebro do espectador. E mais! Fixado no queixo do eunuco pelas garras traseiras se dependurava aquele morcego cinza e poderoso, que depois de sair quando nós entramos na pirâmide e desaparecer no céu, retornou e nos seguiu até as profundezas da pirâmide. Ali ele se pendurou no queixo do homem morto, balançando devagar de um lado para o outro, e podíamos ver seus olhos ardentes brilhando em sua cabeça.

Horrorizados, horrorizados por completo, paramos e olhamos para aquela odiosa visão, até o momento em que o morcego abriu suas enormes asas e, soltando-se, voou em nossa direção. Agora ele pairava na frente do rosto de Cleópatra, abanando-a com suas enormes asas brancas. Então, com um grito, como um grito enfurecido de mulher, a criatura amaldiçoada se moveu com rapidez, procurando por sua tumba violada, e desapareceu para baixo do poço em direção ao sepulcro. Eu caí contra a parede, mas Cleópatra mergulhou encolhida no chão, e cobrindo sua cabeça com seus braços gritou até que as passagens ocas ressoaram os ecos de seus gritos, que pareciam crescer e se multiplicar e correr ao longo das profundezas, como um som alto e estridente.

"Levanta-te", gritei, "levanta-te e vamos embora antes que o espírito volte para nos assombrar! Se tu te deixares ser oprimida por este lugar, tu estarás perdida para sempre!".

Ela se levantou cambaleando, e nunca esquecerei a expressão em seu rosto pálido ou em seus olhos brilhantes. Agarrando as lâmpadas com pressa, passamos pela horrível forma do eunuco morto, eu segurando Cleópatra pela mão. Nós alcançamos a grande câmara onde estava o sarcófago da rainha de Miquerinos e atravessamos o seu comprimento. Nós voamos pela passagem. E se a coisa tivesse fechado as três portas? Não, elas estavam abertas, e assim permaneceram enquanto passávamos com pressa. Fechei somente a última porta. Toquei na pedra da maneira que eu conhecia, e a grande porta caiu, separando-nos da presença do eunuco morto e do horror que tinha se pendurado no queixo do eunuco. Agora estávamos na câmara branca com os painéis esculpidos, e tínhamos de enfrentar a última subida íngreme. Ah, aquela última subida! Por duas vezes Cleópatra escorregou e caiu no chão polido. Da segunda vez, na metade do caminho, ela deixou cair sua lâmpada, e teria rolado para baixo no declive se eu não a tivesse salvado. Mas, ao fazer isto, eu também deixei cair a minha lâmpada que se perdeu na sombra abaixo de nós, então ficamos na mais absoluta escuridão. E talvez aquela coisa horrível estivesse acima de nós na escuridão!

"Tenha coragem", gritei, "Oh, amor, tenha coragem e continue lutando, ou nós dois estaremos perdidos! O caminho é íngreme, mas não é tão longo, e mesmo no escuro não temos onde nos machucar nesta abertura em linha reta. Se as gemas estiverem pesando muito, jogue-as fora!"

"Não", ela arfou, "isto eu não farei, não estou passando por tudo isso em vão. Eu morrerei com elas!"

Então foi ali que vi a grandeza do coração daquela mulher, pois no escuro, e apesar de todos os terrores que havíamos enfrentado e do nosso estado lastimável, ela se agarrou a mim e subiu aquela passagem odiosa. Subimos de mãos dadas, com os corações explodindo, até que, por fim, pela misericórdia ou raiva dos deuses, enxergamos a luz fraca da lua entrando pela pequena abertura da pirâmide. Mais um esforço e chegamos ao buraco, e como um sopro do céu, o suave ar da noite brincou em nossos rostos. Subi pela saída, e de pé em uma pilha de pedras, levantei e arrastei Cleópatra depois de mim. Ela caiu no chão e depois afundou, sem se mover.

Pressionei com as mãos trêmulas a pedra que girava. Ela oscilou e se encaixou, sem deixar nenhuma marca da localização da entrada secreta. Então me abaixei, e depois de ter empurrado para longe a pilha de pedras, olhei para Cleópatra. Ela havia desmaiado, e apesar da poeira e da sujeira em seu rosto, ela estava tão pálida que, a princípio, achei que estivesse morta, mas colocando a minha mão em seu coração senti seus batimentos. Estando exausto, eu me deitei ao lado dela na areia para recuperar minhas forças.

Capítulo XII

A Volta de Harmachis; a Saudação de Charmion; a Resposta de Cleópatra a Quintus Délio, o Embaixador de Antônio, o Triúnviro

Eu me levantei, e deitando a cabeça da rainha do Egito em meu joelho, esforcei-me para chamá-la de volta à vida. Ela estava tão linda, mesmo desarrumada, com seu longo cabelo caindo em seu peito! Parecia tão linda naquela luz fraca. A história dessa linda mulher e de seus pecados iria durar mais tempo do que a massa sólida da poderosa pirâmide que se elevava acima de nós! O peso de seu desmaio havia tirado a falsidade de seu rosto, e não restava nada a não ser a marca da beleza mais divina da mulher, suavizada pelas sombras da noite e dignificada pela presença de um sono que se parecia com a morte. Eu a contemplei e todo o meu coração foi para ela. Parecia que eu a amava ainda mais por causa da extensão das traições que cometi para alcançá-la e por causa dos horrores que havíamos enfrentado juntos. Cansado, com medo e com sentimento de culpa, meu coração procurou o dela para poder descansar, pois agora ela estava sozinha e dependia de mim. Ela havia jurado casar-se comigo, e com o tesouro que havíamos encontrado faríamos do Egito um país forte e o libertaríamos de seus inimigos, e tudo ficaria bem. Ah, se eu pudesse ver a imagem do que viria, como, e em qual lugar e circunstância, mais uma vez a cabeça dessa mulher estaria deitada no meu joelho, pálida com a presença da morte! Ah, se eu pudesse ver!

Esfreguei suas mãos contra as minhas. Eu me abaixei e beijei seus lábios, e ela acordou com o meu beijo. Acordou com um pequeno suspiro de medo, um arrepio correu por seus membros delicados, e ela olhou para o meu rosto com olhos arregalados.

"Ah, és tu!", ela disse. "Eu me lembro, tu me salvaste daquele lugar assombrado de horror!" E ela jogou seus braços em volta do meu pescoço, puxou-me para perto de si e me beijou. "Venha, amor", ela disse. "Vamos embora! Estou com muita sede, e estou tão, tão cansada! As gemas machucam os meus seios! Nunca a riqueza foi tão difícil de conquistar! Venha, vamos sair da sombra deste lugar fantasmagórico! Veja as luzes fracas refletindo as asas do amanhecer. Como são lindas e tão doces de se ver! Naqueles saguões da noite eterna, não pensei que fosse ver o amanhecer de novo. Ah! eu ainda posso ver o rosto daquele escravo morto com o horror pendurado em seu queixo sem barba. Pense bem! Ele ficará sentado ali para sempre com o horror! Venha! Onde podemos encontrar água? Eu daria uma esmeralda por um copo de água!"

"No canal na borda das terras cultivadas abaixo do templo de Horemkhu, nós estamos perto", respondi. "Se alguém nos vir, diremos que somos peregrinos que se perderam à noite entre as tumbas. Cubra-se com cuidado, Cleópatra, e atente para não mostrar nenhuma das gemas que estão contigo."

Então ela se cobriu e a coloquei no burro que estava amarrado próximo de onde estávamos. Caminhamos devagar pela planície até que chegamos ao lugar onde o símbolo do deus Horemkhu,[20] com a forma de uma poderosa esfinge (a quem os gregos chamam de Harmachis) e coroado com a coroa real do Egito, observa majestoso a nação, com seus olhos sempre fixados no leste. Enquanto andávamos, a primeira flecha do Sol nascente cruzou o céu cinzento, refletiu sobre os lábios de calma sagrada de Horemkhu, e o amanhecer saudou com um beijo o deus do amanhecer. Então as luzes se reuniram e cresceram pelos lados brilhantes de 20 pirâmides, e descansaram nos portais de 10 mil tumbas, como uma promessa da vida até a morte. A luz derramou-se em uma inundação de ouro pelas areias do deserto, perfurou o céu pesado da noite e caiu em raios brilhantes nos campos verdejantes e na crista das palmeiras. Rá acordou em pompa de sua cama no horizonte e então já era dia.

Passando pelo templo de granito e alabastro que foi construído antes dos dias de Quéops para glorificar a majestade de Horemkhu, descemos a ladeira e alcançamos as margens do canal. Lá nós bebemos, e aquele gole de água barrenta estava mais doce do que o melhor vinho de Alexandria. Lavamos o pó de múmia e a sujeira de nossas mãos e nossas frontes e ficamos limpos. Enquanto ela molhava seu pescoço,

---

20. Horemkhu significa "Hórus no horizonte", para retratar o poder da Luz e do Bem superando o poder da Escuridão e do Mal encarnado em seu inimigo, Tifão.

debruçando-se sobre a água, uma das esmeraldas escorregou do seio de Cleópatra e caiu no canal, e foi por um acaso que, por fim, a encontrei na lama. Mais uma vez levantei Cleópatra sobre o burro, e devagar, pois estava muito cansado, marchamos de volta para as margens do Sihor, onde estava o nosso barco. Por fim, chegando lá, sem encontrar ninguém, a não ser alguns camponeses saindo para trabalhar na terra, libertei o burro no mesmo campo onde o encontramos, então embarcamos enquanto a tripulação ainda estava dormindo. Depois de acordá-los zarpamos dizendo que o eunuco iria ficar por algum tempo atrás de nós, o que não deixava de ser verdade. Então navegamos depois de ter escondido as pedras preciosas e os ornamentos de ouro que trouxemos para o barco.

Nós passamos mais de quatro dias viajando para Alexandria, pois o vento estava na maior parte do tempo contra nós, e aqueles foram dias felizes! No início Cleópatra estava silenciosa e com o coração pesado, pois o que ela tinha visto e sentido no âmago da pirâmide a oprimia. Mas logo o seu espírito imperial acordou e tirou o peso de seu peito, e ela voltou a ser o que era; às vezes alegre, às vezes sábia, às vezes amorosa, às vezes fria, às vezes majestosa e outras vezes totalmente simples. Sempre mudando, como mudam os ventos do paraíso, e assim como o paraíso, profunda, linda e misteriosa!

Noite após noite, por aquelas quatro perfeitas noites, conheci as últimas horas felizes de minha vida. Nós nos sentávamos de mãos dadas no convés do barco ouvindo a água envolver o lado da embarcação e observando a Lua passando com suavidade, conforme ela trilhava as profundezas do Nilo. Ali sentamos e falamos sobre amor, sobre o nosso casamento e tudo o que faríamos. Eu elaborei planos de guerra e de defesa contra os romanos, que agora nós tínhamos condições de colocar em prática. Ela aprovou meus planos, dizendo com doçura que o que parecia bom para mim era bom para ela. E assim o tempo passou rápido demais.

Ah, aquelas noites no Nilo! Sua memória ainda me assombra! Em meus sonhos ainda vejo os raios da Lua quebrando e estremecendo, e escuto as palavras de amor sussurradas por Cleópatra misturadas com o som das águas murmurando. Aquelas noites queridas estão mortas, a Lua que as iluminava está morta, as águas que nos embalavam em seu seio estão perdidas no vasto oceano salgado, e ali onde nós nos beijamos e nos abraçamos, lábios que ainda não nasceram irão se beijar! Como foi linda a sua promessa, condenada como uma flor sem frutos a murchar, cair e apodrecer! E como era melancólica sua realização!

Pois todas as coisas terminam na escuridão e em cinzas, e aqueles que semeiam na loucura deverão colher em sofrimento. Ah, aquelas noites no Nilo!

Enfim nós estávamos mais uma vez dentro das odiosas paredes daquele lindo palácio no Lochias, e o sonho tinha terminado.

"Por onde tu vagaste com Cleópatra, Harmachis?". Charmion me perguntou quando a encontrei por acaso no dia de nosso retorno. "Alguma nova missão de traição? Ou foi apenas uma viagem de amor?"

"Eu viajei com Cleópatra para resolver negócios secretos de Estado", respondi de maneira áspera.

"Então! Aqueles que vão em segredo, vão com maldade; e aves de rapina gostam de voar à noite. Mas tu não foste sábio, pois não é conveniente para ti mostrar o teu rosto abertamente no Egito."

Eu ouvi aquilo e senti minha cólera crescer dentro de mim, pois mal podia suportar o escárnio daquela linda garota.

"Tu nunca tens uma palavra que não machuque?", perguntei. "Pois fique sabendo que fui para onde tu não ousas ir para conseguir um meio de proteger o Egito das garras de Antônio."

"Então", ela respondeu, olhando para cima com rapidez. "Homem tolo! Tu poderias ter poupado teu trabalho, pois Antônio irá capturar o Egito apesar de ti. Que poder tens tu hoje em dia no Egito?"

"Isto ele poderá fazer apesar de mim, mas não poderá fazer apesar de Cleópatra", eu disse.

"Não, mas com a ajuda de Cleópatra ele poderá e irá fazer", ela respondeu com um sorriso amargo. "Quando a rainha navegar subindo pela corrente do Rio Cydnus, com certeza, irá arrastar este grosseiro Antônio de lá para Alexandria, conquistando-o e tornando-o um escravo como tu!"

"Mentira! Eu digo que isto é mentira! Cleópatra não irá para Tarso e Antônio não virá para Alexandria, e se ele vier será para arriscar sua sorte em uma guerra."

"Ah, isto é o que tu pensas?", ela respondeu com uma pequena risada. "Bem, se te agrada, pense como quiseres. Dentro de três dias tu saberás. É tão fácil ver como tu és enganado com facilidade. Adeus! Vá, sonhe com o amor, pois por certo o amor é doce."

Ela se foi, deixando-me nervoso e com meu coração conturbado.

Eu não vi mais Cleópatra naquele dia, mas a vi no dia seguinte. Ela estava com um humor carregado, e não tinha palavras gentis para mim. Falei para ela sobre a defesa do Egito, mas ela mudou o assunto.

"Por que me incomodas?", ela disse com raiva. "Não vês que estou cheia de problemas? Quando Délio tiver a resposta dele amanhã, nós iremos falar sobre esse assunto".

"Ah", eu disse, "quando Délio tiver a resposta dele. Saibas tu que ainda ontem Charmion, que pelo palácio é conhecida pelo nome de 'guardiã dos segredos da rainha', jurou que a resposta seria: 'Vá em paz, irei até Antônio!'".

"Charmion não conhece o meu coração", disse Cleópatra batendo o pé com raiva. "E se ela fala com tanta liberdade ela deveria ser escorraçada para fora de minha corte, desertada. Mas na verdade", ela adicionou, "ela tem mais sabedoria naquela pequena cabeça dela do que todos os meus conselheiros particulares, e mais inteligência para usar esta sabedoria. Tu sabes que vendi parte das pedras para os judeus ricos de Alexandria, e a um grande preço, de 5 mil sestércios[21] cada uma? Mas vendi somente algumas, pois eles não podiam comprar mais por enquanto. Foi um momento único, ver a expressão nos olhos deles quando eles viram as gemas: olhos grandes como maçãs, maravilhados e cheios de avareza. Agora deixe-me, Harmachis, pois estou esgotada. A lembrança daquela noite horrível ainda está comigo".

Eu me curvei para ela e me levantei para ir, mas continuei parado.

"Perdoe-me, Cleópatra, é sobre o nosso casamento."

"Nosso casamento! Por que, nós já não estamos casados?", ela respondeu.

"Sim, mas não perante o mundo. Esta foi tua promessa."

"Sim, Harmachis, eu prometi. Amanhã, depois que tiver me livrado deste Délio, irei cumprir a minha promessa, e te nomear o lorde de Cleópatra perante a corte. Assim tu estarás em teu lugar. Estás feliz agora?"

Ela esticou a sua mão para que eu a beijasse, olhando para mim com olhos estranhos, como se ela estivesse lutando consigo mesma. E então fui. Naquela noite tentei ver Cleópatra mais uma vez, mas não pude. "A dama Charmion está com a rainha", disseram os eunucos, e ninguém podia entrar.

No dia seguinte a corte se encontrou no grande salão às 11 horas, e fui para lá com o coração trêmulo para ouvir a resposta de Cleópatra para Délio, e para ouvir meu nome como rei consorte da rainha do Egito. A corte estava cheia e esplêndida. Havia conselheiros, lordes, capitães, eunucos e damas, exceto Charmion. Todos passaram, mas Cleópatra e Charmion não vieram. Por fim Charmion entrou devagar por

---
21. Aproximadamente quarenta mil libras esterlinas.

uma entrada lateral e tomou o seu lugar perto do trono, junto às damas. Enquanto se movia, ela me encarou, e havia triunfo em seus olhos, mas eu ainda não sabia por que ela havia triunfado. Eu mal sabia que naquele momento ela havia provocado a minha ruína e selado o destino do Egito.

Naquele momento as trombetas tocaram, e vestida com suas roupas cerimoniais, com a coroa de serpente em sua cabeça, e em seu peito brilhando como uma estrela a grande esmeralda lapidada como um escaravelho que ela havia arrancado do coração do faraó morto, Cleópatra foi com esplendor para seu trono, seguida por uma guarda cintilante de homens do norte. Seu rosto adorável estava sombrio, seus olhos tranquilos estavam sombrios, e ninguém conseguia interpretar o que eles transmitiam, embora toda a corte procurasse neles um sinal do que estava por vir. Ela se sentou devagar, como alguém que não podia se mover, e falou para o chefe dos arautos em grego:

"O embaixador do nobre Antônio está esperando?".

O arauto fez uma reverência e assentiu.

"Deixe que ele entre e escute a nossa resposta."

As portas se abriram, e acompanhado de seu séquito de cavaleiros, Délio, vestido com sua armadura dourada e seu manto roxo, caminhou com passos felinos pelo grande salão e fez uma mesura na frente do trono.

"A mais linda realeza do Egito", ele disse em sua voz suave, "como tu de maneira graciosa tem tido prazer em me receber, teu servo, eu estou aqui para levar a tua resposta à carta do nobre Antônio, o Triúnviro. Amanhã irei velejar para encontrá-lo em Tarso, na Cilícia. E eu te digo, realeza do Egito, pedindo perdão pela ousadia de minhas palavras, que tu deves pensar bem antes que palavras que não devem ser ditas saiam de teus lábios adoráveis. Desafie Antônio e ele irá te destruir. Mas se como a tua mãe Afrodite tu apareceres gloriosa aos olhos dele a partir da onda do Chipre, sem dúvida ele irá te dar tudo o que é mais precioso para a realeza de uma mulher. O império, a pompa do lugar, cidades, a influência dos homens, fama e riqueza, e com certeza a coroa do governo. Mas entenda: Antônio comanda o Mundo Oriental na palma de suas mãos guerreiras. De acordo com a vontade dele os reis assim o são, e com o olhar severo dele, eles deixam de ser reis".

Ele abaixou sua cabeça e, dobrando suas mãos com humildade em seu peito, esperou pela resposta.

Por algum tempo Cleópatra não respondeu, mas se sentou como a esfinge Horemkhu, muda e inescrutável, encarando com um olhar absorto toda a extensão daquele imponente salão.

Então, como uma música suave, veio a sua resposta. Tremendo, prestei atenção para ouvir o desafio do Egito aos romanos.

"Nobre Délio, pensamos muito sobre o assunto de tua mensagem do grande Antônio para a nossa pobre realeza do Egito. Nós pensamos muito e nos aconselhamos com os oráculos dos deuses, com os nossos amigos mais sábios e com os ensinamentos do nosso coração, que sempre, como um pássaro chocando, pairam sobre o bem-estar de nosso povo. As palavras que tu trouxeste pelo mar foram afiadas, eu acho que elas eram mais apropriadas para os ouvidos de algum insignificante príncipe semidomesticado do que para os ouvidos da rainha do Egito. Por isso fizemos o cálculo de todas as legiões que conseguimos reunir, os trirremes e as galeras com as quais poderemos enfrentar o mar, e o dinheiro que poderia comprar tudo que precisamos para nossa guerra. E descobrimos que, embora Antônio seja forte, o Egito ainda não deve temer sua força."

Ela fez uma pausa e um murmúrio dc aplausos para as suas nobres palavras irrompeu do salão. Somente Délio esticou as duas mãos como se estivesse tentando empurrar de volta as palavras de Cleópatra. Então veio o final!

"Nobre Délio, estamos aqui um pouco inclinados a fazer a nossa língua parar, e fortes na nossa fortaleza de pedra, e em nossas outras fortalezas construídas pelos corações dos homens, tolerar este assunto. E mesmo assim tu não irás desta maneira. Somos inocentes destas acusações contra nós que chegaram aos ouvidos do nobre Antônio, as quais ele grita de maneira rude em nossos ouvidos, e nós não iremos em jornada para a Cilícia para responder a essas acusações."

O murmúrio cresceu mais uma vez, enquanto meu coração batia rápido em triunfo. Na pausa que se seguiu, Délio falou mais uma vez.

"Então, realeza, minha palavra para Antônio é uma palavra de guerra?"

"Não", ela respondeu, "deverá ser uma palavra de paz. Escute, eu disse que nós não iríamos para responder a essas acusações, e não iremos. Mas...." e ela sorriu pela primeira vez, "nós iremos de boa vontade e de pronto em amizade real para que a nossa aliança de paz fique conhecida nas margens do Rio Cydnus".

Eu ouvi aquilo e fiquei desnorteado. Eu estava ouvindo direito? Era assim que Cleópatra mantinha seus juramentos? Movido além da razão eu levantei a minha voz e gritei:

"Oh, rainha, lembre-se!".

Ela se virou em minha direção como uma leoa, com um brilho nos olhos e virando com rapidez a sua cabeça adorável.

"Sossegue, escravo!", ela disse, "como ousas interromper o conselho? Preocupa-te com tuas estrelas, e deixe os assuntos do mundo para os governantes do mundo!".

Eu me afundei envergonhado, e conforme eu o fazia mais uma vez, vi o sorriso triunfante no rosto de Charmion, seguido pelo que era, talvez, uma sombra de pena pela minha queda.

"Agora que este charlatão briguento", disse Délio apontando para mim com seus dedos cheios de joias, "foi repreendido, permita-me agradecer a ti, do fundo do meu coração, por essas palavras gentis..."

"Nós não pedimos pelo teu agradecimento, nobre Délio, nem deve estar em tua boca que tu repreendas o nosso servo", interrompeu Cleópatra, franzindo o cenho intensamente, "nós receberemos os agradecimentos da boca de Antônio. Vá para o teu mestre e diga a ele que antes que ele possa preparar as boas-vindas apropriadas, nossas quilhas irão seguir no rastro das tuas. E agora, adeus! Tu irás encontrar um pequeno símbolo da nossa generosidade em teu barco!".

Délio se curvou três vezes e se foi, enquanto a corte permaneceu esperando pelas palavras da rainha. Eu também esperei, imaginando se ela iria manter a sua promessa e me nomear como seu esposo real ali na frente do Egito. Mas ela não disse nada. Ainda franzindo o cenho ela se levantou e, seguida pelos guardas, deixou o trono e foi para o Salão de Alabastro. Então a corte se dispersou, e quando os lordes e conselheiros passaram por mim, eles me olharam com escárnio. Apesar de não conhecerem o meu segredo, nem qual era o relacionamento entre mim e Cleópatra, eles tinham ciúmes de meu favoritismo com a rainha, e se rejubilaram com a minha queda. Eu não dei importância ao escárnio deles e continuei ali entorpecido pelo sofrimento e sentindo o mundo de esperança escapar por debaixo de meus pés.

Capítulo XIII

A Repreensão de Harmachis; a Luta de Harmachis com os Guardas; o Golpe de Breno; o Discurso Secreto de Cleópatra

Por fim, depois de tudo terminado eu também me virei para sair, quando um eunuco me golpeou no ombro e rudemente fez que eu esperasse pela presença da rainha. Uma hora atrás e este indivíduo teria se ajoelhado na minha frente, mas ele tinha ouvido tudo e agora ele me tratava de modo tão bruto como é a maneira de tais escravos, assim como o mundo tratava os derrotados, com escárnio. Pois chegar tão baixo depois de ter sido tão grande é compreender toda a vergonha. Infelizes são os grandes, pois eles poderão cair!

Eu me virei contra o escravo com uma palavra tão feroz que ele saltou para trás de mim como um cachorro. Então passei pelo Salão de Alabastro e os guardas me deixaram entrar. No centro do salão, próximo à fonte, sentava-se Cleópatra, e com ela estavam Charmion, a garota grega Iras, Merira e outras de suas damas. "Vão", ela disse para essas garotas, "eu gostaria de falar com o meu astrólogo". Então elas se foram e nos deixaram frente a frente.

"Fique aí", ela disse levantando seus olhos pela primeira vez. "Não se aproxime de mim, Harmachis, eu não confio em ti. Talvez tu tenhas encontrado outra adaga. Agora, o que tens a dizer? Com que direito tu ousaste interromper a minha conversa com o romano?"

Eu senti o sangue correndo por mim como uma tempestade. Amargura e furor tomaram conta do meu coração. "O que tens a dizer, Cleópatra?", respondi com audácia. "Onde está a tua promessa feita sobre o coração de Miquerinos, o que vive para sempre? Onde está agora o teu desafio para este romano Antônio? Onde está a tua promessa que irias me chamar de 'marido' na frente do Egito?", então fiquei com a voz embargada e parei.

"E aí vem Harmachis, que nunca abjurou, para me falar de promessas!", ela disse zombando de mim com amargura. "Ainda mais tu, o mais puro sacerdote de Ísis, ainda mais tu, o amigo mais fiel, que nunca traiu teus amigos, e ainda mais tu, o homem mais inabalável, honrado e justo, que nunca trocou o teu direito de nascença, o teu país e a tua causa pelo preço de um amor passageiro de mulher. Por qual sinal sabes tu que a minha palavra é vazia?"

"Eu não vou responder a tuas provocações, Cleópatra", eu disse segurando o meu coração o mais que podia, "pois mereço todas elas, mas não vindas de ti. Por este sinal então eu sei. Tu irás visitar Antônio. Tu irás, como disse aquele patife romano, 'vestida com tuas melhores roupas', para festejar com ele, aquele que tu deverias entregar como banquete para os abutres. Talvez, ao que parece, tu irás esbanjar os tesouros que tu roubaste do corpo de Miquerinos, tesouros que estavam guardados para a necessidade do Egito, com foliões devassos que irão completar a vergonha do Egito. Por todas estas coisas é que sei que tu juraste com falsidade, e eu, te amando, acreditei em ti e fui enganado. Ainda ontem à noite tu juraste casar comigo, hoje tu me cobre com provocações e mesmo na frente daquele romano me envergonha em público!".

"Casar contigo? Eu jurei casar contigo? Bem, e o que é o casamento? É a união do coração, aquele elo maravilhoso que liga uma alma à outra, tão tênue, mais tênue que a luz, enquanto as almas flutuam na noite sonhadora da paixão, uma ligação que será, talvez, derretida no orvalho da madrugada? Ou é o elo forjado de ferro, uma união imutável na qual, se um afundar, o outro será arrastado pelo mar da circunstância, como um escravo punido a perecer decorrente da inevitável decomposição?.[22] Casamento! Eu me casar! Eu, esquecer a liberdade e cortejar a pior escravidão de nosso sexo, no qual pelos desejos egoístas do homem, o mais forte, ainda nos prende a uma cama que se tornou odiosa, e obriga a um serviço que não é mais consagrado pelo amor! Qual é a vantagem, então, de ser uma rainha, se eu mesmo assim não puder escapar do mal daqueles nascidos na miséria? Preste atenção, Harmachis, a mulher quando cresce tem duas coisas a temer: a morte e o casamento. E destes dois o casamento é o mais vil, pois na morte encontramos descanso, mas nós encontraremos o inferno se o casamento cair

---

22. Referindo-se ao antigo costume romano de acorrentar um criminoso vivo ao corpo de um criminoso que já estava morto.

sobre nós. Não, eu estou acima do sopro comum da calúnia que com inveja sopra sobre aqueles cuja virtude não irá consentir em estender os elos da afeição. Eu amo, Harmachis, mas não me caso!"

"Ontem à noite, Cleópatra, tu prometeste que iria te casar comigo e me chamar para o teu lado na frente de todo o Egito!"

"Ontem à noite, Harmachis, o anel vermelho ao redor da Lua marcava a vinda da tempestade, e mesmo assim, hoje, o dia está lindo! Mas quem sabe se a tempestade não cairá amanhã? Quem sabe se não escolhi o caminho mais fácil para salvar o Egito dos romanos? Quem sabe, Harmachis, se tu ainda irás me chamar de esposa?"

Então eu não podia mais suportar sua falsidade, pois vi que estava apenas brincando comigo. E assim eu disse o que estava em meu coração:

"Cleópatra!", gritei, "que juraste proteger o Egito, e tu estás prestes a trair o Egito com os romanos! Tu juraste usar os tesouros que eu revelei a ti a serviço do Egito, e tu estás prestes a usá-los de modo vergonhoso, como grilhões para teus pulsos! Tu juraste casar comigo, que te amo, e dei tudo para ti, e tu me zombas e me rejeitas! Assim eu digo, com a voz dos pavorosos deuses, eu digo! Que em ti deverá cair a maldição de Miquerinos, aquele que tu roubaste! Deixe-me ir e forjar o meu destino! Deixe-me ir, linda e desonrada! Criatura mentirosa! A quem amei até a minha ruína, e que me trouxe a sentença final de condenação! Deixe que eu me esconda e não veja mais o teu rosto!"

Ela se levantou furiosa, e estava horrível de se ver.

"Deixar-te ir para que tu jogues o mal contra mim! Não, Harmachis, tu não irás levantar novas tramas contra meu trono! Eu te digo que tu também irás visitar Antônio na Cilícia, e lá, talvez, eu te deixe ir!"

Depois disso não pude responder, pois ela havia tocado o sino de prata que estava pendurado próximo a ela.

Antes que o rico eco do sino tivesse morrido, Charmion e as damas entraram por uma porta, e pela outra veio uma fileira de soldados, dentre eles quatro guarda-costas da rainha, homens poderosos, com capacetes alados e longos cabelos louros.

"Peguem aquele traidor!", gritou Cleópatra apontando para mim. O capitão da guarda, Breno, fez uma saudação e veio em minha direção com a espada em punho.

Mas eu, louco e desesperado e sem me importar se eles iriam me matar, voei diretamente para sua garganta, e apliquei nele um golpe tão pesado que o grande homem caiu de cabeça e sua armadura bateu no chão de mármore. Quando ele caiu, peguei sua espada e seu escudo, e me encontrando com o próximo homem que correu para mim com um grito, contive o golpe com o escudo, e em resposta o ataquei com toda a minha força. A espada caiu onde o pescoço encontra o ombro, e atravessando pelas juntas de sua armadura, o matou. Seus joelhos se relaxaram e ele caiu morto no chão. Quando o terceiro homem veio, eu o peguei com a ponta de minha espada antes que ele pudesse atacar, perfurei-o e ele morreu. Então o último homem correu em minha direção com um grito de "Taranis", e também corri na direção dele, pois meu sangue estava em chamas. As mulheres gritavam, mas Cleópatra não falava nada, apenas observava a luta desigual. Nós nos encontramos e eu ataquei com toda a minha força, e foi um golpe poderoso, pois a espada atravessou o escudo de ferro e foi destruída, deixando-me desarmado. Com um grito de triunfo o guarda girou sua espada e desferiu um golpe em minha cabeça, mas eu apanhei o golpe com meu escudo. Mais uma vez ele atacou e mais uma vez me protegi, mas quando ele levantou a sua espada pela terceira vez, vi que o escudo poderia não resistir, então com um grito arremessei o meu escudo em seu rosto. Batendo no escudo dele, o meu escudo bateu em seu peito e ele cambaleou. Antes que recuperasse seu equilíbrio, corri por baixo de sua armadura e o agarrei pela cintura.

Por um minuto eu e o homem alto lutamos com fúria, e tamanha era a minha força naquela época que o levantei como um brinquedo e o arremessei no chão de mármore com tanta força que seus ossos se quebraram e ele não disse mais nada. Mas eu não pude me salvar e caí em cima dele, e enquanto eu caía, o capitão Breno, que eu havia atacado com meus punhos, já tendo recuperado os sentidos, veio por trás de mim e me atacou na cabeça e nos ombros com a espada de um dos homens que eu havia matado. Como eu estava no chão o golpe não veio com toda força, e o meu cabelo espesso e o meu capuz bordado quebraram a força do golpe. Assim aconteceu que eu estava ferido com gravidade, mas a vida ainda estava em mim. Contudo, não podia mais lutar.

Os eunucos covardes que haviam se reunido com o som dos golpes e estavam juntos como um rebanho de gado, vendo que eu estava derrotado, se jogaram em cima de mim e teriam me assassinado com suas facas. Breno, agora que eu estava caído, não iria me atacar de novo, mas ficou esperando. Os eunucos por certo teriam me matado, pois Cleópatra observava como alguém observa em um sonho, e não fez nenhum sinal. Minha cabeça já estava curvada para trás, e as pontas de suas facas já estavam no meu pescoço, quando Charmion, correndo para a frente, se jogou em cima de mim gritando para eles: "Cachorros!"; em desespero colocou o corpo dela na frente deles, de modo que eles não podiam me atacar. Breno, soltando uma blasfêmia, pegou primeiro um e depois outro, e os jogou para longe de mim.

"Poupe a vida dele, rainha!", ele gritou no seu latim bárbaro. "Por Júpiter, ele é um homem corajoso! Eu mesmo caí como um boi no matadouro, e três de meus homens foram mortos por um homem desarmado, pegos de surpresa! Eu não tenho rancor dele por tê-los matado! Uma dádiva, rainha! Poupe a vida dele e entregue-o a mim!"

"Sim, poupe-o, poupe-o!", gritou Charmion, pálida e tremendo.

Cleópatra aproximou-se e olhou para os mortos e para aquele que estava deitado morrendo, que eu tinha jogado no chão, e olhou para mim, seu amante de dois dias atrás, cuja cabeça ferida agora estava apoiada nas vestes brancas de Charmion.

Eu encontrei o olhar da rainha. "Não me poupe!", arfei. "Ai dos vencidos!" Então seu rosto enrubesceu, eu acho que foi um rubor de vergonha!

"Afinal de contas tu amas este homem com teu coração, Charmion", ela disse com uma pequena risada, "pois não colocaste teu corpo suave entre ele e as facas destes cães assexuados?", e ela lançou um olhar de escárnio para os eunucos.

"Não!", a garota respondeu com ferocidade. "Mas eu não posso ver um homem corajoso sendo morto por homens como estes."

"Sim", disse Cleópatra, "ele é um homem corajoso, e lutou de maneira nobre. Eu nunca vi uma luta tão feroz, mesmo nas arenas de Roma! Bem, pouparei a vida dele, embora ele seja fraco para mim, fraco como uma mulher. Leve-o para seu próprio quarto e prenda-o lá até que ele esteja curado ou morto".

Então meu cérebro titubeou, uma grande enfermidade tomou conta de mim, e mergulhei no nada de um desmaio.

Sonhos, sonhos, sonhos! Sem fim, e mudando sempre, parecia que por anos e anos eu me revirava em um mar de agonia. E por meio deles a visão de uma mulher de rosto terno e olhos negros, e o toque de uma mão branca consolando-me para que eu descansasse. Visões também de uma fisionomia real se curvando às vezes sobre a minha cama, uma fisionomia que eu não conseguia reconhecer, mas cuja beleza corria pelas minhas veias febris e fazia parte de mim. Visões da minha infância e das torres do templo de Aboukis, e do homem de cabelos brancos, Amenemhat, meu pai, e a visão sempre presente daquele medonho salão em Amenti, do pequeno altar e dos espíritos vestidos de chamas! Ali eu parecia vagar para sempre, chamando pela Santa Mãe, cuja memória eu não conseguia alcançar, chamando sempre e em vão! Pois nenhuma nuvem desceu sobre o altar, e de vez em quando a grande voz soava alto: "Excluam o nome de Harmachis, filho da Terra, do livro vivo Daquela que era, que é, e que será! Perdido! Perdido! Perdido!".

Então outra voz respondia:

"Ainda não, ainda não! O arrependimento está próximo. Não exclua o nome de Harmachis, filho da Terra, do livro vivo Daquela que era, que é, e que será! Que através do sofrimento o pecado seja apagado!".

Eu acordei e me encontrei em meu próprio quarto na torre do palácio. Estava tão fraco que mal podia levantar a minha mão, e a vida parecia apenas tremular em meu peito, como tremula uma pomba moribunda. Eu não podia virar a minha cabeça, não podia me mexer, mas mesmo assim havia em meu coração um sentimento de descanso e de sofrimentos passados. A luz da lâmpada machucava meus olhos. Eu os fechei, e quando o fiz ouvi o farfalhar das vestes de uma mulher na escada, e um passo leve e ligeiro que eu conhecia bem. Era o de Cleópatra!

Ela entrou e se aproximou. Eu a senti vindo! Cada batimento de minha pobre figura era uma resposta aos seus passos, e todo o meu poderoso amor e o meu ódio se levantaram da escuridão do sono similar à morte e lutavam dentro de mim! Ela se inclinou sobre mim e seu hálito de ambrosia brincou em meu rosto. Eu podia ouvir as batidas de seu coração! Ela se abaixou mais, até que, por fim, seus lábios tocaram minha testa com suavidade.

"Pobre homem!", eu a ouvi murmurar. "Pobre homem, fraco, moribundo! O destino foi duro contigo! Tu foste bom demais para ter sido o passatempo de alguém como eu. O peão que eu tinha de mover no meu jogo de política! Ah, Harmachis, tu devias ter dominado o jogo! Aqueles sacerdotes conspiradores podem ter te dado instrução, mas eles não puderam dar-te o conhecimento da raça humana, nem te proteger contra a marcha das leis da natureza. E tu me amaste com todo o teu coração, eu sei bem, Harmachis! Como os homens, tu amaste os olhos que, como os olhos de um pirata, acenam para ti, para depois te naufragar arruinado. Tu te penduraste nos lábios que mentiam para teu coração e te chamavam de 'escravo'. Bem, o jogo foi justo, pois tu poderias ter me matado. Mas ainda assim me aflijo. Então tu irás morrer? E este é o meu adeus a ti! Nunca mais nos encontraremos na terra e talvez seja melhor, pois quando este meu momento de ternura passar, quem sabe como eu irei lidar contigo, se tu sobreviveres? Tu deverás morrer, dizem aqueles tolos de rostos compridos, aqueles que, se te deixarem morrer, irão pagar o preço. E quando, então, iremos nos encontrar de novo depois que meu último lance for jogado? Nós deveremos ser iguais lá, no reino governado por Osíris. Em pouco tempo, alguns anos, talvez amanhã, e nós poderemos nos encontrar. Então, sabendo tudo o que eu sou, como tu irás me cumprimentar? Não, aqui como lá, tu ainda irás me adorar! Pois injúrias não podem tocar a imortalidade de um amor como o teu. Somente o desprezo, como o ácido, pode destruir o amor de corações nobres e revelar a verdade nua e crua. Tu ainda deves agarrar-te a ti, Harmachis, pois quaisquer que sejam os meus pecados, eu ainda sou grandiosa e estou acima de teu escárnio. Como gostaria que eu tivesse te amado como tu me amaste! Eu quase o fiz quando tu mataste aqueles guardas, mas, mesmo assim, não foi o suficiente.

Meu coração é uma cidade fortificada que ninguém pode conquistar, e mesmo quando abro seus portões, nenhum homem pode conquistar sua fortaleza! Ah, tirar esta solidão e me perder na alma de outra pessoa! Ah, por um ano, um mês, uma hora, esquecer esta política, os povos e a pompa de meu lugar, e ser somente uma mulher apaixonada! Harmachis, adeus! Vá se juntar ao grande Júlio a quem tua arte trouxe da morte para diante de mim, e leve para ele saudações do Egito. Muito bem, eu te enganei e enganei César. Talvez antes que tudo esteja feito o destino me encontre, e eu mesma serei enganada. Adeus, Harmachis!"

Ela se virou para ir, e quando se virou eu ouvi o farfalhar de outro vestido e os passos leves dos pés de outra mulher.

"Ah, és tu, Charmion. Bem, apesar de toda a tua vigília, o homem está morrendo."

"Sim", ela respondeu, com uma voz cheia de pesar. "Sim, rainha, foi o que os médicos disseram. Ele está deitado por 40 horas em um estupor tão profundo que às vezes sua respiração mal pode manter seu peso de pena, e o meu ouvido encostado em seu peito mal podia perceber as batidas de seu coração. Eu o tenho observado por dez longos dias, dia e noite, até que meus olhos ficam arregalados querendo dormir, e mal posso evitar que eu caia de fraqueza. E este é o fim de todo o meu trabalho! O golpe covarde daquele amaldiçoado Breno cumpriu o seu dever, e Harmachis está morrendo!"

"O amor não julga o seu trabalho, Charmion, nem a ternura pode ser pesada na balança da compra. Pois aquilo que ele tem ele dá, e anseia por mais para dar, e dar, até que a infinidade da alma seja drenada. Estas pesadas noites de vigília são estimadas pelo teu coração. Para os teus olhos cansados é doce aquele triste sinal de força que atingiu um ponto tão baixo que se agarra em tua fraqueza como um bebê nos seios de sua mãe! Charmion, tu amas este homem que não te ama, e agora que ele está indefeso, tu podes inundar tua paixão sobre as profundezas sem resposta da alma dele, e enganar a si mesma com sonhos do que ainda poderias ser."

"Eu não o amo, como tu tens prova, oh, rainha? Como eu posso amar aquele que teria te assassinado, tu que és minha irmã em meu coração? Eu cuido dele por piedade."

Ela riu um pouco enquanto respondia: "A piedade é a irmã gêmea do amor, Charmion. Os caminhos do amor de uma mulher são maravilhosos e desobedientes, e tu mostraste o teu amor de maneira estranha, que sei. Mas quanto maior o amor, mais profundo é o abismo onde ele pode cair, e daí subir de novo ao céu, para mais uma vez cair! Pobre mulher! Tu és uma marionete da tua paixão. Ora suave como a luz da manhã, e às vezes, quando o ciúme agarra o teu coração, mais cruel do que o mar. Bem, assim nós somos feitos. Em breve, depois de todo este trabalho, não sobrará mais nada para ti, a não ser lágrimas, remorso e lembrança."

E ela se foi.

Capítulo XIV

O Cuidado Tenro de Charmion; a Cura de Harmachis; a Frota de Cleópatra Navega para a Cilícia; o Discurso de Breno para Harmachis

Cleópatra foi embora e, por um momento, fiquei deitado em silêncio, reunindo minhas forças para falar. Mas Charmion veio e ficou em cima de mim, e senti uma grande lágrima cair de seus olhos negros em meu rosto, como a primeira gota pesada de chuva vinda de uma nuvem de trovão.

"Tu vais", ela sussurrou, "tu vais depressa para onde não posso segui-lo! Ah, Harmachis, eu daria a minha vida pela tua de bom grado!"

Então, por fim, abri os olhos e falei da melhor maneira que eu podia:

"Poupe o teu luto, querida amiga", eu disse, "pois eu ainda estou vivo, e na verdade sinto como se uma nova vida estivesse em meu peito!"

Ela deu um pequeno grito de alegria, e nunca vi beleza maior do que a mudança que apareceu em seu rosto choroso! Foi como as primeiras luzes do dia que tiram a palidez daquele céu triste que cobre como um véu a noite da madrugada. O rubor cresceu em sua adorável fisionomia. Seus olhos turvos brilharam como estrelas, e um sorriso de assombro apareceu por entre a chuva de lágrimas, um sorriso mais doce do que o sorriso súbito do mar quando as ondas acordam com o brilho sob o beijo da Lua que sobe.

"Tu vives!", ela chorou, ajoelhando-se ao lado de minha cama. "Tu vives, e eu pensava que estavas morto! Tu voltaste para mim! Ah, o que estou falando? Como é tolo o coração de uma mulher! Foi esta longa vigília! Não, tu deves dormir e descansar, Harmachis. Por que falas? Nem mais uma palavra, eu te ordeno! Onde está a dose de remédio deixada por aquele tolo de barbas longas? Não, tu não tomarás nenhum remédio! Agora durma, Harmachis, durma!", e ela se agachou ao meu lado e colocou a sua mão fresca em minha testa murmurando: "Durma! Durma!".

Quando acordei ela estava quieta, mas as luzes do amanhecer estavam entrando pelo batente da janela. Ali ela estava ajoelhada com uma mão em minha testa, e sua cabeça, com seus cachos desarrumados, estava descansando sobre o seu braço esticado.

"Charmion", sussurrei, "dormi?".

Em um instante ela estava acordada olhando para mim com olhos tenros. "Sim, tu dormiste, Harmachis."

"Por quanto tempo dormi?"

"Nove horas."

"E tu ficaste aqui ao meu lado por nove longas horas?"

"Sim, não é nada. Também dormi. Fiquei com medo de te acordar se eu me mexesse".

"Vá descansar", eu disse, "me envergonha pensar nisso. Vá descansar, Charmion!".

"Não te aborreças", ela respondeu, "pedirei que um escravo fique contigo, e que ele me acorde se precisares de mim. Eu durmo ali na sala de fora. Fique tranquilo! Eu vou!", e ela tentou se levantar, mas estava com tantas câimbras que caiu direto no chão.

Mal posso falar o sentimento de vergonha que me dominou quando a vi caindo. Pobre de mim! Eu não podia me mover para ajudá-la.

"Não é nada", ela disse, "não se mova, eu apenas tropecei. Pronto!". Ela se levantou e caiu de novo, "que uma peste caia sobre esta minha falta de jeito! Acho que estou dormindo. Estou bem agora. Eu mandarei o escravo". Ela cambaleou como alguém que estivesse bêbado.

Depois disso dormi mais uma vez, pois estava muito fraco. Quando acordei, já era noite e ansiava por comida, que Charmion trouxe.

Eu comi. "Então não morri", eu disse.

"Não", ela respondeu virando a cabeça. "Tu irás viver. Na verdade, desperdicei minha compaixão contigo."

"E tua compaixão salvou a minha vida", eu disse com voz cansada, pois agora me lembrava.

"Não é nada", ela disse de modo despreocupado. "Afinal de contas tu és o meu primo, e também gosto de cuidar dos outros, esta é a função da mulher. Eu não fiz para ti mais do que faria a um escravo. Agora que estás fora de perigo, eu te deixarei."

"Tu terias feito melhor se tiveste deixado que eu morresse, Charmion", eu disse depois de algum tempo, "pois a vida para mim agora só poderá ser uma longa vergonha. Diga-me, quando Cleópatra velejará para a Cilícia?".

"Ela irá em 20 dias, e com tanta pompa e glória como o Egito jamais viu. Para falar a verdade, eu não consigo adivinhar onde ela conseguiu os recursos para reunir esta demonstração de esplendor, como um lavrador reúne sua colheita dourada."

Eu sabia de onde tinha vindo a riqueza, então gemi com meu espírito amargurado e não disse nada.

"Tu vais também, Charmion?", perguntei naquele momento.

"Sim, eu e toda a corte. Tu também vais."

"Eu irei? Não, por que isso?"

"Porque tu és escravo de Cleópatra, e deverás marchar com correntes douradas atrás de sua carruagem. Porque ela teme deixá-lo aqui em Kemet. Porque é a vontade dela, e ponto final."

"Charmion, não posso fugir?"

"Fugir, pobre homem doente? Não, como poderás fugir? Mesmo agora tu estás estritamente vigiado. E tu irás para onde, se fugires? Não há um homem honesto no Egito que não iria cuspir em ti com escárnio!"

Mais uma vez eu gemi em meu espírito, e estando tão fraco, senti as lágrimas rolarem pela minha bochecha.

"Não chores!", ela disse depressa virando o seu rosto para o lado. "Seja homem e enfrente os teus problemas. Tu colherás o que plantou, mas depois da colheita as águas subirão e arrastarão as raízes podres, então será de novo o tempo de semear. Talvez lá na Cilícia exista uma maneira de fugires quando tu estiveres forte de novo. Se é que tu consegues suportar viver longe do sorriso de Cleópatra. Então tu irás morar em alguma terra distante até que tudo seja esquecido. E agora minha missão está cumprida, então adeus! Eu virei te visitar às vezes para ver se tu precisas de alguma coisa."

Ela se foi, e daí para a frente fui cuidado pelo habilidoso médico e duas escravas. As minhas feridas se curaram e a minha força voltou a mim, devagar no começo, mas depois mais depressa. Em quatro dias deixei a cama e em mais três eu já podia andar nos jardins do palácio. Mais uma semana e eu podia ler e pensar, mas não ia mais à corte. Enfim Charmion veio uma tarde e fez com que eu me aprontasse, pois a primeira embarcação iria sair em dois dias, primeiro para a costa da Síria, e de lá para o Golfo de Issus e Cilícia.

Depois disso, com toda formalidade e por escrito implorei para que Cleópatra me deixasse, alegando que a minha saúde estava tão frágil que eu não poderia viajar. Mas ela mandou uma mensagem para mim com a resposta de que eu deveria ir.

Então, no dia marcado, fui carregado em uma liteira para dentro do barco, e junto com aquele soldado que havia me cortado, o capitão Breno, e outros de sua tropa (que na verdade haviam sido enviados para me vigiar), fomos com um barco a remo até onde o navio estava ancorado com o restante da grande frota. Cleópatra estava viajando como se fosse para a guerra, com muita pompa e escoltada por uma frota de barcos, dentre eles a sua galera com o formato de uma casa, todo forrado por cedro e com cortinas de sedas. Era o barco mais lindo e mais caro que o mundo já tinha visto. Mas eu não estava neste barco, e por isso deduzi que não veria Cleópatra ou Charmion até o dia em que desembarcássemos na foz do Rio Cydnus.

Depois de um sinal a frota zarpou e com o vento forte chegamos a Jaffa na noite do segundo dia. Então velejamos devagar com ventos contrários até a costa da Síria, passando por Cesareia, Ptolemaida, Tiro, Beirute e pela fronte branca do Líbano coroada com seu cume de cedros, até a Heracleia, depois passando pelo Golfo de Issus para a foz do Rio Cydnus. Conforme viajávamos, o sopro forte do mar trouxe de volta minha saúde, até que, por fim, exceto por uma linha branca em minha cabeça onde a espada havia caído, eu estava quase como era antes. Uma noite, enquanto nos aproximávamos do Cydnus, quando eu e Breno sentávamos sozinhos no convés, os olhos dele caíram em cima da marca branca que sua espada havia feito, e ele fez um grande juramento por seus deuses pagãos. "Se tu tivesses morrido, rapaz", ele disse, "acho que eu nunca mais poderia levantar minha cabeça! Ah, que golpe covarde, eu me envergonho em pensar que fui eu que o deferi, tu estando no chão e de costas para mim! Tu não sabes que quando estavas entre a vida e a morte fui todo dia para saber notícias tuas? Jurei por Taranis que, se tu morresses, eu iria virar as minhas costas para aquela vida suave do palácio e iria para o Norte formoso".

"Não te preocupes, Breno", respondi. "Era o teu dever."

"Talvez! Mas há tarefas que um homem corajoso não deveria fazer, nem sendo obrigado por nenhuma rainha que governe o Egito! Teu golpe me deixou atordoado, senão eu não teria feito isto. O que está acontecendo, rapaz? Está em apuros com esta nossa rainha? Por que foste trazido como um prisioneiro neste grupo adorável? Saibas tu que estamos sob ameaça e, se tu escapares, nós pagaremos com nossas próprias vidas!"

"Sim, em grande apuro, amigo", respondi. "Não me perguntes mais."

"Então, com a idade que tens, deve haver uma mulher envolvida, tenho certeza. E talvez, mesmo eu sendo rude e tolo, consiga adivinhar. Veja bem, rapaz, o que me dizes? Eu estou cansado deste serviço de Cleópatra e desta terra quente de desertos e luxúria que roubam a força de um homem e esvaziam o seu bolso, e outros também pensam como eu. O que me dizes? Vamos pegar um destes barcos desajeitados e fugir para o Norte? Eu te guiarei para uma terra melhor que o Egito, uma terra de lagos e montanhas, grandes florestas e pinheiros fragrantes e encontrarei uma garota para casar contigo, minha própria sobrinha, uma garota alta e forte com grandes olhos azuis e longos cabelos loiros, com braços que poderiam quebrar as tuas costelas com um abraço! Vamos, o que me dizes? Esqueça o passado e vamos para o Norte formoso, onde tu serás como um filho para mim."

Por um momento ponderei, então balancei minha cabeça com tristeza, pois apesar de eu estar tentado a ir embora, sabia que o meu destino estava no Egito, e não podia fugir de meu destino.

"Não pode ser, Breno", respondi. "Quisera eu que pudesse ser, mas estou preso por uma corrente do destino que não posso quebrar, e na terra do Egito eu devo viver e morrer."

"Como quiseres rapaz", disse o velho guerreiro. "Eu adoraria casá-lo entre o meu povo, e te fazer o meu filho. Mas pelo menos lembres que enquanto eu estiver aqui tu tens Breno como amigo. E mais uma coisa: cuidado com aquela tua linda rainha, pois por Taranis, talvez chegue uma hora em que ela pense que tu sabes demais, e então..." ele atravessou a sua mão pela garganta. "E agora boa-noite, um copo de vinho, depois cama, pois amanhã os tolos..."

(Aqui um enorme pedaço do segundo rolo de papiro estava tão quebrado que ficou indecifrável. Parecia ser a descrição da jornada de Cleópatra do Rio Cydnus até a cidade de Tarso.)

Então (o escrito continua), para aqueles que sentem prazer em tais coisas, a visão deve ter sido algo imponente. A quilha de nossa galera estava coberta por folhas de ouro. As velas eram de Tiro, vermelhas, e os remos de prata tocavam a água com o ritmo da música. Ali no centro da embarcação debaixo de um toldo enfeitado com bordados dourados, estava Cleópatra vestida como a Vênus romana (e com certeza Vênus não era mais linda), e com vestes finas da mais pura seda presas ao redor de seu peito por um cinturão dourado gravado de maneira delicada com cenas de amor. Abanando Cleópatra com leques de plumas estavam pequenos garotos corados, escolhidos por sua beleza, e nus, exceto pelas asas presas aos seus ombros e o arco e a flecha de cupido em suas costas. No convés do barco, lidando com o cordame que era de seda, não havia rudes marinheiros, mas mulheres lindas de se olhar que cantavam com suavidade ao som de harpas e ao ritmo dos remos. Algumas estavam vestidas como as Graças e outras como Nereidas, isto é, quase nuas, exceto pelo seu cabelo perfumado. Breno estava de pé atrás do divã, a espada desembainhada, com sua armadura esplêndida e seu capacete alado de ouro, e perto dele havia outros, eu dentre eles, com roupas ricamente adornadas, e então eu soube que eu era mesmo um escravo! Na popa havia incensários cheios do mais caro incenso, cujo vapor perfumado flutuava em pequenas nuvens acima de nós.

Assim, como em um sonho de luxúria, seguidos por muitos barcos deslizamos em direção às encostas arborizadas de Tauro com a antiga cidade de Társis no pé da encosta. Enquanto velejávamos as pessoas se aglomeravam nas margens e corriam à nossa frente, gritando: "Vênus levantou-se do mar! Vênus veio para visitar Baco!". Aproximamo-nos da cidade, e todas as pessoas que podiam andar ou serem carregadas reuniam-se aos milhares nas docas, e com elas veio o exército inteiro de Antônio, até que, por fim, o Triúnviro foi deixado sozinho no lugar do julgamento.

Délio, o cínico, também veio, abanando e se curvando, e em nome de Antônio deu à "rainha da beleza" saudações, convidando-a para um banquete que Antônio havia preparado. Mas ela respondeu em voz alta, dizendo: "Na verdade, é Antônio que deve esperar por nós, e não nós que deveremos esperar por ele. Convide o nobre Antônio para a nossa humilde mesa esta noite, senão nós jantaremos sozinhos".

Délio se foi, curvando-se até o chão. O banquete foi preparado, então finalmente pude colocar meus olhos em Antônio. Ele veio vestido com túnicas roxas, um homem grande e bonito de se ver, robusto e no auge da vida, com olhos azuis brilhantes, cabelos encaracolados, e um rosto cortado como uma gema grega. Ele era grande na forma e nobre em seu semblante, e com uma fisionomia evidente, na qual seus pensamentos estavam escritos de maneira tão clara que todos podiam lê-los. Somente a fraqueza de sua boca desmentia o poder de sua fronte. Ele chegou acompanhado por seus generais, e quando alcançou o divã onde Cleópatra estava deitada, ele ficou parado atônito, olhando para ela com olhos arregalados. Ela também olhou para ele de maneira séria, eu via o sangue vermelho subir por debaixo da pele dela, e uma pontada de ciúmes entrou em meu coração. Charmion que viu tudo por debaixo de seus olhos voltados para baixo, também viu isto e sorriu. Mas Cleópatra não disse uma palavra, ela somente esticou sua mão branca para que Antônio a beijasse. Ele, sem dizer nada, pegou a mão dela e a beijou.

"Veja, nobre Antônio!", ela disse com sua voz musical, "Tu me chamaste, e eu vim".

"Vênus veio", ele respondeu com sua voz de notas graves, ainda mantendo seu olhar fixo no rosto dela. "Eu chamei uma mulher, mas uma deusa levantou-se da profundeza."

"Para encontrar um deus que a saudasse na terra", ela riu com uma resposta inteligente. "Bem, uma pausa para os elogios, pois estando na terra até Vênus sente fome. Nobre Antônio, a tua mão."

As trombetas soaram, e Cleópatra, de mãos dadas com Antônio e acompanhada pelo seu séquito, passou pela multidão que se curvava e foi para o banquete.

(Aqui há uma nova interrupção no papiro.)

Capítulo XV

O Banquete de Cleópatra; o Derretimento da Pérola; a Declaração de Harmachis; a Jura de Amor de Cleópatra

Na terceira noite o banquete foi servido mais uma vez no saguão da grande casa que havia sido separada para o uso de Cleópatra, e nessa noite o esplendor era maior do que o das noites anteriores. Os 12 divãs colocados ao redor da mesa tinham relevos de ouro, e os divãs de Cleópatra e Antônio eram de ouro incrustados com pedras preciosas. Os pratos também eram de ouro com joias, as paredes estavam cobertas com tecidos púrpura costurados com fios de ouro, e no chão cobertas com uma tela de ouro, havia rosas frescas espalhadas na altura do tornozelo, e quando os escravos andavam seu perfume se espalhava. Mais uma vez fui obrigado a ficar de pé atrás do divã de Cleópatra com Charmion, Iras e Merira, e como um escravo, dizia as horas de tempos em tempos conforme elas passavam. Sem poder me controlar senti meu coração selvagem, mas jurei que esta seria a última vez, pois eu não podia mais tolerar aquela vergonha. Apesar de eu ainda não conseguir acreditar no que Charmion havia me dito, que Cleópatra estava prestes a se tornar o amor de Antônio, eu também não podia mais suportar tais desonra e tortura. De Cleópatra eu não recebia mais nenhuma palavra, a não ser como quando uma rainha fala com o seu escravo, e eu penso que o seu coração sombrio sentia prazer em me atormentar.

Assim aconteceu que eu, o faraó coroado de Kemet, fiquei entre eunucos e damas de honra atrás do divã da rainha do Egito enquanto ela se banqueteava alegremente e o copo de vinho passava. Sempre que Antônio se sentava, seus olhos se fixavam no rosto de Cleópatra, que às vezes deixava seu olhar profundo se perder no olhar dele por algum tempo, enquanto sua conversa parava. Ele contou para ela histórias de guerras, coisas que ele tinha feito e gracejos amorosos, do tipo que não é apropriado para os ouvidos de uma mulher. Mas ela não se ofendia com nada, pelo contrário, seguindo o senso de humor dele, ela superava as histórias dele com outras com um humor mais fino, mas nem por isso menos desavergonhado.

Por fim, acabado o rico banquete, Antônio contemplou o esplendor ao seu redor.

"Diga-me, tão adorável egípcia", ele disse, "as areias do Nilo são de ouro, pois como tu podes noite após noite esbanjar o resgate de um rei em um único banquete? De onde veio esta fortuna incalculável?".

Eu pensei na tumba do Divino Miquerinos, cujo tesouro sagrado estava sendo desperdiçado de maneira perversa, e olhei para cima para que os olhos de Cleópatra encontrassem os meus, mas lendo os meus pensamentos, ela franziu o cenho.

"Que é isso, meu nobre Antônio", ela disse. "Isto não é nada! No Egito temos os nossos segredos e sabemos como conjurar riquezas quando for necessário. Diga-me, qual o valor deste serviço dourado, as carnes e as bebidas que foram colocadas na nossa frente?"

Ele olhou ao redor, e sugeriu um valor.

"Talvez mil sestércios."[23]

"Tu disseste a metade do valor, nobre Antônio! Mas eu darei isto a ti e aos que estão contigo como um sinal de minha amizade. E agora te mostrarei ainda mais. Eu mesma irei comer e beber 10 mil sestércios em um só gole!"

"Não pode ser, linda egípcia!"

Ela sorriu e fez com que um escravo trouxesse vinagre branco em um copo. Quando o copo chegou, ela o colocou na sua frente e riu mais uma vez, enquanto Antônio se levantava de seu divã e se sentava na frente dela, e o grupo curvava-se para a frente para ver o que ela faria. Ela fez o seguinte: tirou de sua orelha uma daquelas enormes pérolas que haviam sido tiradas por último do corpo do Divino faraó, e antes que qualquer um pudesse adivinhar o propósito daquilo, ela deixou a pérola cair no vinagre. Então veio o silêncio, um silêncio de surpresa, e devagar a pérola de valor incalculável derreteu no forte ácido. Depois que a pérola havia derretido, ela levantou o copo, sacudiu-o e bebeu até a última gota do vinagre.

"Mais vinagre, escravo!", ela gritou, "ainda estou na metade de minha refeição!", e ela arrancou a segunda pérola.

---

23. Cerca de 8 mil libras esterlinas.

"Por Baco, não! Tu não deves", gritou Antônio agarrando as mãos dela. "Eu já vi o bastante", e naquele momento, movido eu não sei por que, eu disse em voz alta:

"A hora se aproxima, oh, rainha! A hora da chegada da maldição de Miquerinos!"

Uma brancura acinzentada surgiu no rosto de Cleópatra e ela se virou em minha direção com fúria, enquanto todo o grupo olhava surpreso, sem saber o que as palavras poderiam significar.

"Escravo de mau agouro!", ela gritou. "Fale assim mais uma vez e tu serás açoitado com varas! Ah, açoitado como um malfeitor, eu te prometo, Harmachis!"

"O que quer dizer esse astrólogo patife?", perguntou Antônio. "Fale tratante! E deixe claro teu significado, pois aqueles que lidam com maldições devem garantir os teus produtos."

"Eu sou um servo dos deuses, nobre Antônio. Eu devo dizer o que os deuses colocam em minha mente, mas eu não consigo interpretar o seu significado", respondi com humildade.

"Ah, tu serviste os deuses com teus mistérios multicoloridos?", assim ele disse fazendo referência ao meu esplêndido manto. "Bem, eu sirvo às deusas, o que é um culto mais suave. E aqui entre nós, o pensamento que elas põem em minha mente eu digo, mas também não consigo interpretar seu significado", e ele olhou para Cleópatra como alguém que pergunta.

"Deixe o patife", ela disse com impaciência, "amanhã nos livraremos dele. Vá embora, tratante!".

Eu me curvei e fui, e quando estava indo, ouvi Antônio dizer: "Bem, ele pode ser um patife, pois todos os homens são, mas este teu astrólogo tinha um ar nobre e o olho de um rei, e havia inteligência nele".

Parei na porta sem saber o que fazer, pois estava aturdido, sentindo-me miserável. Enquanto estava parado alguém tocou minha mão. Olhei para cima. Era Charmion, que na confusão dos convidados, levantando-se, escapou e me seguiu.

Nas horas mais difíceis Charmion estava sempre do meu lado.

"Siga-me", ela sussurrou, "tu corres perigo".

Eu me virei e a segui. Por que eu não deveria?

"Aonde iremos?", perguntei enfim.

"Para o meu quarto", ela disse. "Não te preocupes, nós, damas da corte de Cleópatra, não temos uma boa reputação para zelar, e se por um acaso alguém nos vir, eles irão pensar que isto é um encontro amoroso, como é o costume agora."

Eu a segui, e contornando a multidão chegamos sem sermos vistos a uma pequena entrada lateral que levava a uma escada, que subimos. No fim da escada havia uma passagem, a qual seguimos até encontrarmos uma porta do lado esquerdo. Charmion entrou silenciosamente e eu a segui para dentro de um quarto escuro. Lá dentro ela fechou a porta e fez uma chama com gravetos para acender uma lâmpada pendurada. Conforme a luz aumentava eu olhava ao meu redor. O quarto não era grande e tinha apenas uma janela, bem fechada. De resto, era mobiliado de maneira simples com paredes brancas, alguns baús para roupas, uma cadeira antiga, o que eu pensei ser uma mesa velha, onde havia pentes, perfumes e todos as frivolidades que pertencem a uma mulher, e uma cama branca com um dossel onde estava pendurada uma rede para proteção contra mosquitos.

"Sente-se, Harmachis", ela disse, apontando para a cadeira. Eu peguei a cadeira, e Charmion, afastando a rede, sentou-se na cama na minha frente.

"Sabes o que ouvi Cleópatra dizer enquanto tu deixavas o salão do banquete?", ela perguntou.

"Não, eu não sei".

"Ela olhou para ti, e quando fui até ela para fazer algum serviço, ela murmurou para ela mesma: 'Por Serápis, isto vai acabar! Eu não vou mais esperar! Amanhã ele será estrangulado!'."

"E daí", eu disse, "pode até ser, mas apesar de que depois de tudo que aconteceu, mal posso acreditar que ela irá me assassinar".

"Por que não acreditas, homem tolo? Tu esqueces como esteve próximo da morte naquele Salão de Alabastro? Quem te salvou das facas dos eunucos? Foi Cleópatra? Ou eu e Breno? Eu irei te dizer. Tu podes não acreditar ainda, pois em tua tolice tu não consegues pensar que a mulher que nos últimos tempos era a tua esposa, em tão pouco tempo iria te condenar à morte. Não digas nada, eu sei de tudo! E eu te digo ainda: Tu não compreendes a profundidade da perfídia de Cleópatra, e tu não podes nem sonhar com a escuridão de seu coração cruel. Ela com certeza teria te assassinado em Alexandria se ela não temesse que no exterior a notícia de teu assassinado pudesse trazer-lhe problemas. Foi por isso que ela te trouxe aqui, para te matar em segredo. Pois o que mais tu podes dar a ela? Ela tem o amor de teu coração e está entediada de tua força e beleza. Ela roubou os teus direitos hereditários, e te trouxe aqui, um rei, para ficar atrás dela em seus banquetes, junto com as damas de honra. Ela tirou de você o grande segredo do tesouro sagrado!"

"Ah, tu sabes disto?"

"Sim, sei de tudo. E hoje à noite tu vês como a riqueza que havia sido guardada para a necessidade de Kemet está sendo desperdiçada para satisfazer a luxúria da devassa rainha macedônica de Kemet! Tu viste como ela manteve com honra a promessa de casar contigo, Harmachis! Enfim teus olhos estão abertos para a verdade!"

"Ah, eu vejo muito bem, e quando ela jurou me amar, eu, um pobre tolo, acreditei nela!"

"Ela jurou te amar!", Charmion respondeu levantando seus olhos escuros, "e agora eu irei te mostrar como ela te ama. Tu sabes o que era esta casa? Era um colégio de sacerdotes, e como tu sabes, Harmachis, os sacerdotes têm as suas maneiras. No passado, este pequeno quarto era o quarto do supremo sacerdote, e o quarto que está depois e abaixo era o lugar onde se reuniam os outros sacerdotes. A velha escrava que mantém esta casa me disse tudo isso, e ela também me revelou o que eu vou te mostrar. Agora, Harmachis, fique tão quieto quanto os mortos e siga-me".

Ela apagou a lâmpada e, com a pouca luz que entrava pela janela fechada, conduziu-me pela mão até o canto do quarto. Ali pressionou a parede e uma porta se abriu. Nós entramos e ela fechou a mola. Estávamos em uma pequena câmara, com cinco côvados de extensão e quatro de largura. Uma luz fraca entrava no cubículo, e também o som de vozes, mas eu não sabia de onde. Soltando a minha mão, ela se arrastou até o fim do lugar, e olhou com seriedade para a parede. Então ela se arrastou de volta, e sussurrando "silêncio", me levou com ela. Então eu vi que havia buracos para os olhos que perfuravam a parede e estavam escondidos do lado de fora por um trabalho esculpido na pedra. Eu olhei pelo buraco que estava na minha frente, e isto foi o que eu vi: Seis côvados abaixo estava o nível do chão de outra sala iluminada com lâmpadas fragrantes e mobiliado com riqueza. Era o lugar onde Cleópatra dormia, e lá, a dez côvados de distância de onde estávamos, se sentava Cleópatra em um divã dourado, com Antônio ao seu lado.

"Diga-me", Cleópatra murmurou, pois este lugar tinha sido construído de tal modo que cada palavra dita no quarto abaixo chegava aos ouvidos de quem tivesse escutando acima, "diga-me, nobre Antônio, ficaste satisfeito com meu pobre festival?".

"Sim", ele respondeu com sua voz profunda de soldado. "Ah, egípcia, eu já dei banquetes, e me ofereceram banquetes, mas eu nunca vi nenhum como o teu! E eu te digo mais, mesmo eu sendo rude nas minhas palavras e sem saber como dizer as palavras bonitas que as mulheres gostam de ouvir, que tu eras a visão mais linda daquele esplêndido banquete. O vinho tinto não era tão vermelho como a sua linda bochecha, as rosas não cheiravam tão bem quanto o perfume de teus cabelos, e nenhuma safira, com as luzes que reflete, era tão adorável quanto os teus olhos azuis como o oceano."

"O quê? Elogios de Antônio! Palavras doces dos lábios daquele que escreve com dureza! Bem, são elogios!"

"Sim", ele continuou, "foi um banquete majestoso, mas eu lamento que tu tenhas desperdiçado aquela enorme pérola. E o que quis dizer aquele teu astrólogo com aquela conversa de mau agouro da maldição de Miquerinos?"

Uma sombra cruzou o rosto brilhante de Cleópatra. "Eu não sei. Há pouco tempo ele foi ferido em uma briga, e eu acho que o golpe o enlouqueceu."

"Ele não parecia louco, e havia algo em sua voz que soou em meus ouvidos como um oráculo do destino. Ele olhou para ti de maneira tão selvagem, com aqueles olhos penetrantes, como alguém que já amou e ainda assim odiou por meio do amor."

"Ele é um homem estranho, eu te digo, nobre Antônio, e um homem versado. Eu mesma às vezes quase o temo, pois ele é muito versado nas antigas artes do Egito. Tu sabes que aquele homem tem sangue real, e uma vez elaborou um plano para me matar? Mas eu o dominei e não o matei, pois ele tinha a chave de segredos que eu estava inclinada a conhecer. Na verdade, eu amei seu conhecimento e gostava de ouvir suas palavras profundas sobre todas as coisas ocultas."

"Por Baco, eu estou ficando com ciúmes do patife! E agora, egípcia?"

"Agora eu já sequei os conhecimentos dele e não tenho mais motivo para temê-lo. Tu não viste que eu fiz com que ele permanecesse como um escravo entre os meus escravos, para que ele anunciasse as horas no festival conforme elas passavam. Nenhum rei capturado que marchou em teus triunfos romanos sofreu dores tão agudas como aquele orgulhoso príncipe egípcio que ficou envergonhado de pé atrás do meu divã."

Nesse momento, Charmion colocou sua mão sobre a minha e a pressionou com ternura.

"Bem, ele não nos incomodará mais com suas palavras de mau agouro", Cleópatra continuou vagarosamente, "amanhã ele morrerá, rápido e em segredo, sem deixar traço de qual foi o seu destino. Na verdade, já tomei minha decisão, nobre Antônio, está decidido. Mesmo agora, enquanto falo, o medo desse homem cresce e se acumula em meu peito. Eu estou quase decidida a dar a ordem agora mesmo, pois não vou respirar com liberdade enquanto ele não estiver morto", e ela se moveu como se fosse se levantar.

"Deixe até amanhã", ele disse pegando sua mão, "os soldados bebem, e eles não cumprirão a tarefa direito. Eu também sinto piedade. Eu não gosto de pensar em homens sendo mortos enquanto dormem".

"De manhã talvez o falcão já tenha voado", ela respondeu ponderando. "Este Harmachis tem ouvidos aguçados e pode convocar coisas para ajudá-lo que não são da terra. Talvez agora mesmo ele esteja me ouvindo em espírito. Na verdade, parece que sinto sua presença respirando ao meu redor. Eu poderia te dizer, mas não, deixe-o! Nobre Antônio, seja meu cavalheiro e tire esta coroa de ouro, ela irrita a minha fronte. Seja gentil, não me machuque."

Ele levantou a coroa de serpente da testa dela e sacudiu seus cabelos pesados, que caíram sobre ela como uma roupa.

"Pegue tua coroa de volta, realeza". Ele disse em voz baixa. "Pegue de minha mão. Eu não a roubarei de ti, pois prefiro que ela esteja firme nesta linda fronte."

"O que quer dizer o meu lorde?", ela perguntou sorrindo e olhando nos olhos dele.

"O que eu quero dizer? Isto: Tu vieste até aqui seguindo o meu pedido para que respondesses às acusações políticas contra ti. Saibas tu, egípcia, que se tu fosses outra pessoa, tu não voltarias como rainha do Egito, pois eu estou certo de que as acusações contra ti são verdadeiras. Mas sendo quem tu és, e olhe para ti! A natureza jamais serviu tão bem a uma mulher! Eu te perdoo por tudo. Em razão de tua graça e beleza eu te perdoo pelo que não foste perdoado pela sua virtude, ou patriotismo, ou pela dignidade da idade! Veja agora que coisa boa que é a inteligência e o encanto de uma mulher, que pode fazer com que reis esqueçam seu dever e enganem até a Justiça cega, para que ela olhe para aquela que levanta sua espada! Pegue de volta a tua coroa, egípcia! Agora é a minha atenção contigo, que mesmo sendo pesada não deverá te machucar!"

"Estas são palavras nobres, notável Antônio", ela respondeu, "palavras dignas e graciosas, dignas do conquistador do mundo! E falando sobre os meus erros do passado, se é que cometi algum erro, eu te digo apenas isto, que eu não conhecia Antônio. Pois conhecendo Antônio, quem poderia pecar contra ele? Que mulher poderia levantar a espada contra aquele que deve ser como um deus para todas as mulheres?

Aquele que depois de ser visto e conhecido, atrai para si toda a fidelidade do coração, assim como o Sol atrai as flores? O que mais eu posso dizer que não atravesse as fronteiras da modéstia de uma mulher? Bem, somente isto: coloque aquela coroa na minha cabeça, grande Antônio, e irei recebê-la como um presente teu, pois o presente a torna ainda mais preciosa, e para os teus usos irei guardá-la.

Aqui está, agora eu sou tua rainha vassala, e comigo todo o Egito que governo deve obediência a Antônio, o Triúnviro, que será Antônio, o Imperador de Roma e o Lorde Imperial de Kemet!"

Colocando a coroa de volta no cabelo dela, ele ficou parado olhando para ela, apaixonando-se no hálito quente de sua beleza viva, até que, por fim, ele a agarrou com as duas mãos, trouxe-a em sua direção e a beijou três vezes, dizendo:

"Cleópatra, eu te amo, doçura. Eu te amo como nunca amei antes". Ela se afastou de seu abraço sorrindo com suavidade, e quando ela sorriu o círculo dourado das sagradas serpentes caiu, pois estava colocado em sua testa de maneira frouxa, e rolou para a escuridão, longe do alcance da luz.

Eu vi o presságio, e até na angústia amargurada de meu coração eu sabia da sua importância maligna. Mas aqueles dois não perceberam nada.

"Tu me amas?", ela disse do modo mais doce, "como eu sei que tu me amas? Talvez seja Fúlvia que tu amas, Fúlvia, a tua esposa?".

"Não, não é Fúlvia. É a ti, Cleópatra, somente a ti. Muitas mulheres já olharam para mim de modo favorável desde a minha infância, mas nunca desejei nenhuma como eu te desejo, ah, maravilha do mundo, como nenhuma mulher nunca foi! Tu podes me amar, Cleópatra, e ser fiel a mim, não pelo meu poder ou cargo, não pelo que eu possa te dar ou negar, não pela música severa da marcha dos meus legionários ou pela luz que emana da minha brilhante estrela da sorte, mas por mim mesmo, Antônio, o rude capitão que cresceu nos campos? Ah, Antônio, o folião, o frágil, o sem propósito, mas que nunca abandonou um amigo, roubou um homem pobre ou pegou um inimigo de surpresa? Digas, tu podes me amar? Ah, se tu puderes, ficarei mais feliz do que se me sentasse hoje à noite no Capitólio em Roma, coroado Monarca Absoluto do Mundo!"

Enquanto ele falava, ela o fitava com olhos maravilhosos, e neles brilhava um tipo de luz de verdade e honestidade que era estranho para mim.

"Tu falas com franqueza", ela disse, "e tuas palavras são doces para meus ouvidos. Elas seriam doces mesmo se as coisas não fossem como são, pois qual mulher não adoraria ver o senhor do mundo aos seus pés? Mas sendo as coisas como são, então, Antônio, o que pode ser tão doce quanto as tuas doces palavras? O porto do descanso de um marinheiro que já passou por tantas tempestades, isto é doce com certeza! O sonho do êxtase do paraíso que anima o pobre sacerdote devoto em seu caminho de sacrifício, isto é doce com certeza! A visão do amanhecer, rosado, vindo em sua promessa de alegrar a terra que assiste, isto é doce com certeza! Mas nenhuma destas coisas, nem todas as coisas deliciosas que existem não conseguem superar a doçura de mel das tuas palavras para mim. Oh, Antônio! Pois tu não sabes, nem nunca vais saber, como minha vida tem sido horrível e vazia, pois é o destino de uma mulher que somente no amor ela pode perder sua solidão! E nunca amei, nunca teria amado, até esta noite feliz! Ah, me tome em teus braços e vamos fazer uma grande jura de amor, um voto que não será quebrado enquanto houver vida em nós! Preste atenção, Antônio, agora e para sempre te juro a minha mais rigorosa fidelidade! Agora e para sempre eu sou tua, e somente tua!"

Então Charmion me levou pela mão e me tirou dali.

"Viste o suficiente?", ela perguntou quando estávamos mais uma vez sozinhos no quarto e a lâmpada estava acesa.

"Sim", respondi, "meus olhos estão abertos".

Capítulo XVI

O Plano de Charmion; a Confissão de Charmion; a Resposta de Harmachis

Durante algum tempo fiquei sentado com minha cabeça abaixada, e a última amargura da vergonha mergulhou em minha alma. Este então era o fim. Para isso eu havia traído meus votos, para isso eu havia revelado o segredo da pirâmide, para isso eu havia perdido minha coroa, minha honra e, talvez, minha esperança de paraíso! Poderia haver outro homem no mundo tão mergulhado em tristeza como eu naquela noite? Com certeza não! Para onde eu deveria ir? O que eu poderia fazer? E mesmo em meio à tormenta do meu coração ferido a voz amarga do ciúme chamava em voz alta. Pois eu amava essa mulher a quem eu havia entregado tudo e, neste momento, ela estava, ah, eu não poderia nem pensar nisso... Em minha completa agonia, meu coração explodiu em um rio de lágrimas do tipo que é terrível de se chorar!

Charmion se aproximou de mim e eu vi que ela também estava chorando.

"Não chores, Harmachis", ela soluçou, ajoelhando-se ao meu lado. "Eu não posso suportar vê-lo chorando. Ah, por que tu não foste avisado? Tu serias então majestoso e feliz, e não como agora. Escutes, Harmachis! Tu ouviste aquela mulher falsa e felina dizer que amanhã ela te entregará para os assassinos!"

"Está tudo bem", arfei.

"Não, não está tudo bem. Harmachis, não dê a ela um último triunfo sobre ti. Tu perdeste tudo, exceto a vida, mas enquanto houver vida há esperança, e com a esperança existe a chance de vingança."

"Ah", eu disse, levantando-me, "Eu não havia pensado nisso. Ah, a chance de vingança! Seria doce ser vingado!"

"Seria doce, Harmachis, mas a vingança é uma flecha que, ao cair, em regra perfura aquele que a atirou. Eu mesma sei disso", ela suspirou. "Mas chega de falar e de se lamentar. Haverá tempo para nos lamentarmos, senão para falar, nestes pesados anos que virão. Tu deverás fugir. Antes que a luz venha, tu deverás fugir. Eis o plano. Amanhã, ao amanhecer, uma galera que ainda ontem veio de Alexandria carregando frutas e provisões zarpará para lá de novo, e eu conheço o capitão, mas ele não te conhece. Encontrarei um traje de um mercador sírio para te disfarçar com ele, da maneira que sei, e irei te dar uma carta para o capitão da galera. Ele te levará para Alexandria, pois, para ele, tu serás um mercador fazendo negócios. Breno é o oficial da guarda esta noite e ele é meu amigo e teu também. Talvez ele suspeite de algo, talvez não, mas ao menos o mercador sírio passará com segurança pelas linhas. O que me dizes?"

"Tudo bem", respondi com fraqueza, "eu pouco me preocupo com este assunto".

"Descanse aqui, Harmachis, enquanto eu preparo tudo, e não lamentes muito, há outros que deverão lamentar mais do que tu." Ela se foi, deixando-me sozinho com a minha agonia que me dominava como uma cama de tortura. Se não fosse pelo forte desejo de vingança que lampejava em minha mente atormentada de tempos em tempos, como o trovão sobre o mar da meia-noite, eu acho que a razão teria me deixado naquela hora negra. Enfim ouvi os passos de Charmion na porta e ela entrou ofegante, pois carregava um saco de roupas em seus braços.

"Está tudo certo", ela disse, "aqui está o traje com linho reserva, tabletes de escrita e tudo o que é necessário. Eu já vi Breno e disse a ele que um mercador sírio iria passar pela guarda uma hora antes do amanhecer. Ainda que ele fingisse estar dormindo acho que ele entendeu, pois respondeu que se tivessem apenas a senha "Antônio" 50 mercadores sírios poderiam passar para prosseguir com seus negócios legítimos. Aqui está a carta para o capitão, não há como errar a galera, pois ela está ancorada do lado direito do grande desembarcadouro; é uma pequena galera pintada de preto, com os marinheiros se preparando para partir. Agora vou esperar aqui fora, enquanto tu tiras a farda de teu serviço e te veste".

Depois que ela saiu, rasguei as minhas roupas maravilhosas, cuspi nelas e as pisoteei no chão. Então coloquei a modesta túnica do mercador e amarrei os tabletes ao meu redor, coloquei em meus pés as sandálias de couro cru, e a faca na minha cintura. Quando eu estava pronto, Charmion entrou mais uma vez e olhou para mim.

"Apesar de tudo, ainda és o nobre Harmachis", ela disse, "tens que mudar".

Ela pegou uma tesoura da mesa e, fazendo que eu me sentasse, cortou meus cabelos, deixando o cabelo rente à minha cabeça. Depois ela encontrou pigmentos como os que as mulheres usam para escurecer os olhos e os misturou com habilidade, esfregando a mistura em minhas mãos, no meu rosto e na marca branca em meu cabelo onde a espada de Breno havia entrado até o osso.

"Agora estás diferente, mas para o pior, Harmachis", ela disse com uma risada lúgubre, "nem mesmo eu iria te reconhecer. Espere, tem mais uma coisa", e indo até um baú de roupas ela tirou de lá um pesado saco de ouro.

"Leve isto", ela disse, "tu irás precisar de dinheiro".

"Eu não posso levar o teu ouro, Charmion".

"Sim, leve-o. Foi Sepa quem me deu para ajudar na nossa causa, e por isso é apropriado que tu possas gastá-lo. Além disso, se eu quiser dinheiro, sem dúvida, Antônio, que daqui para a frente será o meu mestre, irá me dar mais. Ele me deve muito, e ele sabe bem disso. Não desperdices mais tempo discutindo sobre o dinheiro, afinal tu és um mercador, Harmachis." Sem dizer mais nada ela colocou as moedas no saco de couro que estava pendurado em meus ombros. Depois amarrou o saco que continha as roupas de reserva, e prevenida como a mulher que ela era, colocou também um jarro de alabastro com os pigmentos para que eu pudesse pintar o meu rosto de novo. Ela pegou as roupas bordadas que eu estava vestindo antes e as escondeu na passagem secreta. Então, por fim, tudo estava pronto.

"Está na hora de ir?", perguntei.

"Não por enquanto. Seja paciente, Harmachis, pois tu irás suportar minha presença por apenas mais uma hora, e depois talvez nos despediremos para sempre."

Eu fiz um sinal indicando que esta não era hora para palavras afiadas.

"Perdoe minha língua", ela disse, "mas de uma fonte salgada brotam águas amargas. Senta-te, Harmachis, eu tenho palavras importantes para te dizer antes que tu vás".

"Fale", respondi, "palavras, ainda que sejam pesadas, não podem mais me comover".

Ela ficou na minha frente com as mãos cruzadas e a luz da lâmpada iluminou seu lindo rosto. Eu reparei o quanto ela estava pálida e como eram grandes os círculos abaixo dos seus profundos olhos negros.

Duas vezes ela levantou seu rosto branco e tentou falar, mas por duas vezes sua voz falhou. Enfim, quando veio, era um sussurro rouco.

"Eu não posso deixar que tu vás", ela disse, "eu não posso deixá-lo ir sem que saibas a verdade.

Harmachis, fui eu que te traí!"

Eu me levantei depressa, com uma blasfêmia em meus lábios, mas ela me pegou pela mão.

"Fique sentado", ela disse, "fique sentado e me ouça, e depois que tiveres ouvido, faça o que quiseres. Escute. Desde aquele maldito momento em que, na presença do meu tio Sepa, pela segunda vez coloquei os meus olhos em teu rosto, eu te amei. Tu não podes nem imaginar o quanto. Pense no dobro de teu amor por Cleópatra, e o dobre mais uma vez, e talvez tu possas chegar perto da imensa soma do meu amor. Eu te amei, e dia após dia eu te amava mais, até que em ti, e somente por ti, eu parecia viver. Mas tu foste frio, pior do que frio! Tu lidaste comigo não como uma mulher que respirava, mas apenas como um instrumento para um fim, uma ferramenta para gravar tua sorte. E então vi, muito antes que tu pudesses perceber, que a maré de teu coração estava indo com força na direção daquela costa que te causaria a ruína, e onde hoje a tua vida está quebrada. Enfim veio aquela noite, aquela horrível noite quando, escondida dentro do teu quarto, eu te vi jogando o meu lenço para os ventos e estimando com palavras doces o presente de minha rival. Assim, em minha dor revelei o segredo que tu não sabias, e tu zombaste de mim, Harmachis! Ah, que vergonha, tu em tua tolice zombaste de mim! Fui embora e em mim cresciam todos os tormentos que podem dilacerar o coração de uma mulher, pois naquela hora eu tinha certeza do teu amor por Cleópatra! Ah, eu estava tão louca que naquela mesma noite pensei em te trair, mas pensei: ainda não, ainda não, amanhã ele poderá estar mais suave. Então veio o dia seguinte, e tudo estava pronto para a explosão do grande golpe que te tornaria faraó. Eu vim de novo, tu te lembras, e mais uma vez tu me afastaste quando falei contigo em parábolas, como se fosse algo insignificante, como uma coisa muito pequena para reivindicar um momento de seu pensamento. E sabendo que era porque tu amavas Cleópatra, aquela que tu deverias matar, ainda que tu não soubesses, fiquei louca e um espírito cruel tomou conta de mim, possuindo-me por inteiro, e eu não era mais eu mesma, nem podia mais me controlar. Por causa do teu escárnio eu fiz isto, para a minha vergonha e tristeza sem fim! Fui à presença de Cleópatra e te traí, e traí àqueles que estavam contigo, e traí nossa causa sagrada, dizendo a ela que eu havia encontrado um escrito que tu havias deixado cair, e li tudo aquilo".

Eu arfei e continuei sentado em silêncio. Olhando com tristeza para mim, ela continuou:

"Quando ela compreendeu quão grande era a conspiração e quão profundas suas raízes, Cleópatra ficou muito preocupada. Primeiro ela queria fugir para Sais ou pegar um barco e correr para o Chipre, mas mostrei para ela que os caminhos estavam bloqueados. Então ela disse que iria ordenar que tu fosses assassinado ali no quarto, e deixei o quarto dela acreditando nisso. Naquele momento eu estava satisfeita que tu serias assassinado, mesmo que eu derramasse o meu coração em lágrimas sobre teu túmulo, Harmachis. O que acabei de dizer? A vingança é uma flecha que em regra cai sobre aquele que a atirou. Isso aconteceu comigo. Entre a minha saída e a tua entrada, Cleópatra elaborou um plano mais sagaz. Ela temia que o teu assassinato fosse o estopim de uma revolta mais feroz, mas ela viu que se te prendesse a ela, deixando os outros homens em dúvida e te mostrando infiel, ela iria atacar o perigo iminente pela raiz e definhá-lo. Com este grande plano formado ela ousou te enfrentar, e preciso continuar? Tu sabes, Harmachis, como ela ganhou. E assim a flecha da vingança que eu havia atirado caiu sobre a minha própria cabeça. Pois no dia seguinte eu soube que havia pecado por nada, que o peso de minha vingança havia caído sobre o infeliz Paulo, que eu havia arruinado a causa para a qual eu havia sido jurada e entregado o homem que eu amava nos braços da egípcia devassa.

Ela abaixou sua cabeça por um instante, e como eu não disse nada, mais uma vez ela continuou:

"Deixe que eu conte os meus pecados e que venha a justiça. Veja o que aconteceu. Cleópatra aprendeu a te amar, e no fundo de seu coração ela pensou em se casar contigo. Foi pelo amor dela por ti que poupou a vida daqueles que ela sabia que estavam envolvidos no plano. Ela pensou que se estivesse casada contigo poderia usá-los e a você para conquistar o coração do Egito, que não a ama, nem a nenhum Ptolomeu. Então, mais uma vez ela te enganou, e em tua tolice tu revelaste a ela o segredo da riqueza escondida do Egito, que hoje Cleópatra desperdiça para deliciar o exuberante Antônio. Na verdade, naquela época ela iria cumprir a promessa e se casar contigo. Mas na mesma manhã, quando Délio veio para a resposta, ela mandou me chamar e me disse tudo, pois ela estima muito a minha inteligência, e pediu minha opinião sobre se ela deveria desafiar Antônio e casar-se contigo ou se deveria afastar este pensamento e ir até Antônio. E eu, perceba todo o meu pecado, com meu ciúme amargo, não querendo vê-la casada contigo, não querendo que tu fosses o amado lorde dela, eu a aconselhei estritamente para que ela fosse para Antônio, pois eu sabia, depois de conversar com Délio, que este fraco Antônio cairia como uma fruta madura aos pés dela, como de fato ele caiu, pois agora mesmo te mostrei isto. Antônio ama Cleópatra e Cleópatra ama Antônio e tu foste roubado, e tudo seguiu bem para mim, que nesta noite sou a mais miserável de todas as mulheres na Terra. Pois ainda há pouco, quando vi como o teu coração estava partido, o meu coração pareceu se quebrar com o teu e eu não podia mais suportar o peso das minhas maldades, e soube que eu tinha que contar para ti e receber minha punição.

E agora, Harmachis, eu não tenho mais nada a dizer, exceto que eu te agradeço pela cortesia em me escutar, e acrescento mais uma coisa. Foi movida pelo meu grande amor que pequei contra ti até a morte! Eu te arruinei, arruinei Kemet e arruinei a mim mesma! Deixe que a morte me recompense! Mate-me, Harmachis, eu morrerei de bom grado com a tua espada, e beijarei a sua lâmina. Mate-me e vá, pois se tu não me matares, eu por certo irei me matar!" Ela se ajoelhou levantando seu peito branco em minha direção para que eu a ferisse com a minha adaga. Em minha fúria amarga eu estava pensando em atacar, pois acima de tudo lembrei que quando eu estava caindo, esta mulher, que foi a causa de minha vergonha, estava me flagelando com o seu chicote de escárnio. Mas é difícil matar uma linda mulher, e enquanto levantava a minha mão para atacar, lembrei-me que agora ela havia salvado a minha vida duas vezes.

"Mulher! Mulher desavergonhada!", eu disse, "levanta-te! Eu não te matarei! Quem sou eu para julgar o teu crime, que com o meu próprio está acima de qualquer julgamento na Terra?".

"Mate-me, Harmachis", ela gemeu, "mate-me ou matarei a mim mesma! Meu fardo é muito pesado para eu suportar! Não seja tão calmo! Amaldiçoe-me, e mate-me!".

"O que foi que tu me disseste ainda agora, Charmion, que como eu havia plantado eu devo semear? Não é correto que tu te mates, assim como não é correto que eu, igual a ti em pecado, te mate porque por meio de ti pequei. Como tu semeaste, Charmion, tu também deverás colher. Mulher baixa! Cujo ciúme cruel trouxe todas estas tragédias para mim e para o Egito. Viva, viva e, ano após ano, colha o fruto amargo do crime! Seja assombrada em teu sono por visões de teus deuses indignados, cuja vingança espera por mim e por ti no sombrio Amenti! Que seus dias sejam assombrados por lembranças daquele homem que foi envergonhado e arruinado pelo seu ardente amor e pela visão de Kemet como uma presa para a insaciável Cleópatra e escrava do romano Antônio."

"Ah, não fales assim, Harmachis! Tuas palavras são mais afiadas do que qualquer espada! E com certeza elas matam mais devagar! Escute, Harmachis", ela disse agarrando minha roupa, "quanto tu foste grande e todo o poder estava em teu alcance, tu me rejeitaste. Tu irás me rejeitar agora que Cleópatra te afastou dela, agora que tu estás pobre e envergonhado e sem um travesseiro para encostar a tua cabeça? Eu ainda sou linda, e ainda te adoro. Deixe-me fugir contigo, e fazer uma reparação por meio do meu amor eterno. Ou, se isso for pedir demais, deixe que eu seja apenas a tua irmã e tua serva, tua própria escrava, para que eu ainda possa olhar para o teu rosto, dividir os teus problemas e te servir. Ah, Harmachis, deixe que eu vá e irei desafiar e suportar qualquer coisa, e somente a morte irá me tirar do teu lado. Pois eu acredito que o amor que me afundou tão baixo, arrastando-te comigo, ainda pode me levantar na mesma medida, e tu subirás comigo!".

"Estás me tentando a pecar de novo, mulher? Tu pensas, Charmion, que em algum casebre onde eu deva me esconder eu poderia suportar, dia após dia, olhar teu lindo rosto, e, ao te ver, me lembrar que estes lábios me traíram? A reparação não é tão fácil! Isto sei agora mesmo, os dias de castigo serão muitos, pesados e solitários! Talvez aquela hora da vingança ainda venha, e talvez tu vivas para fazer parte dela. Tu deverás continuar fazendo parte da corte de Cleópatra, e enquanto tu estiveres lá, se eu viver, irei de tempos em tempos encontrar um jeito para te dar notícias. Talvez surja o dia em que eu precisarei de teus serviços uma vez mais. Agora tu deves jurar que, se isto acontecer, tu não irás falhar comigo uma segunda vez."

"Eu juro, Harmachis! Eu juro! Que tormentos eternos, tão horríveis de se imaginar, mais terríveis ainda do que aqueles que ainda agora me atormentam, sejam a minha parcela se eu falhar contigo ainda que um pouco. Ah, irei esperar a vida toda pela tua palavra!"

"Muito bem, veja se tu podes manter este juramento, nós não devemos trair duas vezes. Vou traçar o meu destino, continues a traçar o teu. Talvez os nossos fios distintos se entrelacem mais uma vez quando a teia for tecida. Charmion, que me amaste sem ser solicitada, e que movida pelo teu gentil amor me traiu e me arruinou, adeus!"

Ela fitou meu rosto de maneira descontrolada e esticou seus braços como para me agarrar, então, na agonia do seu desespero, ela se jogou e se arrastou no chão.

Eu peguei o saco de roupas e o bastão e ganhei a porta, e ao passá-la lancei mais um olhar para ela. Ela estava deitada ali, com seus braços esticados, mais branca do que as suas roupas brancas, com seu cabelo negro caindo sobre ela e sua bela fronte escondida na poeira.

Assim a deixei, e não coloquei mais meus olhos sobre ela por nove longos anos.

(Aqui termina o segundo e maior rolo de papiro.)

Livro III
A Vingança de Harmachis

Capítulo I

A Fuga de Harmachis de Tarso; Harmachis é Arremessado como uma Oferenda aos Deuses do Mar; sua Permanência na Ilha de Chipre; sua Volta a Aboukis; a Morte de Amenemhat

Eu desci as escadas em segurança, então me encontrei no pátio daquela grande casa. Faltava uma hora para amanhecer e nada se movia. O último folião havia bebido à vontade, as dançarinas haviam parado de dançar e o silêncio pairava sobre a cidade. Aproximei-me do portão e fui parado por um oficial que estava de guarda embrulhado em um manto pesado.

"Quem está passando?", disse a voz de Breno.

"Um mercador, se te agrada, senhor, que depois de trazer presentes de Alexandria para uma dama na casa da rainha, e depois de ter sido entretido pela dama, agora parte em sua galera", respondi com uma voz simulada.

"Umph", ele rosnou. "As damas da casa da rainha mantêm seus hóspedes até tarde. Bem, é tempo de festa. A senha, senhor mercador? Sem a senha tu deverás retornar e pedir mais hospitalidade para a dama."

"Antônio, senhor! E a palavra certa também! Ah, viajei por lugares distantes, e nunca vi um homem tão bom e um general melhor do que ele. Ah, veja só, senhor! Viajei por lugares distantes, e já vi muitos generais."

"Sim, Antônio é a palavra. Antônio é um bom general à sua maneira, quando ele está sóbrio e não consegue encontrar uma saia para seguir. Servi com Antônio e contra ele também. Conheço seus propósitos. Bem, ele está com os braços cheios agora!"

Durante todo o tempo que ele estava me detendo ali, conversando, o sentinela andava de um lado para o outro na frente do portão. Mas então ele se moveu um pouco para a direita, deixando a entrada livre.

"Adeus, Harmachis, vá embora!", sussurrou Breno, curvando-se para a frente e falando depressa. "Não te demores. De vez em quando lembra-te de Breno, que arriscou o pescoço dele para salvar o teu. Adeus, rapaz, eu gostaria que estivéssemos navegando juntos para o Norte." Ele virou as costas para mim e começou a cantarolar uma canção.

"Adeus, Breno, tu és um homem honesto", respondi e fui embora. Conforme ouvi muito tempo depois, Breno me ajudou, pois quando a manhã chegou soaram o alerta, e os assassinos me procuraram por toda parte, mas não me encontraram. Ele jurou que enquanto estava fazendo sozinho sua vigília, uma hora depois da meia-noite, ele me viu de pé no parapeito do telhado, e que então estiquei minha túnica e ela se transformou em asas, com as quais voei para o céu, deixando-o atônito. Todos na corte ouviram esta história e acreditaram nele, pois era grande minha fama de mágico. E todos se perguntavam se esta maravilha era algum presságio. A lenda viajou pelo Egito e fez muito para salvar minha reputação dentre aqueles que traí, pois os mais ignorantes dentre eles acreditavam que eu não agia de acordo com a minha própria vontade, mas sim pela vontade dos pavorosos deuses, que pela vontade deles me elevaram ao céu. Até hoje existe um ditado que diz: "Quando Harmachis voltar, o Egito será livre". Mas, ai de mim, Harmachis não voltará mais! Somente Cleópatra, apesar de ter muito medo, duvidou dessa lenda e enviou um barco armado para procurar pelo mercador sírio, mas eles não o encontraram, conforme eu contarei agora.

Quando alcancei a galera que Charmion tinha dito, eu a encontrei prestes a zarpar. Entreguei a carta para o capitão, que a estudou olhando para mim com curiosidade, mas não disse nada.

Embarquei e, de imediato, nós seguimos rapidamente com a corrente rio abaixo. Apesar de passar por muitas embarcações, atingimos a embocadura do rio sem sermos importunados e entramos no mar com um forte vento favorável, que antes de anoitecer havia se transformado em uma grande tempestade. Os marinheiros, estando muito assustados, queriam desistir e voltar para a foz do Rio Cydnus, mas não podiam, pois o mar estava muito selvagem. Durante toda a noite ventou furiosamente e, ao amanhecer, o mastro havia sido levado, e nós rolávamos impotentes na calha das grandes ondas. Eu me sentava enrolado em um manto, sem prestar atenção no que estava acontecendo, e por não demonstrar medo, os marinheiros gritaram que eu era um feiticeiro e pediram para me jogar no mar, mas o capitão não permitiu. Ao amanhecer, o vento havia diminuído, mas ao meio-dia mais uma vez o vento soprou em uma fúria terrível, e às quatro da tarde avistamos a costa rochosa do promontório da Ilha de Chipre que é chamado de Dinaretum, onde existe uma montanha chamada Olimpo, para onde fomos arrastados com rapidez. Então, quando os marinheiros viram as terríveis pedras, e como as grandes ondas que batiam nelas jorravam espuma, mais uma vez eles ficaram muito assustados e gritaram de medo. Vendo que eu ainda estava sentado imóvel eles juraram que eu, por certo, era um feiticeiro, e vieram para me lançar ao mar como uma oferenda aos deuses do mar. Desta vez o capitão foi derrotado e não disse nada. Então, quando eles vieram a mim, eu me levantei e os desafiei, dizendo: "Lancem-me ao mar se quiserem, mas se fizerem isso, todos irão perecer".

Em meu coração eu pouco me importava, pois não tinha mais amor à vida, mas sim um desejo de morrer, apesar de ter um medo enorme de aparecer na presença da minha Santa Mãe Ísis. Mas o meu cansaço e a minha tristeza decorrente da amargura do meu fardo conseguiam até superar este grande medo, e assim, quando os homens, insanos como rudes bestas, me agarraram e, levantando-me, lançaram-me nas águas furiosas, apenas fiz uma última prece para Ísis e me preparei para morrer. Mas o destino não quis que eu morresse, pois quando subi para a superfície da água, vi uma estaca de madeira flutuando perto de mim, então nadei em sua direção e me agarrei a ela. Veio uma grande onda e me varreu, e subindo na estaca, como eu havia aprendido a fazer nas águas do Nilo quando era criança, passei pelos baluartes da galera onde os marinheiros de rosto cruel estavam reunidos para me ver afogar. Então viram que me aproximei montado na onda e os amaldiçoando, e viram também que a cor do meu rosto havia mudado, pois a água do mar havia tirado os pigmentos. Eles gritaram com medo e se jogaram para baixo no convés. Pouco tempo depois, conforme eu montava na direção da costa rochosa, uma grande onda caiu sobre a embarcação, que virou, e pressionou a galera para o fundo, de onde ela não subiu mais.

Assim o barco afundou com toda a tripulação. Naquela mesma tempestade também afundou a galera que Cleópatra havia enviado para procurar pelo mercador sírio. Então, todos os meus vestígios se perderam, e com isso Cleópatra teve certeza de que eu estava morto.

Segui em direção à costa. O vento gritava e as ondas salgadas batiam no meu rosto enquanto eu continuava meu caminho sozinho com a tempestade, as aves marinhas gritando sobre minha cabeça. Eu não sentia medo, mas sim uma melhoria selvagem no meu coração. Com a tensão de meu perigo iminente o amor pela vida pareceu acordar de novo. Então eu mergulhava e emergia, às vezes sendo jogado para o alto na direção nas nuvens baixas, às vezes jogado para os profundos vales do mar, até que, por fim, a terra rochosa estava na minha frente e vi a rebentação atacar as rochas teimosas, e pelo grito do vento ouvi o trovão soturno de sua queda e o resmungo das pedras que eram sugadas da praia em direção ao mar. Ah, entronado em cima da massa do poderoso oceano, abaixo de mim havia 50 côvados de águas que assoviavam. Acima de mim o céu escuro. Estava feito! A estaca foi arrancada de mim, fui arrastado para baixo pelo peso do saco de ouro e de minhas roupas que se prendiam a mim, e afundei lutando furiosamente.

Agora eu estava embaixo da água. A luz verde passou por um momento pelas águas, então veio a escuridão, e na escuridão, imagens do passado. Imagem após imagem, todas as cenas de uma longa vida estavam escritas aqui. Em meus ouvidos somente ouvi o canto do rouxinol, o murmúrio do mar de verão e a música da risada de vitória de Cleópatra me seguindo com suavidade, e cada vez mais suavidade, conforme eu afundava para a morte.

Mais uma vez a vida voltou, e com ela um sentimento de doença mortal e de uma dor alucinante. Abri os olhos e vi um rosto amável sobre mim, e eu sabia que estava no quarto de uma casa.

"Como cheguei aqui?", perguntei de modo fraco.

"Na verdade, Poseidon te trouxe, estranho", respondeu uma voz rouca em grego bárbaro. "Nós te encontramos encalhado na praia como um golfinho morto e te trouxemos para nossa casa, pois somos pescadores. Eu acho que tu deves descansar aqui por algum tempo, pois tua perna está quebrada por causa da força das ondas."

Tentei mexer o meu pé e não consegui. Era verdade, o osso estava quebrado acima do joelho.

"Quem és tu, e como te chamas?", perguntou o marinheiro de barba áspera.

"Eu sou um viajante egípcio cujo navio afundou na fúria da tempestade, e meu nome é Olimpo", respondi, pois essas pessoas chamavam a montanha que eu havia avistado de Olimpo, e por esse motivo arrisquei pegar o nome. Dali em diante fiquei conhecido como Olimpo.

Eu me hospedei ali com esses pescadores rudes por seis meses, pagando com um pouco do ouro que havia chegado à praia comigo em segurança. Demorou para que meus ossos crescessem e se juntassem, e então me tornei um tipo de aleijado. Eu que tinha sido tão alto, ereto e forte, agora mancava com uma perna mais curta do que a outra. Depois que me recuperei do ferimento continuei vivendo ali e trabalhei com eles na arte da pesca, pois não sabia para onde deveria ir ou o que deveria fazer, e por um tempo eu estava inclinado a me tornar um simples pescador, e assim me desfazer de minha vida pregressa. Essas pessoas me tratavam com bondade, apesar de, como os outros, terem medo de mim, acreditando que eu fosse um feiticeiro trazido pelo mar. Minhas mágoas haviam estampado um aspecto tão estranho em meu rosto que os homens que me encaravam tinham medo do que estava escondido por baixo da calma aparente.

Eu morei ali por um tempo até que, por fim, uma noite, quando estava deitado e lutando para dormir, uma grande inquietação tomou conta de mim, e veio um enorme desejo de ver mais uma vez a face do Sihor. Eu não posso dizer se este desejo nasceu de meu próprio coração ou se era a vontade dos deuses, pois não sei. O desejo foi, no mínimo, tão forte que, antes do amanhecer, eu me levantei de minha cama de palha, vesti-me com as roupas de pescador e, sem vontade de responder a perguntas, não me despedi de meus anfitriões. Primeiro coloquei algumas peças de ouro na mesa de madeira limpa e, pegando um pote de farinha, espalhei-a na forma de letras, escrevendo:

"Um presente de Olimpo, o egípcio, que retorna para o mar".

Então fui embora, e no terceiro dia cheguei à grande cidade de Salamis, que também fica no litoral. Ali eu me hospedei no alojamento dos pescadores até que um barco zarpasse para Alexandria. O capitão desse barco, um homem de Pafos, contratou-me como marinheiro. Nós velejamos com um vento favorável e, no quinto dia, cheguei a Alexandria, aquela cidade abominável, e vi a luz dançando em seus domos dourados.

Ali eu não ficaria. Mais uma vez fui contratado como marinheiro, trocando o meu pagamento pela passagem, e nós subimos o Nilo. Eu soube pelas conversas dos homens que Cleópatra havia voltado para Alexandria trazendo Antônio com ela e que eles viviam juntos como a realeza no palácio no Lochias. De fato, os remadores já tinham uma canção que eles cantavam enquanto trabalhavam no remo. Eu também soube como a galera que havia sido enviada para procurar o barco que carregava o mercador sírio havia afundado com toda sua tripulação, e a lenda de que o astrônomo da rainha, Harmachis, havia voado do telhado de uma casa em Tarso para o céu. Os marinheiros se perguntavam por que eu me sentava e trabalhava e não cantava sua irreverente canção sobre os amores de Cleópatra. Eles também começaram a me temer e murmuravam entre si a meu respeito. Então eu soube que eu era um homem amaldiçoado e excluído, um homem que ninguém poderia amar.

No sexto dia chegamos a Aboukis, onde deixei a embarcação, e os marinheiros ficaram felizes em me ver partir. Com o coração partido atravessei campos férteis, vendo rostos que eu conhecia bem, mas com o disfarce tosco e minha marcha manca, ninguém me reconheceu. Por fim, quando o Sol estava se pondo, aproximei-me do grande pilone externo do templo, e ali me agachei nas ruínas de uma casa, sem saber por que eu tinha vindo e o que iria fazer. Como um boi perdido, eu tinha ido para longe e voltado para os campos de meu nascimento, e para quê? Se meu pai Amenemhat ainda estivesse vivo, ele, com certeza, iria virar seu rosto para mim. Eu não ousava ir à presença de meu pai. Eu me sentei ali escondido entre as vigas quebradas e observei com abandono os portões do pilone para ver se por acaso um rosto que eu conhecia sairia de lá. Mas ninguém saiu ou entrou, apesar de os grandes portões estarem abertos. Então eu vi ervas crescendo entre as pedras, onde não cresciam há muito tempo. O que poderia ser? O templo estava deserto? Não, como pode ter parado a adoração dos deuses eternos, se ela foi oferecida neste lugar sagrado por milhares de anos, dia após dia? Meu pai estava morto? Era possível. E por que este silêncio? Onde estavam os sacerdotes? Onde estavam os seguidores?

Eu não podia mais suportar a dúvida, e quando o Sol se fez vermelho no poente, eu me arrastei pelos portões abertos como um chacal sendo caçado, até que alcancei o primeiro grande Salão dos Pilares. Ali parei e olhei ao meu redor. Nenhum sinal, nenhum som naquele lugar escuro e sagrado! Eu continuei, com o coração acelerado, para o segundo grande salão, o salão de 36 pilares onde eu havia sido coroado lorde de todas as terras. Ainda nenhum sinal ou som! Ali, sentindo um pouco de medo de meus próprios passos, que ecoavam de modo terrível no silêncio dos santuários desertos, desci pela passagem dos nomes dos faraós em direção ao quarto de meu pai. A cortina ainda estava pendurada na soleira da porta, mas o que haveria lá dentro? Também o vazio? Eu a levantei e atravessei sem fazer barulho, e ali em sua cadeira entalhada, na mesa sobre a qual a sua longa barba branca fluía, sentava-se o meu pai, Amenemhat, vestido com suas vestes de sacerdote. Primeiro pensei que ele estivesse morto, pois ele se sentava muito parado, mas por fim ele virou a sua cabeça e vi que seus olhos estavam brancos e sem visão. Ele estava cego e o seu rosto estava magro como o rosto de um morto, amargurado pela idade e pela tristeza.

Fiquei parado e senti os olhos cegos passando sobre mim. Eu não conseguia falar com ele, eu não me atrevia a falar com ele. Eu iria embora para me esconder de novo.

Eu já havia me virado e pego a cortina, quando meu pai falou em uma voz profunda e vagarosa:

"Venha cá, tu que foste o meu filho e que és um traidor. Venha cá, Harmachis, em quem Kemet depositou sua esperança. Eu não te chamei de longe em vão! Não foi em vão que segurei a minha vida em mim até que eu ouvisse suas pegadas rastejando por esses santuários vazios, como as pegadas de um ladrão!"

"Ah, meu pai", arfei, atônito. "Tu estás cego, como sabias que era eu?"

"Como eu sabia que eras tu? E tu que sabes do nosso conhecimento ainda me perguntas? Já chega, eu te reconheço e fui eu quem te trouxe para cá. Eu gostaria, Harmachis, de não te conhecer! Eu gostaria de ter sido amaldiçoado pelo Invisível antes que te trouxesse do útero de Nut, para ser minha maldição e minha vergonha e o último infortúnio de Kemet!"

"Oh, não fale assim", gemi, "meu fardo já não é maior do que posso carregar?" Eu mesmo não fui traído e me tornei um pária? Tenha piedade, meu pai!"

"Tenha piedade! Ter pena de ti que mostrou tanta piedade? Foi a tua piedade que entregou o nobre Sepa para morrer nas mãos dos torturadores!"

"Oh, isso não, isso não!", gritei.

"Ah, traidor, isso sim! Morrer em agonia, proclamando com seu último suspiro que tu, o assassino dele, eras honesto e inocente! Ter pena de ti, que deste todas as flores de Kemet em troca dos braços de uma devassa! Tu achas que aqueles que estão trabalhando nas minas escuras do deserto, aqueles nobres têm pena de ti, Harmachis? Ter pena de ti, que causaste a devastação deste templo sagrado de Aboukis, a captura de suas terras, a fuga de seus sacerdotes e me deixaste sozinho, velho e enrugado para declarar nossa ruína? Ter pena de ti, que colocaste os tesouros Dela no colo da tua amante, tu que perjuraste a ti mesmo, teu país, teus direitos de nascença e teus deuses! Sim, assim sou piedoso: Sejas amaldiçoado, fruto de meu quadril! Que a vergonha seja a tua parte, a agonia o teu fim, e o inferno te receba no final! Onde tu estás? Sim, fiquei cego chorando quando ouvi a verdade, pois eles tentaram escondê-la de mim. Deixe que eu te encontre para que eu possa cuspir em ti, teu renegado! Infiel! Pária!". Ele se levantou de sua cadeira e cambaleou como uma cólera viva em minha direção, golpeando o ar com seu cetro. E quando ele vinha com seus braços esticados, algo horrível de se ver, o fim o encontrou de súbito, e com um grito ele caiu no chão, com o sangue escorrendo de seus lábios. Eu corri para ele e o levantei, e enquanto ele morria, ele balbuciava:

"Ele era o meu filho, um garoto adorável de olhos brilhantes, cheios de promessas como a primavera, e agora, agora, eu gostaria que ele estivesse morto!"

Então veio uma pausa e a respiração arranhou sua garganta.

"Harmachis", ele arfou, "estás aí?".

"Sim, pai."

"Harmachis, a reparação, a reparação! A vingança ainda pode ser saciada! O perdão ainda pode ser ganho. Há ouro, eu o escondi, Atoua poderá lhe dizer... ah, esta dor! Adeus!"

Então ele se contorceu enfraquecido em meus braços e morreu.

E foi assim que eu e meu santo pai, o príncipe Amenemhat, nos encontramos pela última vez em carne, e nos separamos pela última vez.

Capítulo II

A Última Angústia de Harmachis; a Invocação da Sagrada Ísis pela Palavra do Medo; a Promessa de Ísis; a Vinda de Atoua; as Palavras de Atoua

Eu me agachei no chão e olhei para o corpo morto de meu pai que tinha vivido para me amaldiçoar, eu, o completamente amaldiçoado, enquanto a escuridão rastejava e se acumulava ao nosso redor, até que, por fim, eu e o morto estávamos sozinhos no silêncio negro. Ah, como falar sobre a angústia daquela hora! A imaginação não consegue sonhar e eu não posso nem colocar em palavras. Mais uma vez em minha angústia pensei em morrer. Uma faca estava no meu cinto, com a qual eu poderia cortar a linha da miséria e libertar o meu espírito. Livre? Ah, livre para fugir e enfrentar a última vingança dos santos deuses! Ai de mim! Ai de mim! Eu não me atrevia a morrer. Seria melhor a terra com todas suas desgraças do que a rápida aproximação daqueles terrores inimagináveis que pairam pelo sombrio Amenti, esperando pela vinda dos derrotados.

Arrastei-me pelo chão e chorei lágrimas de agonia pelo passado perdido e imutável. Chorei até não poder mais, mas nenhuma resposta veio do silêncio, nenhuma resposta a não ser os ecos de minha tristeza. Nem um raio de esperança! Minha alma vagava por uma escuridão maior do que aquela que estava ao meu redor. Eu havia sido abandonado pelos deuses e expulso pelos homens. O terror tomou conta de mim enquanto eu estava agachado naquele lugar solitário, rígido pela grandiosidade da horrível morte. Eu me levantei para fugir. Como eu poderia fugir nesta melancolia? E para onde eu iria se não tinha nenhum lugar para me refugiar? Mais uma vez me agachei, e o enorme medo tomou conta de mim, até que um suor frio desceu de minha testa e a minha alma desvanecia dentro de mim. Então, em um momento de último desespero, rezei em voz alta para Ísis, para quem eu não havia ousado rezar por muitos dias.

"Oh, Ísis, Santa Mãe!", gritei. "Afaste a Tua ira, e com Tua infinita piedade, oh, toda misericordiosa, ouça a voz de angústia daquele que foi o Teu filho e servo, mas que pelo pecado caiu da visão de Teu amor. Ah, gloriosa entronada, que sendo todas as coisas compreende tudo e conhece todas as tristezas, coloque o peso de Tua misericórdia contra a escala de minhas maldades, e faça com que a balança fique igual. Olhe para a minha desgraça, e a mensure. Conte a soma de meu arrependimento e tome nota do dilúvio de tristeza que varre minha alma. Ah, sagrada, que me permitiu olhar para ti frente a frente, por aquela terrível hora de comunhão eu Te convoco. Eu Te convoco pela palavra mística. Venha, então, em misericórdia para me salvar, ou venha com raiva para terminar aquilo que não pode mais ser suportado."

Então, levantando-me, estiquei os meus braços e ousei gritar a Palavra de Medo, aquela que, se for usada com indignidade, traz a morte.

A resposta veio com rapidez. No silêncio eu ouvi o barulho dos sistros sendo chacoalhados anunciando a chegada da Glória. Então, no fundo do quarto surgiu o semblante de uma lua com chifres brilhando com suavidade na escuridão. Entre os chifres dourados descansava uma pequena nuvem escura, e uma impetuosa serpente entrava e saía de dentro dela.

Meus joelhos amoleceram diante da presença da Glória e eu caí na sua frente.

Então a voz suave e baixa de dentro da nuvem falou:

"Harmachis, que foste o meu servo e meu filho, escutei a tua oração e a convocação que tu ousaste proferir, a qual, nos lábios daquele com o qual já comunguei, tem o poder de me trazer do lugar mais remoto. Nós não estamos mais ligados pelo laço do amor Divino, pois tu me afastaste por sua própria vontade. Por isso, Harmachis, vim depois deste longo silêncio vestida em terrores e talvez pronta para vingança, pois Ísis não pode ser chamada dos salões de Sua Divindade de forma leviana".

"Castigue-me!", respondi, "castigue-me e me entregue para aqueles que saciam a Tua vingança, pois não posso mais suportar o peso de minha desventura!".

"Se tu não podes suportar teu fardo aqui, nesta terra superior", veio a resposta suave, "como tu irás suportar o fardo maior que deverá ser colocado sobre ti lá, chegando contaminado e ainda impuro em meu sombrio reino da morte, que é vida e mudança sem fim? Não, Harmachis, eu não te castigarei, pois não tenho raiva que tu ousaste pronunciar a horrível palavra para me chamar para ti. Escute com atenção, Harmachis! Eu não louvo nem repreendo, pois sou a ministra da recompensa e punição e a executora de decretos. Se dou, dou em silêncio. E se castigo, castigo em silêncio. Assim sendo, não irei acrescentar nada ao teu fardo com o peso de palavras duras, apesar de que por tua causa, Ísis, a Mãe misteriosa, em breve será apenas uma memória no Egito. Tu pecaste e tua punição será pesada, como te avisei, tanto em carne quanto no meu reino em Amenti. Mas te disse que há uma estrada para o arrependimento, e por certo teus pés estão indo nessa direção e nela tu deverás andar com o coração humilde, comendo do pão da amargura, até que chegue a hora em que tua condenação seja estabelecida".

"Então não tenho esperança, oh, Sagrada?"

"O que foi feito, foi feito, Harmachis, e nada pode ser alterado. Kemet não será mais livre até que seus templos fiquem como a areia do deserto. Pessoas estranhas irão mantê-la refém e em amarras de tempos em tempos. Novas religiões deverão surgir e murchar à sombra de suas pirâmides, pois, para cada mundo, raça e era, as fisionomias dos deuses mudam. Esta é a árvore que irá brotar da semente de teu pecado, Harmachis, e do pecado daqueles que te tentaram!"

"Ai de mim! Eu estou arruinado!", gritei.

"Sim, tu estás arruinado, mas ainda isto deverá ser dado a ti. Tu irás destruir o teu destruidor. Portanto, em virtude de minha justiça, está ordenado. Quando o sinal chegar para ti, ergue-te, vá até Cleópatra e do modo que eu colocar em teu coração coloque a vingança Celestial sobre ela! E para ti mais uma palavra, pois tu me afastaste de ti, Harmachis, e eu não o verei mais frente a frente até que o ciclo se cumpra, e o último fruto do teu pecado tenha desaparecido da Terra. Porém, pela vastidão dos incontáveis anos, lembra-te disso: o Amor Divino é Amor eterno e não pode ser extinto, embora esteja afastado para sempre. Arrependa-te, meu filho! Arrependa-te e faças o bem enquanto ainda há tempo, para que no sombrio fim dos tempos tu possas mais uma vez se reunir comigo. Ainda assim, Harmachis, embora tu não olhes para mim, ainda assim, quando este nome pelo qual tu me conheces tiver se tornado um mistério sem significado para aqueles que vierem depois de ti, ainda assim, eu, cujas horas são eternas, eu, que observei universos murcharem, decaírem, e sob o sopro do tempo, se derreterem em nada para se reunirem de novo e renascidos tecerem o labirinto do espaço, ainda assim, digo, irei te acompanhar. Para onde tu fores, em qualquer forma de vida que viveres, lá estarei! Sejas tu enviado até a estrela mais distante ou sejas enterrado na maior profundeza de Amenti, em vidas, em mortes, ao dormir, ao despertar, nas lembranças, nos esquecimentos, em todas as febres da vida exterior, em todas as mudanças do espírito, ainda assim, se tu te redimires e não me esqueceres mais, estarei contigo, esperando pela hora de tua redenção. Pois esta é a natureza do Amor Divino, que ama aquele que compartilha de sua divindade e que pelo laço sagrado foi uma vez ligado a ele. Julgue então, Harmachis, foi certo afastar isto de ti para ganhar a poeira de uma mulher na Terra? E agora não te atrevas a proferir de novo a Palavra de Poder até que estas coisas estejam feitas! Harmachis, por este período, adeus!"

Conforme a última nota da doce voz desvanecia, a serpente feroz subiu para o coração da nuvem. Então a nuvem rolou dos chifres de luz e se reuniu à escuridão. A visão da Lua crescente escureceu e desapareceu. Assim, conforme a Deusa passava, veio mais uma vez a música suave e terrível dos sistros, e tudo ficou quieto.

Escondi o meu rosto na minha túnica, e mesmo então, embora minha mão esticada pudesse tocar o corpo frio daquele pai que havia morrido me amaldiçoando, senti a esperança voltando ao meu coração, sabendo que eu não estava de todo perdido nem havia sido rejeitado por completo por Ela, aquela que eu havia renegado, mas a quem eu ainda amava. Então o cansaço tomou conta de mim e eu dormi.

Acordei com as luzes fracas do amanhecer arrastando-se pela abertura no teto. Elas pairavam de modo sinistro sobre as sombrias paredes esculpidas e sobre o rosto morto e a barba branca de meu pai, que havia se reunido com Osíris. Eu acordei lembrando-me de todas as coisas e perguntando ao meu coração o que deveria fazer, e quando eu me levantava, ouvi pegadas fracas arrastando-se pela passagem dos nomes dos faraós.

"Lá, lá, lá", murmurava a voz que eu sabia ser da velha ama Atoua. "Ah, está escuro como a casa dos mortos! Os santos que construíram este templo não amavam o Sol abençoado, não importa o quanto o adorassem. Agora, onde está a cortina?"

A cortina se abriu, e Atoua entrou com um cajado em uma mão e um cesto na outra. Seu rosto estava ainda mais enrugado e seus cabelos ralos estavam ainda mais brancos do que antes, mas fora isto ela estava como sempre foi. Ela parou e olhou ao redor com seus olhos negros penetrantes, pois ela ainda não conseguia ver nada por causa das sombras.

"Onde está ele?", ela murmurou. "Osíris, glória ao Seu nome, espero que ele não tenha saído vagando na noite, e ele está cego! Ah, por que não pude voltar antes de escurecer! A que época chegamos, quando o supremo sacerdote e o governador de Aboukis por descendência é deixado a uma mulher idosa para que cuide de sua enfermidade! Ah, Harmachis, meu pobre rapaz, tu trouxeste o sofrimento para nossas portas! Mas o que é isto? Por certo ele não está dormindo no chão? Deve ser a sua morte! Príncipe! Pai Sagrado! Amenemhat! Acorde, levanta-te!", e ela mancou na direção do cadáver. "Ah, como é isto! Por Aquele que dorme, ele está morto! Sem cuidados e sozinho, morto! Morto!" E ela soltou o seu longo lamento de dor que ecoou nas paredes esculpidas.

"Quieta, mulher, fique parada!", eu disse deslizando das sombras.

"Ah, quem és tu?", ela gritou, largando sua cesta. "Homem mal, assassinaste este santo, o único santo no Egito? A maldição por certo cairá sobre ti, pois apesar de parecer que os deuses se esqueceram de nós na nossa hora de sofrimento, ainda assim os braços deles são longos, e eles, com certeza, irão se vingar daquele que matou seu ungido."

"Olhe para mim, Atoua", gritei.

"Olhar! Ah, eu vejo, viajante malvado, que ousou fazer este ato cruel! Harmachis é um traidor e se perdeu na distância, e Amenemhat, seu santo pai, foi assassinado, e agora estou sozinha sem amigos ou parentes. Entreguei meus parentes por ele. Entreguei meus parentes por Harmachis, o traidor! Venha, mate-me também, perverso!"

Avancei um passo em sua direção e ela, pensando que eu estava prestes a matá-la, gritou com medo:

"Não, bom senhor, poupa-me. Oitenta e seis, pelos sagrados 86 na próxima cheia do Nilo, e ainda assim não quero morrer, embora Osíris seja misericordioso para com a velha que o serviu! Não te aproximes – socorro! Socorro!"

"Fique quieta, sua tola!", eu disse "não me conheces?".

"Conhecer-te? Como eu posso conhecer cada pescador errante a quem Sebek garante o sustento até Tifão o reivindicar? Mas isso é estranho, esta fisionomia mudada, aquela cicatriz! Este andar manco! És tu, Harmachis! És tu, oh, meu garoto! Tu voltaste para agradar meus velhos olhos? Eu pensava que estivesses morto! Deixe-me beijar-te! Não, eu me esqueci. Harmachis é um traidor e um assassino! Aqui jaz o santo Amenemhat, assassinado pelo traidor Harmachis! Vá embora! Eu não quero saber de traidores e daqueles que matam o próprio pai! Volte para a tua devassa! Tu não és aquele que amamentei".

"Sossegue, mulher, sossegue! Eu não matei meu pai, ele morreu! Pobre de mim, ele morreu nos meus braços!"

"Ah, e por certo morreu amaldiçoando-te, Harmachis! Tu deste a morte para quem te deu a vida! Lá, lá! Eu sou velha e já vi muito sofrimento, mas este é o mais pesado de todos! Eu nunca gostei da aparência das múmias, mas gostaria de ser uma agora! Vá embora, eu te peço!"

"Velha ama, não me repreendas! Eu já não tenho o suficiente para suportar?"

"Ah, sim, sim, eu me esqueci! Bem, e qual é o teu pecado? Uma mulher foi a tua perdição, como as mulheres foram para outros antes de ti, e serão para outros depois de ti. E que mulher! Lá, lá! Eu a vi, uma beleza sem igual, uma flecha apontada por deuses perversos para a destruição! E tu, um jovem criado para ser sacerdote, um treinamento impróprio, um treinamento muito impróprio! Aquela batalha não foi justa. Quem pode se surpreender de que ela te dominou? Venha, Harmachis, deixe-me beijá-lo! Uma mulher não deve ser rigorosa com um homem porque ele amou muito o nosso sexo. Isto é somente a natureza, e a natureza sabe o que faz, senão nos teria feito de outra maneira. Mas este é um caso perverso. Saibas tu que aquela tua rainha macedônica confiscou as terras e as rendas do templo, e expulsou os sacerdotes, exceto pelo santo Amenemhat, que está deitado aqui, que ela deixou ficar não sei por quê. Ah, e fez com que cessasse a adoração dos deuses entre estas paredes. Bem, ele se foi, se foi! Na verdade ele está melhor com Osíris, pois a vida dele foi um fardo. E ouças, Harmachis, ele não te deixou de mãos vazias, pois tão logo o plano falhou ele reuniu toda a sua fortuna, que é grande, e a escondeu em um local que posso te mostrar, e ela é tua por direito de descendência."

"Não fales comigo sobre riqueza, Atoua. Para onde irei e como esconderei minha vergonha?"

"Ah, é verdade, é verdade. Aqui tu não poderás morar, pois se te encontrarem aqui eles, com certeza, te enviarão para a horrível morte. Ah, para a morte pelo pano encerado. Não, eu te esconderei, e quando acabarem os ritos funerários do santo Amenemhat, fugiremos daqui e nos esconderemos dos olhos dos homens até que essas tristezas sejam esquecidas. Lá, lá! Este é um mundo triste e cheio de sofrimento, assim como a lama do Nilo está cheia de besouros. Venha, Harmachis, venha."

Capítulo III

A Vida Daquele que Foi Nomeado o Sábio Olimpo, na Tumba das Harpistas que Fica Próxima de Tapé; seu Conselho para Cleópatra; a Mensagem de Charmion; a Ida de Olimpo a Alexandria

E assim aconteceu. Durante 80 dias a velha ama Atoua me escondeu enquanto o corpo do príncipe, meu pai, era preparado para o enterro por aqueles que tinham habilidade nas artes do embalsamamento. Quando as últimas coisas estavam prontas, rastejei-me de meu esconderijo e fiz oferendas ao espírito de meu pai e, colocando flores de lótus em seu peito, fui embora dali muito triste. No dia seguinte, de onde eu me escondia, vi os sacerdotes do templo de Osíris e do santuário de Ísis se aproximarem e, em lenta procissão, carregar o caixão pintado para o lago sagrado e o colocar debaixo da tenda funerária no barco consagrado. Eu os vi celebrarem o símbolo do julgamento do morto, e nomeá-lo superior a todos os homens justos, e então o carregarem para que ele se deitasse junto de sua esposa, minha mãe, na tumba profunda escavada na rocha próxima ao local de descanso do Santo Osíris, onde, apesar dos meus pecados, eu tinha esperança de dormir por muito tempo. E quando todas estas coisas terminaram e a tumba estava selada, com a fortuna de meu pai removida do tesouro secreto e colocada em segurança, fugi disfarçado com a velha ama Atoua, subindo o Nilo até alcançar Tapé. Naquela grande cidade eu fiquei por um tempo, até que pudesse encontrar um lugar onde deveria me esconder.

Eu encontrei tal lugar. Ao norte da grande cidade existem colinas escarpadas marrons e o vale do deserto devastado pelo Sol. Nesse lugar desolado os divinos faraós, meus antepassados, cavaram suas tumbas na rocha sólida, mas a maior parte delas está perdida hoje em dia, de tão bem escondida que está. Mas algumas estão abertas, pois os malditos persas e outros ladrões as invadiram em busca de tesouros. Uma noite, pois eu apenas saía de meu esconderijo à noite, quando o amanhecer estava surgindo no topo das montanhas, eu vagava sozinho nesse triste vale da morte, como não existe outro igual, e alcancei a entrada de uma tumba escondida entre enormes rochas, que depois eu vim a descobrir que era o lugar onde o Divino Ramsés, o terceiro, havia sido enterrado, agora há muito tempo reunido com Osíris. Com a luz fraca do amanhecer invadindo a entrada vi que havia muito espaço e aposentos dentro da tumba.

Assim, na noite seguinte retornei ao lugar carregando luzes e com a velha ama Atoua, que cuidou de mim fielmente desde que eu era pequeno e sem discernimento. Nós exploramos a grande tumba e chegamos ao grande salão do sarcófago de granito, onde o Divino Ramsés dorme, e vimos os símbolos místicos nas paredes: o símbolo da serpente sem fim, o símbolo de Rá repousando sobre o escaravelho, o símbolo de Rá repousando sobre Nut, o símbolo dos homens sem cabeça e muitos outros. Sendo iniciado, eu conseguia ler bem os mistérios. Abrindo a longa passagem que descia, encontrei quartos com muitas pinturas lindas de se olhar e todo tipo de coisas. Debaixo de cada aposento estava sepultado o mestre da arte que as pinturas relatavam, aquele que era o chefe dos servos daquela arte na casa deste Divino Ramsés. Nas paredes do último aposento, do lado esquerdo, olhando na direção do salão do sarcófago, havia pinturas de extrema beleza, e duas harpistas cegas tocando suas harpas, curvadas na frente do Deus Mou. Debaixo do piso estão dormindo essas harpistas que não tocam mais. Eu me instalei nesse lugar sombrio, mesmo na tumba das harpistas e na companhia dos mortos. Ali, por oito longos anos trabalhei a minha penitência e fiz a expiação pelo meu pecado, mas Atoua, que gostava de estar próxima à luz, instalou-se na sala dos barcos, que é a primeira sala do lado direito da galeria olhando na direção do salão do sarcófago.

Assim era a minha vida. A cada dois dias a velha ama Atoua saía e trazia água e comida da cidade em quantidade suficiente para impedir a vida de se exaurir, e também velas feitas de gordura. Durante uma hora quando o Sol nascia e uma hora quando o Sol se punha, eu também saía para vagar no vale, para o bem de minha saúde e para evitar que a minha visão enfraquecesse por causa da grande escuridão da tumba. Mas as outras horas do dia e da noite, exceto quando eu subia a montanha para observar o curso das estrelas, passava rezando, meditando e dormindo, até que a nuvem do pecado se dissipou de meu coração e mais uma vez me aproximei dos deuses, apesar de que eu nunca mais falaria com Ísis, a minha Mãe celestial. Eu também me tornei sábio ao extremo, refletindo sobre todos os mistérios dos quais eu tinha a chave. A abstinência, a oração e a solidão pesarosa levaram embora a grosseria da minha carne, e com os olhos do espírito aprendi a olhar com profundidade para o âmago das coisas, até que a alegria da sabedoria caiu como orvalho em minha alma.

Logo um rumor se espalhou sobre a cidade de que certo homem santo chamado Olimpo vivia em solitário nas tumbas daquele horrível vale dos mortos, então vieram para cá pessoas doentes que queriam que eu as curasse. Eu me concentrei no estudo das ervas, ensinado por Atoua. E por meio da sabedoria popular e do peso do meu pensamento, adquiri grande habilidade na medicina e curei muitos doentes. E assim, conforme o tempo passava, minha fama se espalhava no exterior, pois também diziam que eu era um mágico e que nas tumbas havia comungado com os espíritos dos mortos. Apesar de que na verdade fiz isto, mas não posso falar sobre este assunto. Assim aconteceu que Atoua não precisava mais sair em busca de água e comida, pois as pessoas traziam-nas. Mais do que o necessário, pois eu não aceitava nenhum pagamento. No início, temendo que alguma pessoa que procurava o ermitão Olimpo pudesse conhecer Harmachis, eu somente encontrava as pessoas que entrassem na escuridão da tumba. Mas depois, quando eu soube que por toda a nação diziam que Harmachis estava morto, eu fui para fora e me sentei na entrada da tumba, cuidando dos enfermos e algumas vezes calculando os nascimentos dos poderosos. Minha fama crescia continuamente, até, que por fim, as pessoas viajavam até de Mênfis e Alexandria para me visitar. E por meio dessas pessoas fiquei sabendo que Antônio havia deixado Cleópatra por um tempo, e com a morte de Fúlvia havia se casado com Otávia, a irmã de César. Eu também fiquei sabendo de muitas outras coisas.

No segundo ano fiz o seguinte: despachei a velha ama Atoua, disfarçada de vendedora de ervas, para Alexandria com a missão de procurar Charmion, e se esta ainda se mostrasse fiel, revelar a ela o segredo do meu modo de vida. Assim ela se foi, e depois de cinco meses ela voltou trazendo saudações de Charmion e um sinal. Ela me disse que encontrou uma maneira de ver Charmion, e durante a conversa soltou o nome Harmachis, falando como se eu estivesse morto. Charmion, incapaz de conter sua tristeza, chorou alto. Assim, lendo o coração dela, pois a velha ama era muito esperta e tinha a chave do conhecimento, revelou a Charmion que Harmachis ainda estava vivo e que lhe mandava saudações. Então Charmion chorou ainda mais de alegria e beijou a velha ama, deu-lhe presentes e fez com que ela me contasse que havia mantido o seu voto e que estava me esperando para a hora da vingança. Assim, depois de descobrir muitos segredos, Atoua voltou mais uma vez para Tapé.

No ano seguinte vieram até mim mensageiros de Cleópatra, trazendo um rolo selado e presentes maravilhosos. Eu abri o rolo e li o que estava escrito nele:

"De Cleópatra para Olimpo, o egípcio sábio que mora no vale da morte em Tapé.

A tua fama, oh sábio, alcançou nossos ouvidos. Diga-nos como, e se tu nos disseres a coisa certa receberás maior honra e fortuna do que qualquer um no Egito. Como podemos ganhar de volta o amor do nobre Antônio, que está enfeitiçado pela ardilosa Otávia e está há muito tempo longe de nós?"

Eu vi a mão de Charmion nisto, que fez com que Cleópatra ficasse sabendo de minha fama.

Durante toda noite me aconselhei com a minha sabedoria, e de manhã escrevi minha resposta, e nela coloquei o meu coração na destruição de Cleópatra e Antônio. Assim escrevi:

"De Olimpo, o egípcio, para Cleópatra, a rainha,

Vá para a Síria com alguém que será enviado para te guiar, assim conquistarás Antônio para os teus braços de novo, e com ele presentes maiores do que podes sonhar".

E com esta carta despachei os mensageiros e fiz com que repartissem entre eles os presentes enviados por Cleópatra.

Eles foram embora admirados.

Cleópatra, seguindo o conselho que era propício à sua paixão, partiu no mesmo momento para a Síria com Fonteius Capito, e lá tudo aconteceu como eu havia previsto. Antônio foi subjugado por ela, e deu a ela grande parte da Cilícia, a costa de Nabateia na Arábia, as províncias provedoras de bálsamo da Judeia, a província da Fenícia, a província de Celessíria, a rica Ilha de Chipre e toda a biblioteca de Pérgamo. E aos gêmeos que Cleópatra havia dado a Antônio, junto com o filho Ptolomeu, ele com irreverência lhes deu os nomes de "Reis, os Filhos dos Reis", de Alexandre Hélio, assim como os gregos nomeiam o Sol, e de Cleópatra Selene, a Lua, de asas longas.

Então aconteceu o seguinte:

Quando voltou para Alexandria, Cleópatra me mandou maravilhosos presentes, dos quais eu não queria nenhum, e suplicou para que eu, o sábio Olimpo, fosse visitá-la em Alexandria. Mas ainda não era o momento, e eu não fui. Mas, depois disso, ela e Antônio me pediram conselhos muitas vezes e eu sempre os aconselhei na direção de sua ruína, e as minhas profecias não falharam.

Assim os longos anos se passaram e eu, o ermitão Olimpo, que vivia em uma tumba comendo pão e bebendo água, pela força da sabedoria que me foi entregue pelo poder da vingança, me tornei mais uma vez importante em Kemet. Pois me tornei ainda mais sábio conforme eu pisoteava os desejos da carne debaixo dos meus pés e direcionava meus olhos para o Céu.

Enfim, oito anos inteiros haviam passado. A guerra com os Partianos tinha vindo e ido, e Artavasdes, o rei da Armênia, havia sido conduzido em triunfo pelas ruas de Alexandria. Cleópatra havia visitado Samos e Atenas, e seguindo o conselho dela, a nobre Otávia havia sido expulsa da casa de Antônio em Roma, como uma concubina descartada. Agora, por fim, a medida da tolice de Antônio estava cheia até à borda. Pois este mestre do mundo não possuía mais a benéfica dádiva da razão. Ele estava perdido em Cleópatra assim como eu me perdi. Por esse motivo Otaviano declarou guerra contra ele.

Enquanto eu dormia certo dia no aposento das harpistas na tumba do faraó que fica em Tapé, tive uma visão do meu pai, o idoso Amenemhat, e ele ficou sobre mim apoiado em seu bastão, e me disse:

"Olha adiante, meu filho".

Então olhei adiante e, com os olhos do meu espírito, vi o mar e dois grandes navios guerreando perto de uma costa rochosa. E os emblemas dos navios eram um de Otaviano e o outro de Cleópatra e Antônio. Os navios de Cleópatra e Antônio abatiam os navios de César, e a vitória se inclinava para Antônio.

Eu olhei de novo. Ali estava sentada Cleópatra, em uma galera de convés dourado observando a briga com olhos impacientes. Então joguei o meu espírito nela, para que ela ouvisse a voz do morto Harmachis gritando em seu ouvido:

"Fuja, Cleópatra", a voz parecia dizer: "Fuja ou pereça!".

Ela olhou para cima de modo descontrolado e mais uma vez ouviu a voz de meu espírito. Agora um medo possante havia tomado conta dela. Ela gritou para que os marinheiros içassem as velas e fez um sinal para que sua frota recuasse. Eles fizeram isso espantados, mas pouco relutantes, e fugiram da batalha em disparada.

Então um enorme urro veio dos amigos e dos inimigos.

"Cleópatra fugiu! Cleópatra fugiu!" Entã vi a destruição e a ruína caírem sobre a frota de Antônio e acordei de meu transe.

Os dias se passaram e de novo uma visão de meu pai veio até mim e falou comigo, dizendo:

"Levanta-te, meu filho! A hora da vingança chegou! Teus planos não falharam, tuas preces foram ouvidas. Pelo comando dos deuses, enquanto ela se sentava naquela galera na batalha de Ácio, o coração de Cleópatra se encheu de medo de tal modo que, julgando ter ouvido a tua voz dizendo que fugisse ou perecesse, ela fugiu com toda sua frota. Agora a força do Ácio está quebrada no mar. Saia e faça o que será colocado em tua mente".

Acordei de manhã, pensativo, e fui para a entrada da tumba. Ali avistei os mensageiros de Cleópatra vindo pelo vale e uma legião romana com eles.

"O que vocês querem comigo agora?", perguntei com severidade.

"Esta é a mensagem da rainha e do grande Antônio", respondeu o capitão, curvando-se para mim, pois eu era muito temido pelos homens. "A rainha ordena a tua presença em Alexandria. Ela pediu a tua presença muitas vezes e tu não foste. Agora ele te obriga a ir e com rapidez, pois ela precisa do teu conselho."

"E se eu disser não, soldado, o que acontecerá?"

"Estas são as minhas ordens, nobre Olimpo, que eu te leve à força."

Ri em voz alta. "À força, seu tolo! Não fales assim comigo para que eu não te ataque onde tu estás. Saiba que posso matar tão bem quanto eu posso curar!"

"Perdão, eu te suplico!", ele respondeu, tremendo. "Eu digo apenas aquilo que me ordenam."

"Bem, eu sei, capitão. Não tenhas medo, eu irei."

Assim, naquele mesmo dia, parti com a idosa Atoua. Fui tão secretamente quanto tinha vindo, e a tumba do Divino Ramsés não me conheceu mais. Levei comigo todos os tesouros do meu pai, Amenemhat, pois não queria ir para Alexandria de mãos vazias como um suplicante, mas antes como um homem de muita riqueza e condições. Quando eu viajava soube que Antônio, seguindo Cleópatra, tinha de fato fugido do Ácio, e eu soube que o fim se aproximava. Esta e muitas outras coisas eu havia previsto na escuridão da tumba de Tapé e planejado trazer à tona.

Assim eu vim para Alexandria e entrei em uma casa que havia sido preparada para mim nos portões do palácio.

E naquela mesma noite Charmion veio até mim. Charmion, que eu não via há nove longos anos.

Capítulo IV

O Encontro de Charmion com o Sábio Olimpo; a Conversa Entre Eles; a Ida de Olimpo à Presença de Cleópatra; as Ordens de Cleópatra

Vestido com meu manto preto liso, eu me sentei no aposento de convidados da casa que havia sido preparada para mim. Eu me sentei em uma cadeira esculpida com pés de leão e olhei para as lâmpadas de óleo perfumado que balançavam, as tapeçarias desenhadas, os ricos tapetes sírios, e no meio de todo esse luxo me lembrei da tumba das harpistas que está em Tapé e nos longos nove anos de escura solidão e preparação. Eu me sentei, e agachada em um tapete próximo da porta estava a idosa Atoua. Seu cabelo estava branco como a neve e, enrugada pela idade, a fisionomia da mulher que havia se prendido a mim depois de todos terem me desertado estava destroçada. Seu grande amor esqueceu meus grandes pecados. Nove anos! Nove longos anos! E agora, mais uma vez, eu pisei em Alexandria! Mais uma vez no círculo das coisas eu vinha da solidão da preparação para ser o destino de Cleópatra, mas desta segunda vez eu não vim para falhar.

E como as circunstâncias haviam mudado! Eu estava fora da História, minha parte agora era apenas a parte da espada nas mãos da Justiça. Eu não tinha mais a esperança de tornar o Egito poderoso e livre, nem de me sentar no meu trono de direito. Kemet estava perdida e eu, Harmachis, estava perdido. Na pressa e na confusão dos eventos o grande plano do qual eu havia sido o pivô fora encoberto e esquecido, e mal permanecia a memória dele. A cortina da noite escura estava se fechando sobre a história de minha antiga raça. Seus próprios deuses estavam cambaleando para a ruína. Eu já podia ouvir em espírito o som agudo das águias romanas enquanto elas batiam suas asas acima das margens mais distantes do Sihor.

Naquele momento eu despertei e fiz que Atoua buscasse um espelho e o trouxesse para mim, pois eu queria olhar dentro dele.

E foi isto que eu vi: um rosto encolhido e pálido, no qual não vinha nenhum sorriso. Grandes olhos que haviam se tornado abatidos por olhar a escuridão apareciam de modo vazio em uma cabeça raspada, como o oco buraco dos olhos de uma caveira. Uma forma encarquilhada e hesitante, gasta pela abstinência, tristeza e oração. Uma longa barba selvagem e cinza como o ferro. Mãos com finas veias azuis que tremiam como uma folha. Ombros encurvados e membros desvanecidos. O tempo e a mágoa tinham feito de fato o seu trabalho, e eu mal podia pensar em mim mesmo como aquele nobre Harmachis, em todo o esplendor de minha força e beleza jovem, quando pela primeira vez em que olhei para o encanto de uma mulher eu fui destruído. No entanto, dentro de mim queimava o mesmo fogo de outrora. Eu ainda não estava mudado, pois o tempo e a tristeza não têm o poder de alterar o espírito imortal do homem. As estações vêm e vão. A esperança pode voar como um pássaro para longe. A paixão pode quebrar suas asas ao encontrar as barras de ferro do destino. Ilusões se desmancham como as torres nubladas da chama do pôr do sol. A fé pode escapar por debaixo de nossos pés como a água corrente. A solidão pode se expandir ao nosso redor como a imensurável areia do deserto. A velhice rasteja como a noite que se forma sobre nossas cabeças abaixadas, grisalhas em sua vergonha. Sim, estamos sujeitos à roda da fortuna, e podemos experimentar cada volta da sorte. Uma hora governar como reis, outra hora servir como escravos. Às vezes amar, às vezes odiar. Uma hora prosperar, outra hora perecer. Mas mesmo assim, apesar de tudo, nós ainda somos os mesmos, pois esta é a maravilha da identidade.

Enquanto estava sentado e pensando em todas essas coisas com o coração amargurado, alguém bateu à porta.

"Abra, Atoua", eu disse.

Ela se levantou e fez o que eu tinha pedido. Uma mulher vestida com uma túnica grega entrou. Era Charmion, tão linda quanto antes, mas com um rosto triste e muito doce de se ver, com um fogo paciente adormecido em seus olhos voltados para o chão.

Ela entrou sozinha. Sem falar nada, a velha ama apontou para o lugar onde eu me sentava e saiu.

"Velho homem", ela disse, dirigindo-se a mim. "Leva-me ao sábio Olimpo. Eu vim por causa de negócios da rainha."

Eu me levantei e olhei para ela erguendo minha cabeça.

Ela me encarou e soltou um pequeno grito.

"Por certo", ela sussurrou olhando ao redor, "por certo tu não és aquele..." e ela fez uma pausa.

"Aquele Harmachis que teu tolo coração amou, oh, Charmion? Sim, eu sou ele e o que tu vês, tão linda dama. Ainda assim o Harmachis que tu amaste está morto, mas Olimpo, o habilidoso egípcio, espera pelas tuas palavras."

"Chega!", ela disse. "E só mais uma palavra sobre o passado, e então deixe que ele fique onde está. Tu, com toda tua sabedoria, não conheces bem o coração de uma mulher, se acreditas, Harmachis, que ele pode mudar com a mudança da forma externa, pois se fosse assim nenhum amor seguiria seu amado para o último lugar de mudança, a sepultura. Saibas tu, sábio médico, que eu sou do tipo que quando ama uma vez, ama para sempre, e sem ter sido amada em retorno, vai morrer virgem."

Ela terminou e, sem ter nada para dizer, abaixei minha cabeça em resposta. Mesmo sem que eu dissesse nada e, apesar de a paixão tola dessa mulher ter sido a causa de toda a nossa ruína, para falar a verdade, eu estava grato por ela em segredo, pois sendo cortejada por todos e vivendo nesta corte desavergonhada, mesmo assim ela tinha passado esses longos anos derramando o seu amor sobre um pária. Quando este homem voltou com uma aparência tão desagradável como um pobre escravo derrotado pela sorte, mesmo assim ele ainda era querido pelo coração dela. Pois qual homem que não estima este presente mais raro e mais lindo, aquela coisa perfeita que nenhum ouro pode comprar, que é o amor verdadeiro de uma mulher?

"Eu agradeço que tu não me respondeste", ela disse. "Pois as palavras amargas que tu derramaste em cima de mim naqueles dias que estão mortos há muito tempo, longe, em Tarso, não perderam sua picada venenosa, e meu coração não é mais o lugar para as flechadas do teu escárnio, agora com um novo veneno por causa dos teus anos solitários. Então, deixe para lá. Preste atenção! Tirei de mim aquela paixão selvagem de minha alma", ela olhou para cima e esticou suas mãos como se quisesse empurrar para trás alguma presença invisível. "Eu tiro de mim, apesar de não poder esquecê-la! Pronto, está feito, Harmachis. Meu amor não irá mais te atrapalhar. Para mim já basta que os meus olhos mais uma vez te vejam, antes que o sono te sele de minha vista. Tu te lembras como eu queria ter morrido pela tua querida mão, e tu não me mataste, mas ordenaste que eu vivesse para colher o fruto amargo do crime e para que eu fosse amaldiçoada por visões do mal que eu trouxe e pelas memórias de ti, a quem eu arruinei?"

"Sim, Charmion, eu me lembro bem."

"Com certeza o copo da punição se encheu. Ah, se tu pudesses ver a memória do meu coração, e ler o sofrimento que tive de suportar, suportar com um sorriso no rosto, a tua justiça teria sido satisfeita de fato!"

"E mesmo assim, se o que ouvi for verdade, Charmion, tu és a primeira de toda a corte, e sendo assim és a mais amada e querida. Não foi Otaviano que disse que ele faz a guerra não contra Antônio, nem contra sua amante Cleópatra, mas contra Charmion e Iras?"

"Sim, Harmachis, e pense no que tem sido para mim, por causa de meu juramento a ti, que fui forçada a comer o pão e fazer as tarefas para aquela que eu odeio com tanta amargura! Aquela que te roubou de mim, e que pelo trabalho de meu ciúme fez com que eu me tornasse o que sou, te trouxe vergonha e que causou toda a ruína do Egito! Podem as joias, as riquezas e o cortejo de príncipes e nobres trazer a felicidade para alguém como eu, que sou mais miserável que a pior ajudante de cozinha? Ah, com frequência eu chorei até não poder mais enxergar, mas quando chegava a hora tinha que me levantar e me cansar e realizar as tarefas para a rainha e aquele patife Antônio com um sorriso. Que os deuses me permitam vê-los mortos. Os dois! Assim eu mesma ficarei feliz em morrer! O teu fardo foi pesado, Harmachis, mas pelo menos tu tens sido livre, e muitas vezes eu tive inveja de ti na quietude da tua caverna assombrada."

"Percebo, Charmion, que tu não te esqueces de teus juramentos, e faz muito bem, pois a hora da vingança está próxima."

"Sou diligente e em tudo eu tenho trabalhado para ti em segredo. Para ti e para a completa ruína de Cleópatra e do romano. Incitei a paixão dele e o ciúmes dela, aticei a maldade dela e a tolice dele, e tudo que causei eu fiz com que fosse relatado para César. Escute bem! Esta é a situação. Tu sabes como foi o combate no Ácio. Cleópatra foi para lá com a sua frota contra a vontade de Antônio, mas como tu me enviaste a palavra, roguei para ele pela rainha, jurando para ele em lágrimas que se a deixasse, ela morreria de tristeza. Ele, o pobre escravo, acreditou em mim. Então ela foi, e no auge da batalha, por um motivo que não sei, embora talvez tu saibas, Harmachis, ela fez um sinal para o esquadrão dela e fugiu da batalha velejando para o Peloponeso. E agora, veja qual foi o final! Quando Antônio soube que ela tinha ido, ele, em sua loucura, pegou uma galera e desertou todos seguindo Cleópatra, deixando que sua frota fosse aniquilada e afundasse, deixando também seu grande exército de 20 legiões e 12 mil cavalos na Grécia sem um líder. Ninguém poderia acreditar nisso tudo, que Antônio, o querido dos deuses, tenha caído em desgraça com tamanha profundidade. Por isso, durante algum tempo o exército permaneceu, mas agora mesmo Canídio, o general, trouxe a notícia de que os homens, cheios de dúvida, e no final tendo a certeza de que Antônio os havia desertado, renderam-se a César, toda a grande força de Antônio."

"E onde está Antônio?"

"Ele construiu para si uma casa em uma pequena ilha no Grande Porto e a nomeou de Timonium, pois na verdade ele chora como Timon por causa da ingratidão da humanidade que o esqueceu. Ele está nesse lugar acometido por uma febre da mente, e é para lá que tu deverás ir ao amanhecer, conforme a vontade da rainha, para que tu o cures das doenças dele e o tragas de volta para os braços dela. Ele não quer vê-la e ainda não sabe o tamanho de sua desgraça. Mas primeiro a minha ordem é levá-lo neste momento à presença de Cleópatra, que irá pedir teu conselho."

"Eu irei", respondi, levantando-me. "Conduza-me."

Então passamos pelos portões do palácio e pelo Salão de Alabastro e, naquele momento, eu me encontrava mais uma vez na frente da porta do quarto de Cleópatra, e mais uma vez Charmion me deixou para avisá-la da minha presença.

Ela voltou e acenou para mim. "Deixe o teu coração forte", ela sussurrou, "e tentes não te denunciar, pois os olhos de Cleópatra ainda são aguçados. Entre!".

"Eles devem ser de fato muito aguçados para encontrar Harmachis no sábio Olimpo! Se eu não quisesse, tu não saberias quem eu era, Charmion", respondi.

Então entrei e me lembrei daquele lugar e mais uma vez ouvi o borrifo da fonte, o canto do rouxinol e o murmúrio do mar de verão. Com a cabeça abaixada e um marchar hesitante entrei, até que, por fim, eu estava na frente do divã de Cleópatra, o mesmo divã dourado no qual ela se sentou na noite em que me dominou. Reuni minhas forças e olhei para cima. Ali na minha frente estava Cleópatra, ainda gloriosa depois de tantos anos, mas como havia mudado desde aquela noite em Tarso quando vi Antônio apertá-la nos braços! A beleza dela ainda a vestia como uma roupa, seus olhos ainda eram profundos e indecifráveis como o mar azul, o seu rosto ainda era esplêndido em sua enorme beleza. E mesmo assim, tudo havia mudado. O tempo, que não podia tocar os encantos dela, havia estampado na sua presença um aspecto de tristeza e cansaço que eu não posso descrever. A paixão que ainda batia naquele coração ardente dela havia escrito sua história em sua fronte, e em seus olhos brilhavam tristes luzes de sofrimento.

Eu me curvei diante dessa mulher tão nobre que um dia havia sido meu amor e destruição, e que no entanto não me reconhecia.

Ela olhou para mim demonstrando cansaço, e falou na sua voz lenta, que eu me lembrava muito bem:

"Vieste afinal, médico. Como te chamas? Olimpo? Este é um nome que promete, pois por certo agora que os deuses do Egito nos desertaram, nós precisamos de ajuda do Olimpo. Tu tens uma aparência sábia, pois a sabedoria nada tem a ver com a beleza. É estranho, mas tem algo em ti que me lembra algo que eu não sei dizer. Diga-me, Olimpo, nós já nos encontramos antes?"

"Nunca, oh, rainha, os meus olhos encontraram-te em corpo", respondi em uma voz simulada. "Nunca até este momento, quando saí de minha solidão para realizar tua vontade e te curar de teus males!"

"Estranho! Até a voz é alguma memória que eu não consigo alcançar. Tu disseste em corpo? Então talvez eu te conheci em um sonho?"

"Sim, rainha, nos encontramos em sonhos."

"Tu és um homem estranho falando deste jeito, mas se o que ouvi for verdade, tu és muito sábio, e na verdade, eu me lembro do teu conselho quando tu disseste que eu deveria me juntar ao meu lorde Antônio na Síria, e como as coisas aconteceram de acordo com tuas palavras. Tu deves ser habilidoso na previsão dos nascimentos e na lei dos augúrios, nos quais estes tolos alexandrinos têm pouco conhecimento. Uma vez conheci outro homem parecido, um Harmachis", e ela suspirou, "mas ele morreu há muito tempo, como eu também deveria ter morrido, e às vezes eu fico triste por ele".

Ela parou enquanto abaixei a minha cabeça em meu peito e fiquei em silêncio.

"Interprete-me isto, Olimpo. Naquela batalha amaldiçoada do Ácio, justo quando a luta atingia o ápice e a vitória começava a sorrir para nós, um enorme terror tomou conta de meu coração e uma grossa escuridão pareceu cair sobre meus olhos, enquanto em meus ouvidos uma voz, a voz daquele que morreu há muito tempo, Harmachis, gritava: "Fuja, fuja ou pereça". E fugi. Mas o terror pulou de meu coração para o coração de Antônio e ele veio atrás de mim, e por isso a batalha foi perdida. Diga-me então, que deus me trouxe este mal?"

"Não, rainha", respondi. "Não foi um deus. Por um acaso tu irritaste os deuses do Egito? Tu roubaste os templos da fé deles? Tu traíste a confiança do Egito? Se tu não fizeste nenhuma destas coisas, como podem os deuses do Egito estarem irados contigo? Não tenhas medo, não foi nada senão algum vapor natural da mente que dominou tua alma gentil que estava doente com a visão e os sons do massacre. Quanto ao nobre Antônio, onde tu fores, ele deverá seguir-te."

Enquanto eu falava Cleópatra ficou branca e começou a tremer enquanto olhava para mim tentando entender o que eu estava querendo dizer. Mas eu sabia bem que o que aconteceu tinha sido pela vingança dos deuses, que trabalhavam por meu intermédio, seu instrumento.

"Sábio Olimpo", ela disse, sem responder às minhas palavras, "meu lorde Antônio está doente e louco de tristeza. Como qualquer pobre escravo procurado ele se esconde lá na torre cingida pelo mar e foge de todos os humanos. Ele foge até de mim, eu, que para o próprio bem dele, suporto tantas desgraças. Este é o meu pedido para ti. Amanhã, ao nascer do dia, guiado por Charmion, minha dama, tu irás pegar um barco e remar até a torre e lá pedir para entrar, dizendo que tu trazes notícias do exército. Então ele fará que tu entres, e tu, Charmion, deverás dar a pesada notícia que Canídio trouxe, pois eu não me atrevo a enviar o próprio Canídio. E quando a tristeza dele tiver passado, tu, Olimpo, irá aliviar o quadro febril dele com tuas poções valiosas, e a alma dele com palavras doces, trazê-lo de volta para mim e tudo ficará bem. Faça isso e tu receberás mais presentes do que tu podes contar, pois eu ainda sou a rainha e ainda posso retribuir àqueles que realizam os meus desejos".

"Não tenhas medo, rainha", respondi, "isto será feito, e não peço por recompensa, pois eu vim até aqui para obedecer-te até o fim".

Então eu me curvei e fui embora, chamei Atoua e preparamos uma determinada poção.

Capítulo V

A Retirada de Antônio de Timonium de Volta para Cleópatra; o Banquete Feito por Cleópatra; Como Morreu Eudósio, o Mordomo

Antes do amanhecer Charmion veio de novo e nós andamos até o ancoradouro privado do palácio. Lá pegamos um barco e remamos até a ilha onde fica Timonium, uma torre arqueada, forte, pequena e redonda. Depois de desembarcar fomos até a porta e batemos, até que, por fim, uma grade se abriu na porta e um velho eunuco, olhando para fora, perguntou de modo rude o que nós queríamos.

"Nosso assunto é com o lorde Antônio", disse Charmion.

"Então não há assunto, pois o meu mestre Antônio não quer ver nem homem nem mulher."

"Mesmo assim ele irá nos ver, pois nós trazemos notícias. Vá dizer a ele que a dama Charmion traz notícias do exército."

O homem se foi e depois voltou.

"Lorde Antônio gostaria de saber se as notícias são boas ou ruins, pois se forem ruins ele não quer saber de nada, pois ele já foi inundado com más notícias ultimamente."

"Bem, elas são boas e ruins. Abra, escravo, eu responderei ao teu mestre", e ela passou uma bolsa de ouro pelas barras.

"Bem, bem", ele resmungou enquanto pegava a bolsa. "Os tempos são difíceis, e é provável que fiquem mais difíceis, pois quando o leão for derrotado quem irá alimentar o chacal? Dê as notícias a ele tu mesma, e se for para tirar o nobre Antônio deste salão da lamentação, eu não me importo qual seja a notícia. A porta do palácio está aberta, e aquele é o caminho para o salão do banquete."

Nós passamos e estávamos em uma passagem estreita, e deixando o eunuco vigiando a porta continuamos até chegar a uma cortina. Nós fomos por essa entrada, e chegamos a um aposento arqueado, mal iluminado a partir do teto. Do outro lado desse salão rústico estava uma cama de tapetes, e neles estava agachada a figura de um homem, com seu rosto escondido nas dobras de sua toga.

"Tão nobre Antônio", disse Charmion, aproximando-se, "desembrulhe teu rosto e me escute com atenção, pois eu te trago notícias".

Então ele levantou a cabeça. Seu rosto estava estragado pela tristeza. Seu cabelo embaraçado, grisalho com os anos, caía em seus olhos vazios, e em seu queixo havia uma branca barba por fazer. Seu manto estava imundo, e o seu aspecto era mais lamentável do que o do mendigo mais pobre nos portões do templo. Foi a isto então que o amor de Cleópatra trouxe o glorioso e renomado Antônio, que outrora fora mestre da metade do mundo!

"O que queres comigo, dama", ele perguntou, "que quero morrer aqui sozinho? E quem é este homem que vem para observar o arruinado e esquecido Antônio?".

"Este é Olimpo, nobre Antônio, aquele sábio médico, o habilidoso em presságios. Tu já ouviste falar muito dele, e Cleópatra, sempre preocupada com o teu bem-estar, embora tu penses pouco no dela, enviou Olimpo para ajudá-lo."

"Ah, e pode este médico ajudar uma dor como a minha? As drogas dele trarão de volta minhas galeras, minha honra e minha paz? Não! Fora com este médico! Quais são as tuas notícias? Rápido, fale logo! Talvez Canídio conquistou César? Diga-me isto apenas e tu terás uma província como recompensa. Ah, e se Otaviano estiver morto, 20 mil sestércios para encher o tesouro de tua província. Fale! Não, não digas nada, pois eu temo o abrir destes lábios como nunca temi nada na terra. Por certo a roda da fortuna girou e Canídio conquistou? É isso? Não, fale logo! Eu não posso mais!"

"Oh, nobre Antônio", ela disse. "Fortaleça o teu coração para ouvir o que eu devo te dizer! Canídio está em Alexandria. Ele fugiu rápido e para longe, e este é relato dele. Por sete dias inteiros as legiões esperaram pela vinda de Antônio para conduzi-los à vitória como antes, colocando de lado as ofertas dos enviados de César. Mas Antônio não veio. E então vieram os rumores de que Antônio havia fugido para Tainaron atraído para lá por Cleópatra. O homem que levou esta história para o acampamento foi amaldiçoado pelos legionários, que o espancaram até a morte! Mas mesmo assim o rumor cresceu, até que, por fim, não havia mais espaço para dúvida. Assim, Antônio, teus oficiais escapuliram um por um para César, e para onde os oficiais vão os homens seguem. Mas esta não é toda a história. Teus aliados, Bocchus da África, Tarcondimotus da Cilícia, Mitrídates de Comagena, Adallas da Trácia, Filadelfus da Paflagonia, Arquelau da Capadócia, Herodes da Judeia, Amintas da Galícia, Polemon de Ponto e Malchus da Arábia, todos eles fugiram, ou ordenaram aos seus generais que voltassem para onde tinham vindo, e o embaixador deles já implorou pela clemência do frio César."

"Terminaste com teus resmungos, corvo vestido de pavão, ou há mais por vir?", perguntou o homem ferido, levantando seu rosto branco e trêmulo do abrigo de suas mãos. "Fale mais. Diga-me que aquela egípcia está morta em toda sua beleza, diga que Otaviano se abaixou no portão canópico e que, liderados pelo morto Cícero, todos os fantasmas do inferno gritam em voz alta a queda de Antônio! Sim, reúna cada infortúnio que pode esmagar aqueles que já foram poderosos e solte-os na cabeça grisalha daquele que tu, em tua gentileza, ainda se satisfaz em chamar de 'nobre Antônio'!"

"Não, meu lorde, terminei".

"Sim, e então estou terminado. Terminado! Tudo está acabado, e assim eu devo selar o final", e pegando uma espada do divã, ele teria com certeza matado a si mesmo se eu não tivesse saltado para a frente e agarrado a sua mão. Pois não era o meu objetivo que ele morresse ainda, já que, se ele morresse naquela hora, Cleópatra entraria em paz com César, que preferiria a morte de Antônio à ruína do Egito.

"Estás louco, Antônio? Tu és, na verdade, um covarde?", exclamou Charmion, "tu vais escapar de tuas desgraças e deixar a tua parceira enfrentar a tristeza sozinha?".

"Por que não, mulher, por que não? Ela não estaria sozinha por muito tempo. Existe César para lhe fazer companhia. Otaviano ama do seu jeito frio uma mulher bonita, e Cleópatra ainda é bonita. Então, Olimpo! Tu que seguraste a minha mão, impedindo que eu me matasse, aconselhe-me com tua sabedoria. Deverei então me submeter a César, e eu, Triúnviro, duas vezes cônsul, outrora monarca absoluto de todo o Oriente, suportar seguir o triunfo dele por aquelas estradas romanas, onde eu mesmo já passei em triunfo?"

"Não, senhor", respondi. "Se tu te entregares, então estarás condenado. Toda a noite passada eu questionei as parcas a teu respeito, e isso foi o que vi: quando a tua estrela se aproxima da de César, ela fica pálida e é engolida, mas quando passa da luz da estrela dele, então a tua estrela brilha com esplendor, tão gloriosa quanto à dele. Nem tudo está perdido, e enquanto algumas partes permanecerem, tudo poderá ser reconquistado. O Egito ainda poderá ser mantido, exércitos ainda podem sem reunidos. César se retirou, ele ainda não está nos portões de Alexandria, e talvez possa ser apaziguado. A tua mente febril incendiou o teu corpo. Tu estás doente e não consegues julgar direito. Veja, tenho uma poção aqui que te fará inteiro, pois eu tenho grandes habilidades na arte da Medicina", e estendi o frasco.

"Uma poção, é o que tu dizes!", ele exclamou. "É mais provável que seja um veneno, e que tu sejas um assassino enviado pela falsa egípcia que gostaria de se livrar de mim agora que não tenho mais utilidade para ela. A cabeça de Antônio é a oferenda de paz que ela enviaria para César, e por causa dela perdi tudo! Dê-me a dose. Por Baco! Eu irei beber, mesmo que seja o próprio elixir da morte!"

"Não, nobre Antônio, não é um veneno, e eu não sou um assassino. Veja, irei provar se quiseres", e segurei na minha frente o frasco que continha o líquido que tinha o poder de incendiar as veias do homem.

"Entregue para mim, médico. Homens desesperados são homens corajosos. Pronto! Nossa, o que é isso? Esta é uma poção mágica! Minhas tristezas parecem rolar para longe como as nuvens de trovão antes da tempestade do sul, e a primavera da esperança floresce fresca no deserto do meu coração. Mais uma vez sou Antônio, e mais uma vez vejo as lanças de meus legionários brilharem ao Sol e escuto o trovejante grito de boas-vindas quando Antônio, o amado Antônio, cavalga na pompa de guerra junto com sua formação em linha! Há esperança! Há esperança! Eu ainda poderei ver a fronte fria de César desprovida de seus louros da vitória e coroadas com uma poeira vergonhosa, aquele César que nunca erra, exceto pela política."

"Sim", gritou Charmion, "ainda há esperança, se tu somente desempenhares o teu papel. Oh, meu lorde! Volte conosco, volte para os amáveis braços de Cleópatra! Toda noite ela se deita em sua cama dourada e preenche a vazia escuridão com seus gemidos de 'Antônio' que, estando enamorado de sua tristeza, esquece o seu dever e o seu amor!"

"Eu irei, eu irei! Que vergonha, ousei duvidar dela! Escravo, traga água e um manto roxo, pois Cleópatra não pode me ver assim. Eu irei agora mesmo."

Foi assim que atraímos Antônio de volta para Cleópatra, para nos certificar da ruína dos dois.

Nós o conduzimos ao Salão de Alabastro e para dentro do quarto de Cleópatra onde ela estava com o cabelo caído no rosto e em seu peito, e lágrimas rolando de seus olhos profundos.

"Oh, egípcia!", ele gritou, "estou a teus pés".

Ela saltou do divã. "E tu estás aqui, meu amor?", murmurou. "Então mais uma vez tudo está bem. Venha para perto e esqueça tuas tristezas nestes braços, e transforme a minha dor em alegria. Ah, Antônio, enquanto ainda tivermos amor, nós ainda teremos tudo!"

Ela se jogou no peito dele e o beijou de maneira selvagem.

No mesmo dia, Charmion veio até mim e solicitou que eu preparasse um veneno com o poder mais mortal. A princípio eu não o faria, temendo que Cleópatra colocasse um fim em Antônio antes da hora. Mas Charmion me mostrou que não era para isso e me disse também qual era o propósito do veneno. Assim chamei Atoua, que tinha habilidade com ervas, e durante toda a tarde trabalhamos na tarefa mortal. Quando estava pronto, Charmion veio mais uma vez, trazendo com ela uma grinalda de rosas, que ela me pediu para mergulhar no veneno.

E assim eu fiz.

Naquela noite, no grande banquete de Cleópatra, sentei-me próximo a Antônio, que estava do lado dela e vestia a grinalda envenenada. Conforme o banquete se desenrolava, o vinho fluía com rapidez, até que Antônio e a rainha estavam alegres. Ela contou a ele sobre seus planos, e sobre como naquela instante suas galeras estavam sendo levadas pelo canal que ia de Bubástia, no braço Pelusiano do Nilo, até Clysma, na cabeça da baía de Suez. Pois era da vontade dela, se César se mostrasse teimoso, que ela fugiria com Antônio e o tesouro dela pelo Golfo Arábico, onde César não tinha frotas, e buscaria uma nova residência na Índia, onde os seus inimigos não os seguiriam. Mas na verdade este plano não levou a nada, pois os árabes de Petra queimaram as galeras, incitados por uma mensagem enviada pelos judeus de Alexandria, que odiavam Cleópatra e eram odiados por ela. Pois eu fiz com que os judeus fossem avisados do que estava sendo feito.

Agora, depois que ela terminou de dizer tudo isso a ele, ela o chamou para um brinde, para o sucesso desta nova empreitada, fazendo-o, conforme ela brindava, mergulhar sua guirlanda de flores no vinho para que a dose ficasse mais doce. Assim ele o fez, e depois de feito, ela brindou com ele. Mas quando ele estava prestes a brindar com ela, ela apanhou a mão dele, gritando, "Espere!", e ele parou confuso.

Dentre os servos de Cleópatra havia um chamado Eudósio, um mordomo. Este Eudósio, vendo que a sorte de Cleópatra chegava ao fim, tinha planejado fugir naquela mesma noite para César, como muitos de seus melhores servos haviam feito, levando com ele todos os tesouros do palácio que ele havia conseguido roubar. Mas este plano tinha sido descoberto por Cleópatra e ela estava determinada a se vingar de Eudósio.

"Eudósio", ela exclamou, pois o homem estava perto. "Venha cá, servo fiel! Veja este homem, nobre Antônio, que mesmo com todos os nossos problemas se agarrou a nós e tem nos confortado. Assim ele deverá ser recompensado de acordo com o seu merecimento e pela medida de sua fidelidade, e pela tua própria mão. Dê a ele teu copo dourado de vinho, e deixe que ele faça um brinde ao nosso sucesso. O copo deverá ser a recompensa dele."

Ainda confuso, Antônio deu o copo ao homem, que acometido pela sua mente culpada, pegou-o e ficou de pé tremendo. Mas ele não bebeu.

"Beba, escravo! Beba!", gritou Cleópatra, levantando-se um pouco de seu lugar e colocando um olhar feroz na face branca dele. "Por Serápis! Assim como eu ainda irei me sentar no Capitólio em Roma, se tu desprezares o lorde Antônio assim, farei com que sejas flagelado até os ossos e que vinho tinto seja despejado em tuas feridas abertas para curá-las! Ah, finalmente bebeste! O que é isso, bom Eudósio? Estás doente? Por certo, então, este vinho deve ser como a água da inveja daqueles judeus que têm poder para matar os falsos e fortalecer somente os honestos. Vão, alguns de vocês, revistem o quarto deste homem, eu acho que ele é um traidor!"

Enquanto isso o homem continuava parado com suas mãos na cabeça. Então ele começou a tremer e caiu, agarrando seu peito como se quisesse arrancar o fogo de seu coração. Ele cambaleou com uma face lívida e contorcida e com os lábios espumantes para onde Cleópatra estava observando-o com um sorriso lento e cruel.

"Ah, traidor! Agora tens o que mereces!", ela disse. "Rogo-te que digas, a morte é suave?"

"Devassa!", gritou o homem moribundo, "tu me envenenaste! Assim também tu irás perecer!". E com um grito ele se jogou em cima dela. Ela viu o propósito dele, e rápida e sutil como um tigre saltou para o lado, então ele apenas alcançou o manto real dela, soltando-o de seu fecho de esmeralda. Ele caiu no chão, rolando sobre a túnica roxa, até que ele estava deitado parado e morto, com seu rosto atormentado e olhos congelados espreitando de suas pálpebras de modo medonho.

"Ah", disse a rainha, com uma risada seca, "o escravo morreu de maneira assombrosa, e estava inclinado a me levar com ele. Veja, ele emprestou a minha roupa como mortalha! Leve-o embora e o enterre em seu uniforme".

"O que isso significa Cleópatra?", disse Antônio, enquanto os guardas arrastavam o corpo para longe. "O homem bebeu do meu copo. Qual é o objetivo desta brincadeira tão lamentável?"

"Ela tem um propósito duplo, nobre Antônio! Nesta mesma noite este homem teria fugido para Otaviano levando o nosso tesouro com ele. Bem, eu lhe dei asas, pois os mortos voam com rapidez! E tu também temes que eu possa te envenenar, meu lorde, sei bem. Veja, Antônio, como teria sido fácil te matar se eu tivesse vontade. Aquela guirlanda de rosas que tu mergulhaste no copo estava umedecida com um veneno mortal. Se eu estivesse decidida a acabar contigo, eu não teria segurado a tua mão. Oh, Antônio, de agora em diante confie em mim! Eu prefiro matar a mim mesma a machucar um fio de cabelo de tua adorada cabeça! Veja, aqui vêm meus mensageiros! Falem, o que vocês encontraram?"

"Realeza, nós encontramos isto. Todas as coisas no quarto de Eudósio estavam prontas para a fuga e em sua bagagem há muitos tesouros."

"Ouviste?", ela disse com um sorriso sombrio. "Todos vocês, meus servos leais, pensam que podem brincar de traidor com Cleópatra? Estejam avisados pelo destino deste romano!"

Então um grande silêncio caiu sobre o grupo, e Antônio também se sentou em silêncio.

Capítulo VI

Os Trabalhos do Habilidoso Olimpo em Mênfis; os Envenenamentos de Cleópatra; o Discurso de Antônio para seus Capitães; a Passagem de Ísis Vinda da Terra de Kemet

Agora eu, Harmachis, deveria apressar minha tarefa resolvendo o que fosse possível o mais rápido que pudesse, deixando muito sem ser revelado. Pois fui avisado que a condenação se aproximava, e meus dias estavam passando muito rápido. Depois da retirada de Antônio do Timonium veio aquele tempo de silêncio pesado que anunciava a chegada do vento do deserto. Antônio e Cleópatra mais uma vez se entregaram à luxúria e, noite após noite, festejavam no palácio em esplendor. Eles enviaram embaixadores a César, mas ele não recebeu nenhum. Assim, sem mais esperança, eles colocaram sua atenção na defesa de Alexandria. Homens foram reunidos, embarcações foram construídas e uma grande força foi preparada para lutar contra a vinda de César.

Agora, auxiliado por Charmion, eu começava minha última tarefa de ódio e vingança. Eu me infiltrei com profundidade nos segredos do palácio, aconselhando todas as coisas para o mal. Fiz com que Cleópatra mantivesse Antônio alegre, para que ele não pudesse pensar em suas mágoas. Assim ela minou a força dele com luxúria e vinho. Dei a ele minhas poções, poções que mergulhavam a alma dele em sonhos de felicidade e poder, fazendo com que ele acordasse para uma miséria mais difícil. Logo ele não conseguia dormir sem o meu remédio curativo, e assim eu estava sempre ao seu lado, e sujeitei a vontade enfraquecida dele à minha vontade, até que, por fim, ele não faria nada se eu não dissesse "Tudo bem". Cleópatra também se tornou muito supersticiosa e se apoiava em mim, pois eu profetizava com falsidade para ela em segredo.

Além disso, eu tecia outras teias. Minha fama era grande por todo o Egito, pois durante os longos anos que permaneci em Tapé, minha fama havia se espalhado por toda a nação. Assim, muitos homens poderosos vieram até mim por causa de sua saúde, mas também porque sabiam que eu tinha os ouvidos de Antônio e da rainha. Naqueles dias de dúvida e dificuldades eles estavam ansiosos para saber a verdade. Manipulei todos esses homens com palavras dúbias, enfraquecendo sua lealdade. Fiz com que se perdessem, e no entanto ninguém podia tolerar um relatório maldoso do que eu havia dito. Eu também fui enviado a Mênfis por Cleópatra para incitar os sacerdotes e governadores a reunir homens no Alto Egito para a defesa de Alexandria. Fui até lá e falei com os sacerdotes com um significado tão ambíguo e com tamanha sabedoria que eles perceberam que eu era um iniciado nos profundos mistérios. Mas, como eu, o médico Olimpo, havia sido iniciado, ninguém podia dizer. Mais tarde eles me procuraram em segredo e dei-lhes o sinal sagrado da irmandade, e por isso ordenei-lhes que não me perguntassem quem eu poderia ser, mas que não enviassem ajuda a Cleópatra. Eu disse que preferia vê-los entrando em paz com César, pois somente pela graça de César é que a adoração dos deuses poderia persistir em Kemet. Assim, tendo se aconselhado com o deus Ápis, eles prometeram em público ajudar Cleópatra, mas enviaram em segredo um embaixador a César.

Foi assim que o Egito deu apenas uma pequena ajuda à sua odiada rainha macedônica. De Mênfis fui mais uma vez para Alexandria e, depois de relatar os fatos de maneira favorável, continuei com meu trabalho secreto. Na verdade, os alexandrinos não podiam ser agitados com facilidade, pois como eles dizem no mercado: "O asno olha para o seu fardo e é cego para o seu mestre". Cleópatra os havia oprimido por tanto tempo que os romanos eram como um amigo bem-vindo.

Assim o tempo passou, e cada noite encontrava Cleópatra com menos amigos do que na noite anterior, pois em dias de infortúnio os amigos fogem como as andorinhas fogem antes da geada. Mesmo assim ela não desistia de Antônio, que amava. Eu soube que César, por meio de seu servo Tireus, lhe prometeu que ela poderia manter seus domínios se apenas matasse Antônio ou se ela o traísse. Mas o coração dela não concordava com isto, pois ainda tinha um coração, e, além disso, nós a aconselhamos contra isto, pois era preciso que mantivéssemos Antônio com Cleópatra; caso ele fugisse ou fosse morto, Cleópatra sobreviveria à tempestade e ainda seria a rainha do Egito. Isso me entristecia, pois Antônio, mesmo sendo fraco, ainda era um homem corajoso, e um grande homem. Mais ainda, em meu próprio coração eu via a lição das desgraças dele. Pois nós não éramos próximos na miséria? Não foi a mesma mulher que nos roubou o império, os amigos e a honra? Mas a misericórdia não tem lugar na política, e eu não podia tirar meus pés do caminho de vingança que havia sido ordenado para mim e que eu deveria seguir. César se aproximava. Pelúsio havia caído e o fim estava próximo. Foi Charmion quem trouxe as notícias para a rainha e Antônio, enquanto eles dormiam no calor do dia, e fui com ela.

"Acordem!", ela gritou. "Acordem! Esta não é hora para dormir! Seleuco entregou Pelúsio para César, que está marchando direto para Alexandria!"

Com uma grande blasfêmia, Antônio se levantou e agarrou Cleópatra pelo braço.

"Tu me traíste, eu juro pelos deuses! Tu irás pagar o preço!", e agarrando sua espada ele a empunhou.

"Pare a tua mão, Antônio!", ela gritou. "É mentira, eu não sei nada sobre isso!" E ela se jogou nele e se agarrou ao seu pescoço, chorando: "Eu não sei de nada, meu lorde. Tome a esposa de Seleuco e suas crianças pequenas que estão sob minha guarda e te vingues. Ah, Antônio, Antônio, por que duvidas de mim?".

Então Antônio jogou sua espada no mármore, lançou-se no divã, escondeu o rosto e gemeu com seu espírito amargurado.

Mas Charmion sorriu, pois ela que havia conversado em segredo com seu amigo Seleuco, aconselhando-o a se entregar a César, dizendo que nenhuma luta deveria acontecer em Alexandria. Naquela mesma noite Cleópatra pegou todas as pérolas e esmeraldas, tudo o que restara do tesouro de Miquerinos, toda sua fortuna em ouro, ébano, marfim e canela, um tesouro incalculável, e colocou no mausoléu de granito, que havia construído, seguindo a moda egípcia, na colina que fica próxima ao templo da Santa Ísis. Ela empilhou as riquezas sobre uma cama de linho, para que, quando ela ateasse fogo, tudo fosse destruído e escapasse da ganância de Otaviano, que adorava o dinheiro. Dali em diante passou a dormir nessa tumba, longe de Antônio, mas durante o dia ela ainda o via no palácio.

Mas pouco tempo depois, quando César, com sua grande força, já havia cruzado a boca Canópica do Nilo e estava próximo de Alexandria, fui ao palácio, pois Cleópatra havia me convocado. Lá a encontrei no Salão de Alabastro vestida de modo nobre, com um brilho selvagem em seus olhos, e com ela Iras e Charmion, e na frente dela seus guardas.

Estendidos aqui e ali, no chão de mármore, havia corpos de homens mortos, e dentre eles um ainda estava morrendo.

"Saudações, Olimpo!", ela gritou. "Esta é uma visão para agradar o coração de um médico. Homens mortos e homens doentes à beira da morte."

"O que fizeste, oh, rainha?", eu disse atemorizado.

"O que fiz? Eu trouxe justiça a estes criminosos e traidores. Olimpo, estou aprendendo sobre as maneiras da morte. Eu fiz com que seis diferentes venenos fossem ministrados a estes escravos e com um olho atento observei seu funcionamento. Aquele homem", e ela apontou para um núbio, "ele ficou louco e delirou sobre o seu nativo deserto e sua mãe. Ele acreditava ser uma criança de novo, pobre tolo! E fez com que ela o trouxesse para perto de seu peito e o salvasse da escuridão que se aproximava. Aquele grego gritou, gritou e morreu. Este chorou e implorou por piedade, e no final deu o seu último suspiro como um covarde. Agora note ali o egípcio, aquele que ainda vive e geme. Primeiro ele bebeu a poção, que eles juram ser a poção mais mortal de todas, mas no entanto o escravo ama sua vida de tal maneira que ele não a deixa! Veja, ele ainda luta para arremessar o veneno dele. Eu dei o copo a ele duas vezes e ainda tem sede. Que bêbado nós temos aqui! Homem, tu não sabes que somente na morte podemos encontrar a paz? Não lutes mais, mas descanse." E ainda enquanto ela falava, o homem, com um grande grito, desistiu do espírito.

"Pronto!", ela gritou. "Enfim, a farsa terminou. Tirem daqui estes escravos que forcei pelos difíceis portões da felicidade", e ela bateu palmas. Mas depois que eles haviam levado os corpos ela se aproximou de mim e me disse:

"Olimpo, de acordo com todas tuas profecias, o fim está próximo. César irá dominar, e eu e o meu lorde Antônio estaremos perdidos. Agora, portanto, já que a peça está quase terminada, eu devo me preparar para sair de cena na terra da maneira que convém a uma rainha. Foi por isso que testei estes venenos, para ver como deverei suportar em breve estas agonias da morte que hoje dei para os outros. Estas drogas não me satisfazem. Algumas deturpam a alma com dores cruéis e outras demoram muito para fazer efeito. Mas tu és habilidoso nos remédios da morte. Quero que tu me prepares uma poção que tire a minha vida de modo indolor."

Enquanto eu escutava aquilo, um sentimento de triunfo preencheu meu coração amargurado, pois naquele momento eu sabia que seria feita a justiça dos deuses, e que pelas minhas próprias mãos essa mulher arruinada iria morrer.

"Falaste como uma rainha, oh, Cleópatra!", eu disse. "A morte irá curar todos os teus males, e eu irei fazer tal vinho que chegará repentino como um amigo e irá te mergulhar em um mar de estupor, e nesta terra tu não irás acordar jamais. Ah, não temas a morte. A morte é a tua esperança, e com certeza tu irás passar sem pecados e com o coração puro pela horrível presença dos deuses."

Ela tremeu. "E se o coração não for de todo puro, diga-me, homem sombrio, então o quê? Não, não temo os deuses! Pois se os deuses do inferno ainda forem homens, então lá também serei rainha. Pelo menos, sendo rainha uma vez, sempre serei rainha."

Enquanto ela falava, de repente um enorme clamor veio dos portões do palácio, e o barulho de gritos de felicidade.

"O que é isto?", ela disse, saltando de seu divã.

"Antônio! Antônio!", aumentava o grito, "Antônio dominou!".

Ela se virou depressa e correu com seu longo cabelo voando ao vento. Eu a segui mais devagar pelo grande salão e pelos pátios até os portões do palácio. Ali ela encontrou Antônio, cavalgando pelos portões com um sorriso radiante e vestido com sua armadura romana. Quando ele a viu, ele pulou para o chão e, mesmo com a armadura, a apertou em seu peito.

"O que foi?", ela gritou, "César foi derrotado?".

"Não derrotado de todo, egípcia, mas nós enviamos seus cavaleiros de volta para suas trincheiras, e assim como o começo, este deverá ser o final, pois como dizem aqui: 'Onde a cabeça vai, a cauda vai atrás'. Além disso, César tem meu desafio, e se ele me encontrar somente mão a mão, o mundo logo verá quem é o melhor homem, Antônio ou Otaviano." E no mesmo momento em que ele dizia isto e todas as pessoas comemoravam, veio o grito de "Uma mensagem de César!".

O arauto entrou e, curvando-se, entregou a mensagem a Antônio; depois se curvou de novo e saiu. Cleópatra agarrou a mensagem da mão dele, quebrou o lacre e leu em voz alta:

"De César para Antônio, saudações!

Esta é a resposta para teu desafio: Antônio não pode encontrar um modo melhor para morrer do que debaixo da espada de César? Adeus!"

Depois disso, eles não se alegraram mais.

A escuridão chegou e antes da meia-noite, depois de festejar com seus amigos que hoje haviam enfrentado seus males e que amanhã o iriam trair; Antônio foi para a reunião com os capitães das forças terrestres e de todas as frotas. Muitos compareceram a essa reunião, eu inclusive.

Quando todos estavam reunidos, ele falou de pé e com a cabeça descoberta no meio deles, embaixo do brilho da Lua. Assim ele disse da maneira mais nobre:

"Amigos e companheiros de armas que ainda me apoiais e a quem eu muitas vezes liderei para a vitória, escutai-me agora com atenção, pois amanhã eu poderei estar deitado no pó da tumba, sem o meu império e sem a minha honra. Este é o nosso plano: não iremos mais planar de maneira equilibrada sobre a inundação da batalha, mas iremos mergulhar de imediato, para com isso capturar talvez a coroa da vitória ou lá nos afogar caso falhemos. Sejam honestos comigo e pelo bem de vossa honra ainda podereis sentar à minha direita como os homens mais orgulhosos no Capitólio de Roma. Se falhardes comigo agora, então a causa de Antônio estará perdida assim como vós. A batalha de amanhã por certo será arriscada, mas ficamos juntos muitas vezes e enfrentamos perigos mais ferozes, e quando o Sol havia caído, mais uma vez nós conduzimos exércitos como as areias do deserto na frente de nossa tempestade de bravura, e contamos o espólio de reis hostis. O que temos a temer? Mesmo que aliados tenham fugido, nossa força militar ainda é tão forte como a de César! Mostrem-me apenas um coração nobre e juro para vós, com a minha palavra de príncipe, que amanhã à noite irei entrar pelo portão Canópico com as cabeças de Otaviano e de seus capitães!

Ah, vibrem, e vibrem de novo! Eu adoro a música marcial que cresce, não a que vem dos lábios indiferentes dos clarins, ora debaixo do sopro de Antônio, ora de César, mas sim aquela que sai de cada coração dos homens que me amam. No entanto, e vou falar em voz baixa, como nós falamos sobre o suporte do caixão de algum morto adorado, se a fortuna surgir contra mim e se Antônio, o soldado, derrotado pelo peso das armas, morrer a morte de um soldado, deixando-vos lamentando a morte daquele que sempre foi o vosso amigo, este é o meu desejo que agora declaro, conforme nossa maneira rude no campo. Vós sabeis onde está todo o meu tesouro. Peguem-no, meus adorados amigos, e em memória de Antônio façam uma divisão justa. Então ide até César e dizei o seguinte: 'Antônio, o morto, envia saudações para César, o vivo. Em nome da antiga amizade e de muitos perigos enfrentados, ele anseia por este benefício: A segurança daqueles que o apoiaram e daquilo que deu para eles'.

"Não deixeis que as minhas lágrimas, pois eu deverei chorar, inundem os vossos olhos! Isto não é másculo, isto é muito feminino! Todos os homens devem morrer, e a morte seria bem-vinda se não fosse tão solitária. Se eu for derrotado, deixo os meus filhos aos vossos cuidados, se talvez isso puder salvá-los do destino de desamparo. Já chega, soldados! Amanhã de manhã nós pularemos na garganta de César pela terra e pelo mar. Jurai que vós ireis me apoiar até a última batalha!"

"Nós juramos!", eles gritaram. "Nobre Antônio, nós juramos!"

"Muito bem! Mais uma vez a minha estrela brilha, e amanhã, mais alto no Céu ela ainda poderá apagar a lâmpada de César. Até lá, adeus!"

Ele se virou para sair. Quando saía, eles pegavam a sua mão e a beijavam. Estavam comovidos tão profundamente que alguns choravam como crianças. Nem Antônio podia controlar sua tristeza, e na luz da Lua vi lágrimas rolarem pelas suas bochechas rugosas em direção ao seu peito poderoso.

Eu fiquei muito preocupado vendo tudo aquilo, pois sabia bem que se esses homens se prendessem a Antônio tudo poderia correr bem para Cleópatra. Apesar de não ter nada contra Antônio ele deveria cair, e nessa queda arrastar a mulher que, como uma planta venenosa, havia se entrelaçado nesta força gigante até que a sufocou e apodreceu com o seu abraço.

Assim Antônio se foi, mas eu fiquei na sombra observando os rostos dos lordes e dos capitães enquanto todos falavam ao mesmo tempo.

"Então está combinado!", disse aquele que deveria liderar a frota. "Nós juramos, uns para os outros e para todos, que iremos apoiar o nobre Antônio até a última extremidade da sorte!"

"Sim, sim", eles responderam.

"Sim, sim!", eu disse, falando da sombra, "apoiem Antônio, e morram!"

Eles se viraram com ferocidade e me capturaram.

"Quem é ele?", um deles perguntou.

"É aquele cão de rosto escuro, Olimpo!", gritou outro. "Olimpo, o mágico!"

"Olimpo, o traidor!", rosnou outro, "vamos dar um fim nele e em sua mágica!", e ele sacou sua espada.

"Sim, mate-o, ele iria trair o lorde Antônio, que o está pagando para tratá-lo."

"Esperem um pouco!", eu disse em uma voz lenta e solene. "Cuidado com o modo pelo qual vocês tentam assassinar um servo dos deuses. Eu não sou um traidor. Por mim mesmo eu tolero este evento aqui em Alexandria, mas digo para vocês que fujam, fujam para César! Eu sirvo a Antônio e a rainha, eu os sirvo com fidelidade, mas acima de tudo, sirvo aos deuses Sagrados, e o que eles querem que eu saiba, eu sei, lordes. E o que sei é o seguinte: Antônio está condenado e Cleópatra está condenada, pois César irá dominar. Por isso mesmo, pois honro vocês, nobres senhores, e penso com piedade em suas mulheres que serão viúvas e em suas pequenas crianças sem pai, pois o que vai acontecer se apoiarem Antônio é que vocês serão vendidos como escravos para César. Eu lhes digo, apoiem Antônio se quiserem e morram, ou fujam para César e sobrevivam! E eu digo isso somente por que cumpro as ordens dos deuses."

"Os deuses!", eles rosnaram. "Que deuses? Cortem a garganta deste traidor e parem com sua conversa de mau agouro!"

"Deixe que ele nos mostre um sinal dos deuses ou deixe que ele morra. Eu não confio neste homem", disse outro.

"Afastai-vos, homens!", gritei. "Afastai-vos e soltai os meus braços e vos mostrarei um sinal", e havia algo no meu rosto que os assustou, pois eles me libertaram e se afastaram. Então levantei as minhas mãos e, colocando toda a força de minha alma, procurei pelas profundezas do espaço, até que o meu espírito comungou com o espírito da minha Mãe Ísis. Não proferi a Palavra de Poder, pois havia sido proibido de fazê-lo. O sagrado mistério da Deusa respondeu ao chamado de meu espírito lançando-se em um horrível silêncio sobre a face da terra. O silêncio cresceu e ficou cada vez mais profundo, até os cães pararam de latir e na cidade os homens ficaram parados com medo. Então, de muito longe, veio a música fantasmagórica dos sistros. No início estava fraca, mas conforme se aproximava foi ficando cada vez mais alta, até que o ar estremeceu com o som do terror que não era deste mundo. Eu não disse nada, mas apontei a minha mão na direção do Céu. Vejam com atenção! Flutuava no ar uma enorme forma coberta por um véu, que, anunciada pela crescente música dos sistros, se aproximou devagar, até que sua sombra estava em cima de nós. Ela veio e passou e foi na direção do acampamento de César, até que, por fim, a música parou e a forma horrível foi engolida pela noite.

"É Baco!", gritou um homem. "Baco, que abandona o derrotado Antônio!", e quando ele falou isto, cresceu um gemido de terror vindo de todos os homens do acampamento.

Mas eu sabia que não era Baco, o falso deus, mas a Divina Ísis que desertava Kemet e, passando pela borda do mundo, buscava seu lugar no espaço para não ser mais conhecida pelos homens. Apesar de ainda ser adorada e de ainda estar aqui e em todas as terras, Ísis não se manifesta mais no Egito. Escondi o meu rosto e rezei, mas quando o levantei de meu manto, eis que todos haviam fugido e eu estava sozinho.

Capítulo VII

A Rendição das Tropas e da Frota de Antônio na Frente do Portão Canópico; o Fim de Antônio e a Preparação da Poção da Morte

No dia seguinte, ao amanhecer, Antônio veio e deu ordens para sua frota avançar contra a frota de César e para sua cavalaria abrir a batalha terrestre contra a cavalaria de César. Por consequência, a frota de Antônio avançou em uma linha tripla e a frota de César veio para se encontrar com ela. Mas quando se encontraram, as galeras de Antônio levantaram seus remos em saudação e passaram para as galeras de César e elas navegaram juntas para longe. A cavalaria de Antônio cavalgou até depois do hipódromo para atacar a cavalaria de César, mas quando elas se encontraram abaixaram suas espadas e passaram para o campo de César, desertando Antônio. Então Antônio ficou louco de raiva e horrível de se ver. Ele gritou para que seus legionários ficassem firmes e esperassem o ataque, e por algum tempo eles ficaram parados. Um homem, no entanto, aquele mesmo oficial que queria me matar na noite anterior, tentou fugir, mas Antônio o agarrou com sua própria mão, jogou-o no chão e, pulando de seu cavalo, puxou a espada para matá-lo. Ele segurou a espada no alto, enquanto o homem esperava pela morte cobrindo seu rosto. Mas Antônio baixou sua espada e fez com que o homem se levantasse.

"Vá!", ele disse. "Vá para César e prospere! Eu já te amei. Por que, então, dentre os meus traidores, eu deveria escolher-te para morrer?"

O homem se levantou e olhou para ele com tristeza. Então a vergonha tomou conta dele e com um grande grito ele abriu a camisa de sua armadura, afundou sua espada no próprio coração e caiu morto. Antônio ficou parado olhando para ele, mas não disse nenhuma palavra. Enquanto isso, as fileiras dos legionários de César se aproximavam, e no momento em que cruzaram suas lanças, os legionários de Antônio se viraram e fugiram. Então os soldados de César ficaram parados zombando deles, mas quase nenhum homem foi morto, pois eles não perseguiram os legionários de Antônio.

"Fuja, lorde Antônio, fuja!", gritou o seu servo Eros, que havia ficado comigo junto de Antônio. "Fuja antes que sejas capturado como prisioneiro de César!"

Então ele se virou e fugiu, gemendo muito. Fui com ele, e quando passávamos pelo portão Canópico, onde muitos homens permaneciam surpresos, Antônio disse para mim:

"Vá, Olimpo, vá para a rainha e diga: 'Antônio envia saudações para Cleópatra que o traiu! Ele envia saudações e adeus para Cleópatra!'"

Então fui até a tumba, mas Antônio fugiu para o palácio. Quando cheguei à tumba, bati na porta e Charmion olhou para fora pela janela.

"Abra", gritei, e ela abriu.

"Quais são as notícias, Harmachis?", ela sussurrou.

"Charmion", eu disse, "O fim está próximo, Antônio fugiu!"

"Que bom", ela respondeu, "estou cansada".

E ali se sentava Cleópatra em sua cama dourada.

"Fale, homem!", ela gritou.

"Antônio fugiu, suas forças fugiram, e César se aproxima. O grande Antônio envia saudações e adeus para Cleópatra. Saudações e adeus para Cleópatra, que o traiu."

"Mentira!", ela gritou, "eu não o traí. Olimpo, vá depressa para Antônio e responda da seguinte maneira: 'Para Antônio, Cleópatra, que não o traiu, envia saudações e adeus. Cleópatra não existe mais'".

Então eu fui, seguindo o meu objetivo. Encontrei Antônio andando de um lado para o outro no Salão de Alabastro jogando suas mãos para o Céu, e com ele Eros, pois de todos os seus servos, somente Eros tinha permanecido com este homem derrotado.

"Lorde Antônio", eu disse. "A egípcia te diz adeus, a egípcia está morta por sua própria mão."

"Morta! Morta!", ele sussurrou. "A egípcia está morta? Aquela forma gloriosa agora é alimento para os vermes? Ah, que mulher era aquela! Mesmo agora o meu coração vai para ela. E ela enfim me superou, eu que fui tão grandioso. Eu devo me tornar tão pequeno que uma mulher pode superar minha coragem e passar para onde temo seguir? Eros, tu me amaste desde garoto, lembras quando te encontrei faminto no deserto e te fiz rico, dando-te um lugar para morar e riquezas? Agora pague-me de volta. Saque aquela espada que está próxima e termine com as desgraças de Antônio".

"Oh, senhor!", gritou o grego. "Eu não posso! Como posso tirar a vida do divino Antônio?"

"Não me respondas, Eros, pois te cobro isto no último extremo do destino. Faça o que mando ou vá embora e me deixe quieto sozinho! Eu não irei mais ver o teu rosto, servo infiel!"

Então Eros sacou sua espada e Antônio se ajoelhou na frente dele, mostrando o seu peito e virando os olhos para o Céu. Mas Eros, chorando, "Eu não posso! Oh, eu não posso!", enterrou a espada em seu próprio coração e caiu morto.

Antônio se levantou e olhou para mim. "Eros, isto foi feito de maneira nobre", ele disse, "tu és melhor do que eu e aprendi a tua lição!" Ele se ajoelhou e o beijou.

Então, levantando-se de repente, ele tirou a espada do coração de Eros, enterrou em suas próprias entranhas e caiu gemendo no chão.

"Olimpo", ele gritou, "a dor é maior do que eu posso suportar! Acabe comigo, Olimpo!"

Mas a piedade me perturbou, e eu não podia fazer isto.

Assim, tirei a espada de seus órgãos vitais, estanquei o fluxo de sangue, e chamando aqueles que vinham para ver Antônio morrer, fiz que chamassem Atoua da minha casa nos portões do palácio. Ela veio trazendo consigo suas ervas e poções que traziam a vida de volta. Estas dei a Antônio, e fiz com que Atoua fosse o mais rápido que podia com seus membros velhos para Cleópatra, na tumba, para dizer a ela sobre o estado de Antônio.

Ela se foi e depois de um tempo voltou dizendo que a rainha ainda estava viva e que ela ordenava que Antônio morresse em seus braços. Com Atoua veio Diomedes. Quando Antônio ouviu, voltou-lhe a força que se esvaía, pois ele estava ansioso para olhar no rosto de Cleópatra de novo. Então chamei os escravos que observavam e olhavam pelas cortinas e por detrás dos pilares para ver esse grande homem morrer e juntos, com muita dificuldade, nós o carregamos até chegar ao pé do Mausoléu.

Mas Cleópatra, temendo uma traição, não iria mais abrir a porta. Então ela jogou uma corda pela janela e nós a amarramos debaixo dos braços de Antônio. Então Cleópatra, chorando o tempo todo com amargura, junto com Charmion e Iras, a grega, puxaram a corda com toda sua força, enquanto empurrávamos debaixo, até que o moribundo Antônio flutuou no ar, gemendo muito, com o sangue escorrendo de sua ferida aberta. Por duas vezes ele quase caiu no chão, mas Cleópatra, esforçando-se com a força do amor e do desespero, segurou-o até que, por fim, ela o arrastou pela janela. Todos que viam essa cena horrível choravam amargurados e batiam em seu peito, todos, exceto eu e Charmion.

Depois que ele já estava lá dentro, mais uma vez a corda foi abaixada, e com a ajuda de Charmion subi até a tumba, trazendo a corda depois de mim. Ali encontrei Antônio deitado na cama dourada de Cleópatra, ela, com seu peito nu e seu rosto manchado de lágrimas, o cabelo caindo em desalinho sobre ele. Ela estava ajoelhada ao seu lado e o beijava limpando o sangue de seus ferimentos com as suas roupas e o seu cabelo. E deixe que toda a minha vergonha seja escrita: Enquanto eu estava lá e a observava, o antigo amor acordou mais uma vez dentro de mim e um ciúme doentio tomou conta de meu coração, pois mesmo que eu pudesse destruir esses dois, eu não poderia destruir seu amor.

"Oh, Antônio! Meu doce, meu marido, meu Deus!", ela gemeu. "Antônio cruel, que teve a coragem de morrer e me deixar em minha vergonha solitária? Eu irei te seguir depressa para o túmulo. Antônio, acorde! Acorde!"

Ele levantou a cabeça e pediu por vinho, que eu dei a ele misturado com uma poção que iria aliviar sua dor, que era grande. Depois que ele bebeu, fez com que Cleópatra se deitasse ao seu lado na cama e colocasse seus braços ao redor dele, e assim ela o fez. Então Antônio era um homem mais uma vez, pois, esquecendo-se de sua própria miséria e dor, ele a aconselhou para sua própria segurança, mas ela não quis ouvir esta conversa.

"O tempo é curto", ela disse, "vamos falar sobre este nosso grande amor que tem sido tão longo e ainda poderá durar além das costas da morte. Lembras aquela primeira noite quando tu colocaste teus braços ao meu redor pela primeira vez e me chamaste de amor? Ah, que noite tão feliz! Só de ter passado por aquela noite já valeu a pena ter vivido, mesmo com esse fim amargo!"

"Ah, egípcia, eu me lembro bem e vivo desta lembrança, apesar de que desde aquela hora a sorte fugiu de mim, perdida na profundidade do meu amor por ti, linda. Eu me lembro!", ele arfou, "então tu bebeste aquela pérola em uma brincadeira atrevida, e aquele teu astrólogo chamou a hora dele, 'A hora da chegada da maldição de Miquerinos'. Durante todos estes anos estas palavras me assombraram e agora, no último momento, elas soam em meus ouvidos".

"Ele está morto há muito tempo, meu amor", ela sussurrou.

"Se ele está morto, então eu estou próximo a ele. O que ele quis dizer?"

"Aquele homem amaldiçoado está morto! Chega de falar nele! Oh, vire-se e me beije, pois o teu rosto está ficando pálido. O fim está próximo!"

Ele a beijou nos lábios e por um tempo eles permaneceram assim, até o momento da morte, balbuciando sua paixão nos ouvidos um do outro, como adoráveis recém-casados. Até para o meu coração ciumento aquela foi uma visão estranha e impressionante de se ver.

Então vi a mudança da morte se reunir em seu rosto. Sua cabeça caiu para trás.

"Adeus, egípcia, adeus! Eu morro!"

Cleópatra levantou-o em suas mãos olhando de forma descontrolada para o rosto acinzentado dele, e então, com um grande grito, ela afundou de novo, desmaiando.

Mas Antônio ainda vivia, apesar de o poder da fala o ter deixado. Então me aproximei e me ajoelhei fingindo cuidar dele. Sussurrei em seu ouvido:

"Antônio", sussurrei, "Cleópatra foi o meu amor antes de ter passado de mim para ti. Eu sou Harmachis, o astrólogo que estava atrás de teu divã em Tarso, e fui o principal responsável pela tua ruína.

Morra, Antônio! A maldição de Miquerinos abateu-se!"

Ele se levantou e olhou no meu rosto. Ele não podia falar, mas soltando palavras sem nexo apontou para mim. Então, com um gemido, seu espírito fugiu.

Foi assim que eu cumpri minha vingança sobre o romano Antônio, o perdedor do mundo.

Logo depois nós recuperamos Cleópatra de seu desmaio, pois eu ainda não queria que ela morresse. Levando o corpo de Antônio, com a permissão de César, eu e Atoua fizemos com que o corpo dele fosse embalsamado com habilidade à maneira egípcia, cobrindo o seu rosto com uma máscara de ouro moldada com as feições de Antônio. Eu também escrevi em seu peito seu nome e títulos, pintei o nome dele e o de seu pai dentro de seu caixão interno e desenhei a forma da Sagrada Nut dobrando suas asas sobre ele.

Então, com grande pompa, Cleópatra o colocou no sepulcro que havia sido preparado, e em um sarcófago de alabastro. Esse sarcófago era tão grande que havia lugar dentro dele para um segundo caixão, pois Cleópatra iria se deitar com Antônio no final.

As coisas aconteceram da seguinte maneira: algum tempo depois, recebi notícias de Cornélio Dolabella, um nobre romano que servia César, e que, movido pela beleza que seduzia a alma de todos que olhavam para ela, ficou com pena das desgraças de Cleópatra. Ele fez com que eu a avisasse, pois como médico dela eu tinha permissão de entrar e sair da tumba onde ela morava, que em três dias ela seria enviada para Roma junto com os filhos, exceto por Cesário, que Otaviano já havia assassinado, e que ela deveria caminhar no triunfo de César. Assim entrei na tumba e a encontrei sentada como sempre se sentava, mergulhada em um estupor, e na frente dela o manto manchado de sangue com o qual ela havia estancado os ferimentos de Antônio. Ela sempre ficava fitando esse manto.

"Veja como elas enfraquecem, Olimpo", ela disse levantando seu rosto triste e apontando para as manchas com cor de ferrugem, "e ele morreu tão recentemente! A gratidão não poderia enfraquecer mais rápido. Então quais são as tuas notícias? Notícias ruins estão escritas nestes teus olhos negros que sempre me lembram algo que ainda foge à minha mente".

"As notícias são ruins, oh, rainha", respondi. "Eu ouvi dos lábios de Dolabella, que as recebeu direto da secretaria de César. No terceiro dia, a partir de hoje, César irá te enviar junto com os príncipes Ptolomeu e Alexandre e a princesa Cleópatra para Roma, para lá divertir os olhos da multidão romana, e serão levados em triunfo para aquele Capitólio onde tu juraste colocar o teu trono!"

"Nunca, nunca!", ela gritou, ficando de pé com rapidez. "Eu nunca irei andar acorrentada no triunfo de César! O que eu devo fazer? Charmion, diga-me o que posso fazer!"

Charmion se levantou e ficou na frente dela, olhando-a por entre os longos cílios de seus olhos sempre voltados para o chão.

"Senhora, tu poderás morrer", ela disse em voz baixa.

"Ah, na verdade me esqueci. Posso morrer. Olimpo, tu tens a droga?"

"Não, mas se a rainha desejar, posso prepará-la até amanhã de manhã. Uma droga tão rápida e tão forte que nem os próprios deuses podem trazer de volta do sono aqueles que a beberem."

"Deixe-a preparada, mestre da morte!"

Eu me curvei e saí, e durante toda noite eu e a velha Atoua trabalhamos, destilando a poção mortal. Ela, enfim, ficou pronta e Atoua a colocou em um frasco de cristal e a segurou contra a luz do fogo, pois ela era clara como a água mais pura.

"Lá! Lá", ela cantou com sua voz desafinada, "uma bebida para uma rainha! Quando 50 gotas desta água que destilei passarem por aqueles lábios vermelhos, tu irás de fato ter se vingado de Cleópatra, Harmachis! Ah, como eu queria estar lá para ver a tua ruína arruinada! Lá! Lá! Seria doce de se ver!"

"A vingança é uma flecha que às vezes cai sobre a cabeça do arqueiro", respondi, pensando naquilo que Charmion havia dito.

Capítulo VIII

A Última Ceia de Cleópatra; a Canção de Charmion; Bebendo a Poção da Morte; a Revelação de Harmachis; a Convocação dos Espíritos por Harmachis; a Morte de Cleópatra

No dia seguinte, Cleópatra visitou a tumba de Antônio com a permissão de César, chorando porque os deuses do Egito a haviam abandonado. Depois que ela beijou o caixão e o cobriu com flores de lótus, voltou, banhou-se, ungiu-se e colocou as roupas mais esplêndidas e jantou comigo, Iras e Charmion. Enquanto ela jantava, seu espírito se incendiava com descontrole, tal qual o céu se iluminava no pôr do sol. Mais uma vez ela riu e brilhou como nos anos passados, contando-nos histórias de banquetes onde ela e Antônio haviam comido. Eu nunca a vi mais linda do que naquela última noite fatal da vingança. E assim sua mente voltou para aquela ceia em Tarso quando bebeu a pérola.

"Estranho", ela disse, "estranho que o último pensamento de Antônio fosse daquela noite e do que Harmachis disse, dentre de todas as noites. Charmion, tu te lembras de Harmachis, o egípcio?"

"Por certo, oh, rainha!", ela respondeu de forma vagarosa.

"E quem foi Harmachis?", perguntei, pois queria saber se ela se entristecia com minha memória.

"Eu irei te dizer. É uma história estranha, e agora que tudo acabou ela pode muito bem ser contada. Esse Harmachis era de uma antiga raça de faraós, e tendo de fato sido coroado em segredo em Abidos, ele foi enviado para Alexandria para pôr em prática um grande plano que havia sido elaborado contra nosso governo lágida. Ele veio e conseguiu entrar no palácio como meu astrólogo, pois tinha muito conhecimento em todos os tipos de magia, assim como tu, Olimpo, e ele era um homem lindo de se ver. Este era o plano, que ele me mataria e seria nomeado faraó. Na verdade, era um plano forte, pois ele tinha muitos amigos no Egito, e eu tinha poucos. Na mesma noite em que deveria cumprir com seu propósito, naquele mesmo momento, Charmion veio até mim e me contou sobre o plano, dizendo que ela o havia descoberto por acaso. Mas nos dias seguintes, apesar de não ter dito isto antes a ti, Charmion, passei a duvidar daquela tua história, pois pelos deuses, até hoje eu acredito que tu amavas Harmachis, e como ele te desprezou, tu o traíste, e por isso tu permaneceste por toda tua vida como uma donzela, o que não é natural. Então, Charmion, diga-nos, pois agora no final nada importa."

Charmion tremeu e respondeu: "É verdade, oh, rainha! Eu também fazia parte do plano, e quando Harmachis me desprezou eu o traí, e por causa do meu grande amor por ele permaneci solteira", e ela olhou para mim e encontrou meus olhos, então deixou seus cílios modestos cobrirem seus próprios olhos.

"Foi o que eu pensava. As maneiras das mulheres são estranhas! Mas eu penso que Harmachis tem poucos motivos para te agradecer pelo teu amor. O que dizes tu, Olimpo? Ah, então tu foste também uma traidora, Charmion? Ah, os caminhos que os monarcas tecem são tão perigosos! Bem, eu te perdoo, pois tu me serviste com fidelidade desde aquele momento.

Mas voltemos à minha história. Não me atrevi a matar Harmachis com medo de que seu grande grupo se erguesse em fúria e me arrancasse do trono. Agora preste atenção. Apesar de ter que me matar, Harmachis me amava em segredo, e de alguma maneira eu percebi isto. Eu tinha me esforçado um pouco para aproximá-lo de mim por causa de sua beleza e de sua inteligência, e Cleópatra nunca se esforçou em vão pelo amor de um homem. Assim, quando ele veio para me matar com a adaga em sua túnica, igualei os meus charmes à vontade dele, e nem preciso dizer, sendo ali um homem e uma mulher, como venci. Ah, nunca esquecerei a expressão nos olhos daquele príncipe derrotado, aquele sacerdote renegado, aquele faraó sem a coroa, quando, perdido no drinque envenenado, eu o vi afundar em um sono vergonhoso do qual ele não acordaria mais com honra! Depois disso, pois no fim me cansei dele e de sua triste mente sábia, pois sua alma culpada o impedia de ser alegre, eu me importei um pouco com ele, apesar de não o amar. Mas ele, que me amava, se agarrava a mim como o bêbado se agarra ao copo que o arruína. Julgando que eu deveria me casar com ele, revelou-me o segredo da fortuna escondida na pirâmide Dela, pois naquela época eu precisava muito de um tesouro, e juntos nós desafiamos os terrores da tumba e o retiramos, do próprio peito do faraó morto. Veja, esta esmeralda fazia parte do tesouro!", e ela apontou para o grande escaravelho que havia tirado do sagrado coração de Miquerinos.

    E por causa do que estava escrito na tumba e daquela coisa que vimos na tumba, ah, que uma praga caia sobre ele! Por que a lembrança dela vem me assombrar agora? E também por causa da política, pois eu adoraria ganhar o amor dos egípcios, eu estava decidida a me casar com Harmachis e declarar seu lugar e linhagem para o mundo, e com a ajuda dele defender o Egito dos romanos. Délio tinha vindo para me chamar para Antônio, e depois de pensar muito eu estava determinada a enviá-lo de volta com palavras afiadas. Mas naquela mesma manhã, enquanto eu me arrumava para a corte, Charmion veio até mim, e perguntei sobre isto a ela, pois queria saber o que ela pensava sobre o assunto. Agora note, Olimpo, o poder do ciúme, aquele pequeno calço que ainda assim tem a força para derrotar a árvore do império, a espada secreta que pode gravar o destino dos reis! Ela não podia suportar isto, e negue se for capaz, Charmion, pois agora tudo está claro para mim! Não podia suportar que o homem que ela amava fosse entregue a mim como marido, eu, a quem ele amava! Assim, com mais habilidade e inteligência que eu possa falar, ela argumentou comigo, mostrando-me que eu não deveria fazer isto, mas sim viajar para encontrar Antônio, e por isto, Charmion, eu te agradeço, agora que tudo veio e já se foi. E não por pouco as palavras dela pesaram na minha balança de julgamento contra Harmachis e eu vim para Antônio. Assim, foi pelo ciúme daquela bela Charmion e pela paixão de um homem com o qual brinquei como se fosse uma lira, que todas estas coisas aconteceram. Foi por isto que Otaviano se senta como um rei em Alexandria, foi por isto que Antônio perdeu sua coroa e está morto, e é por isto que eu também deverei morrer hoje à noite! Ah, Charmion, Charmion! Tu tens muito a responder, pois tu mudaste a história do mundo, mas mesmo assim, mesmo agora, eu não teria feito de outro jeito!"

    Ela parou por um instante, cobrindo os olhos com a mão e, olhando, vi grandes lágrimas descendo pelas faces de Charmion.

    "E este Harmachis", perguntei, "onde ele está agora, rainha?".

    "Onde ele está? Com certeza em Amenti, talvez fazendo as pazes com Ísis. Vi Antônio em Tarso e eu o amei, e a partir daquele momento detestei a visão do egípcio e jurei acabar com ele, pois um amante do passado deveria ser um amante morto. Estando enciumado, ele falou algumas palavras de mau agouro ali mesmo no banquete da Pérola, e na mesma noite eu o teria matado, mas antes que eu pudesse fazê-lo, ele tinha ido embora."

"E para onde ele foi?"

"Ah, isso eu não sei. Breno, que liderava a minha guarda e que no ano passado velejou para o Norte para se juntar a seu próprio povo, jurou que o viu flutuar para os céus, mas eu duvido de Breno, pois acho que ele amava aquele homem. Ele afundou perto de Chipre e se afogou, mas talvez Charmion possa nos dizer como?"

"Eu não posso te dizer nada, oh, rainha, Harmachis está desaparecido".

"E muito bem desaparecido, Charmion, pois ele era um homem mal para se brincar, apesar de que eu devo falar bem dele! Ele serviu bem ao meu propósito, mas eu não o amava, e mesmo agora eu o temo, pois pensei ter ouvido a voz dele me convocando a fugir no auge da batalha do Ácio. Graças aos deuses, como tu dizes, ele está desaparecido e não pode mais ser encontrado."

Mas eu, ouvindo tudo aquilo, reuni minha força e, pelos poderes que tenho, lancei a sombra de meu espírito sobre o espírito de Cleópatra para que ela sentisse a presença do desaparecido Harmachis.

"O que é isto?", ela disse. "Por Serápis! Eu estou com medo! Parece que sinto Harmachis aqui! Sua memória me esmaga como uma inundação das águas, e ele está morto há dez anos! Ah, em um momento como este isso é profano!"

"Não, rainha", respondi, "se ele estiver morto, então ele está em todos os lugares, e bem em um momento como este, o momento de tua própria morte, o espírito dele pode se aproximar para dar boas-vindas ao teu espírito que está indo".

"Não fale isso, Olimpo, não quero ver Harmachis de novo, pois a conta entre nós é muito pesada, e em um mundo que seja mais equilibrado que este talvez nós possamos nos igualar. Ah, o terror passou! Eu estava apenas nervosa. Bem, a história do tolo serviu para passar nossas horas mais difíceis, a hora que acaba em morte. Cante para mim, Charmion, cante, pois a tua voz é muito doce e irá acalmar minha alma para dormir. A memória daquele Harmachis me faz sofrer de forma estranha! Cante, então, a última canção que ouvirei destes teus lábios afinados, a última de muitas canções."

"É uma hora triste para uma canção, oh, rainha!", disse Charmion, mas mesmo assim pegou sua harpa e cantou. E assim ela cantou, bem devagar e com suavidade, o hino fúnebre do doce sírio Meleagro:

Lágrimas para a minha senhora morta,
Heliodora!
Lágrimas salgadas e estranhas de se derramar,
Diversas vezes,
Vão lágrimas e um lamento baixo
Passem por sua tumba
Prossigam para onde a minha senhora foi,
Pela escuridão,
Suspiros pela minha senhora morta,
Eu envio lágrimas,
Relembro o longo amor,
Amante e amiga!
As canções que cantamos são tristes
Lágrimas que derramamos,
Os presentes que trazemos são vazios,
Presentes para os mortos!
Ah, pois minha flor, meu Amor,
Foi tomada por Hades,
Ah, pelo pó acima,
Espalhado e agitado!
Mãe da folha e da grama,
A Terra, em teu peito,
Acalma aquela que era a mais gentil,
Para descansar gentilmente!

A música de sua voz se extinguiu, e era tão doce e triste que Iras começou a soluçar, e lágrimas brilhantes ficaram nos olhos tempestuosos de Cleópatra. Somente eu não chorei; minhas lágrimas haviam secado.

"Esta é uma canção pesada, Charmion", disse a rainha. "Bem, como disseste, é uma hora triste para uma canção, mas este hino fúnebre foi bem apropriado para o momento. Cante para mim mais uma vez quando eu estiver morta, Charmion. E agora, adeus à música, e vamos ao final. Olimpo, pegue aquele pergaminho e escreva o que eu irei dizer."

Eu peguei o pergaminho e o junco e assim escrevi na língua romana:

"De Cleópatra para Otaviano, saudações.

Assim é a vida. Enfim chega uma hora em que, em vez de suportar as cargas que nos oprimem, abandonando o corpo queremos voar para o esquecimento. César, tu dominaste: Pega os espólios da vitória. Mas Cleópatra não pode andar no teu triunfo. Quando tudo está perdido, então nós devemos procurar por aqueles que foram perdidos. Assim, no deserto de desespero, os corajosos colhem a resolução. Cléopatra foi grande e Antônio foi grande, e sua fama não será diminuída em seu final. Os escravos sobrevivem para suportar os seus erros, mas os príncipes, trilhando com passos mais firmes, passam pelos portões dos erros para a morada real dos mortos. Esta egípcia só pede uma coisa de César, que ele a deixe se deitar na tumba de Antônio. Adeus!"

Assim escrevi, e depois de selar o escrito Cléopatra ordenou que eu encontrasse um mensageiro, despachasse-o para César e depois voltasse. Então fui e na porta da tumba chamei um soldado que não estava em serviço, e dando-lhe dinheiro, ordenei que ele entregasse a carta para César. Quando voltei, as três mulheres estavam em silêncio ali na câmara, Cléopatra agarrando-se ao braço de Iras, e Charmion um pouco afastada, observando as duas.

"Se de fato estás decidida a terminar, oh, rainha", eu disse, "o tempo é curto, pois agora César irá enviar seus servos para responder à tua carta"; então tirei o frasco com o líquido branco e mortal e o coloquei em cima da mesa.

Ela o pegou em sua mão e o contemplou. "Parece tão inocente!", ela disse, "e, no entanto, aqui dentro está a minha morte. Que estranho!".

"Sim, rainha, e a morte de mais dez pessoas. Não é preciso tomar um gole tão grande."

"Eu tenho medo", ela arfou. "Como sei que irá me matar de pronto? Vi tantos morrerem por veneno e quase nenhum morreu de pronto. Alguns, não posso nem pensar neles!"

"Não tenhas medo", eu disse, "Eu sou um mestre na minha arte. Mas se tu tens medo, jogue este veneno fora e sobreviva. Tu ainda poderás encontrar felicidade em Roma. Ah, em Roma, onde tu irás caminhar no triunfo de César, enquanto a risada daquelas mulheres latinas invejosas estarão em harmonia com a música de tuas correntes douradas."

"Não, morrerei, Olimpo. Ah, se alguém pudesse apenas me mostrar o caminho."

Então Iras soltou a mão dela e deu um passo à frente. "Dê-me a poção, médico", ela disse. "Eu vou preparar tudo para minha rainha".

"Muito bem", respondi, "é a tua decisão!", e despejei o líquido do frasco em um pequeno cálice de ouro.

Ela o levantou, curvou-se para Cléopatra, então, vindo para a frente, beijou-a na testa e também beijou Charmion. Depois disso, sem se tardar e sem rezar, pois Iras era grega, ela bebeu e, colocando a mão na testa, caiu no chão e morreu instantaneamente.

"Como podes ver", eu disse quebrando o silêncio, "o efeito é rápido".

"Ah, Olimpo, a tua droga é superior! Vamos, tenho sede. Encha a minha taça para que Iras não se canse de esperar nos portões!"

Então derramei o líquido de novo no cálice. Mas desta vez, fingindo enxaguar o copo, misturei um pouco de água no veneno, pois não queria que ela morresse antes de saber quem eu era.

Então a majestosa Cleópatra, pegando o cálice em sua mão, virou seus olhos adoráveis para o céu e exclamou em voz alta:

"Oh, deuses do Egito! Vós me desertastes, e não vou mais rezar para vós, pois vossos ouvidos estão fechados para meus clamores e vossos olhos cegos para minhas mágoas! Assim suplico para aquele último amigo que os deuses ao partir deixam para o homem indefeso. Aproxima-te, morte, cujas asas fazem sombra por todo o mundo e me escute! Aproxima-te, rei dos reis! Que com a mão igual trouxe a cabeça afortunada do descanso com a vítima, e pelo teu sopro espiritual tu sopras a bolha de nossa vida para longe deste inferno na terra! Esconda-me onde os ventos não sopram e as águas param de rolar, onde as guerras terminaram e as legiões de César não podem marchar! Leva-me para um novo domínio e coroa-me a rainha da paz! Tu és meu lorde, oh, morte, e em teu beijo concebi. Eu estou no parto de uma alma. Veja, ela está recém-nascida na beira do tempo! Agora vá, vida! Venha, sono! Venha, Antônio!"

Então, com um olhar de relance para o céu, ela bebeu e jogou o cálice no chão.

Então, enfim havia chegado o momento de minha vingança reprimida e da vingança dos deuses egípcios ultrajados, e do cumprimento da maldição de Miquerinos.

"O que é isso?", ela gritou. "Eu estou fria, mas não morri! Médico cruel, tu me traíste!"

"Calma, Cleópatra! Neste momento tu irás morrer e conhecer a fúria dos deuses! A maldição de Miquerinos se cumpriu! Está terminado! Olhe para mim, mulher! Olhe para este rosto estragado, para esta forma distorcida, para esta massa viva de tristeza! Olhe, olhe! Quem sou eu?"

Ela olhou para mim de maneira descontrolada.

"Oh, oh", ela gritou, jogando seus braços para cima. "Enfim eu te reconheço! Pelos deuses, tu és Harmachis! Harmachis ressuscitado dos mortos!"

"Sim, Harmachis ressuscitado dos mortos para te arrastar para a morte e agonia eternas! Veja, Cleópatra, eu te arruinei como tu me arruinaste! Eu, trabalhando em segredo, e com a ajuda dos deuses furiosos, tenho sido a fonte secreta de teus infortúnios! Enchi de medo o teu coração no Ácio, impedi os egípcios de ajudar-te, exauri a força de Antônio, mostrei o prodígio dos deuses aos teus capitães! Enfim tu morres pelas minhas mãos, pois sou o instrumento da vingança! A ruína eu te pago de volta com ruína, traição com traição, morte com morte! Venha para cá, Charmion, parceira de meus planos, que me traíste mas arrependeu-te e que compartilha comigo o meu triunfo, venha assistir à morte desta devassa arruinada!"

Cleópatra ouviu e afundou de novo na cama dourada, gemendo: "E tu também, Charmion!"

Por um momento ela se sentou, então seu espírito imperial se mostrou glorioso antes de morrer.

"Oh! Por mais uma hora de vida!", ela exclamou. "Uma curta hora para que eu pudesse fazê-lo morrer de tal maneira que tu não podes nem imaginar, tu e aquela tua falsa amante que traiu a mim e a ti! E tu me amaste! Ah, veja, eu ainda te tenho! Olhe aqui, sacerdote astuto e conspirador", e com as duas mãos ela afastou os mantos reais de seu peito. "Veja, neste seio nu uma vez, noite após noite, tu encostaste a tua cabeça e dormiste abraçado por estes mesmos braços. Agora afaste esta memória se puderes! Eu leio em teus olhos que tu não podes! Não há tortura que eu possa suportar que chegue perto da ira de tua alma grave, dilacerada com desejos que nunca, nunca serão alcançados! Harmachis, tu és o escravo dos escravos, e das profundezas do teu triunfo arrebato um triunfo ainda mais intenso, e ainda conquisto o conquistador! Cuspo em ti, eu te desafio, e morrendo, eu te condeno ao tormento de teu amor imortal! Oh, Antônio, estou indo, Antônio! Vou para os teus braços queridos! Logo irei te encontrar, e envolvidos em um amor imortal e divino, juntos nós iremos flutuar por toda a imensidão do espaço, e lábios com lábios e olhos com olhos, vamos beber de desejos que se tornam mais doces a cada gole! Mas se eu não te encontrar, então afundarei em paz nos caminhos dormentes do sono, e, para mim, o seio da noite, onde serei embalada com suavidade, ainda assim se parecerá com o teu peito, Antônio! Ah, estou morrendo! Venha, Antônio e me traga paz!"

Mesmo em minha fúria, fraquejei com o escárnio dela, pois as flechas de suas palavras aladas me acertaram em cheio. Ai de mim! Ai de mim! Era verdade, a flecha da minha vingança caiu sobre minha própria cabeça. Eu nunca a amei mais do que eu a amava agora. Minha alma estava dilacerada com um ciúme torturante, e assim jurei que ela não deveria morrer.

"Paz!", exclamei. "Que paz existe para ti? Sim, árvore sagrada, escute agora a minha prece. Osíris, soltai as amarras do inferno e enviai para cá aqueles que irei convocar! Venha, Ptolomeu, envenenado por tua irmã Cleópatra, venha, Arsinoé, assassinada no santuário por tua irmã Cleópatra, venha, Sepa, torturado até à morte por Cleópatra, venha, Divino Miquerinos, cujo corpo Cleópatra rasgou e cuja maldição ela enfrentou por ganância, venham todos que morreram pelas mãos de Cleópatra! Corram do peito de Nut e cumprimentem aquela que os assassinou! Pelo elo da união mística, pelo símbolo da vida, espíritos, eu os convoco!"

Assim proferi o encanto, enquanto Charmion, assustada, se agarrava na minha túnica, e a moribunda Cleópatra, descansando sobre suas mãos, oscilava de um lado para outro, olhando com olhos vazios.

Então a resposta veio. A janela se despedaçou, e com as asas batendo, entrou aquele enorme morcego que eu havia visto pela última vez pendurado no queixo do eunuco nas profundezas da pirâmide dela. Por três vezes ele voou em círculos, pairando uma vez sobre a falecida Iras, então ele voou para onde estava a mulher moribunda. Ele voou para ela e parou em seu seio, agarrando-se à esmeralda que tinha sido retirada do coração morto de Miquerinos. O horror cinza gritou alto por três vezes, então bateu suas asas magras três vezes e foi embora.

Então, de dentro da câmara brotaram de súbito as formas da morte. Ali estava Arsinoé, linda, mesmo depois de ter perecido com a faca do sanguinário. Ali estava o jovem Ptolomeu, com suas feições retorcidas pelo veneno. Ali estava a majestade de Miquerinos, coroado com a coroa de serpente. Ali estava o solene Sepa, com a sua carne toda dilacerada pelos ganchos do torturador. Ali estavam os escravos envenenados, e havia outros incontáveis, sombrios e terríveis de se olhar! Todos, aglomerando-se naquele quarto estreito, estavam de pé em silêncio, fixando os olhos vidrados no rosto daquela que os havia assassinado!

"Veja, Cleópatra!", eu disse. "Veja a tua paz e morra!"

"Sim", disse Charmion. "Veja e morra! Tu que me roubaste a minha honra e roubaste do Egito o seu rei!"

Ela olhou e viu as formas horríveis. Seu espírito, saindo da carne, talvez pudesse ouvir palavras que meus ouvidos não podiam. Então o seu rosto afundou com terror, seus grandes olhos ficaram pálidos e, gritando, Cleópatra caiu e morreu, indo com aquela companhia horrorosa para o seu lugar designado.

Foi assim então que eu, Harmachis, alimentei minha alma com vingança, cumprindo a justiça dos deuses, mas mesmo assim naquele lugar eu estava desprovido de qualquer alegria. Pois mesmo que aquilo que nós adoramos nos traga ruína e que o amor seja mais implacável que a morte, nós em troca pagaremos de volta toda nossa tristeza. Mesmo assim devemos adorar, ainda assim devemos esticar nossos braços na direção do nosso desejo perdido e despejar o sangue de nosso coração no santuário de nosso deus imperfeito.

Pois o amor é do espírito, e não conhece a morte.

Capítulo IX

O Adeus de Charmion; a Morte de Charmion; a Morte da Velha Ama Atoua; a Ida de Harmachis a Aboukis; a Confissão Dele no Salão dos Trinta e Seis Pilares; a Declaração da Condenação de Harmachis

Charmion se soltou de meu braço, ao qual ela havia se agarrado em terror.
"Tua vingança, sombrio Harmachis", ela disse em uma voz rouca, "é uma coisa hedionda de se ver! Ah, egípcia derrotada, apesar de todos os teus pecados tu eras de fato uma rainha!

Venha me ajudar, príncipe, vamos esticar este pobre corpo humano na cama e o vestir de modo nobre para que ele possa dar uma audiência muda aos mensageiros de César e se tornar a última das rainhas do Egito".

Eu não disse nada em resposta, pois meu coração estava muito pesado, e agora que tudo estava feito eu estava cansado. Juntos levantamos o corpo e o deitamos na cama dourada. Charmion colocou a coroa de serpente na testa de marfim e penteou o cabelo negro como a noite, que nunca havia mostrado nem um fio grisalho, e pela última vez fechou aqueles olhos em que todas as glórias mutáveis do mar tinham brilhado. Ela dobrou as mãos frias sobre o peito de onde o sopro da paixão havia fugido, esticou os joelhos dobrados embaixo da túnica bordada e colocou flores perto da cabeça. Então, enfim, Cleópatra estava pronta, mais esplêndida agora em sua fria grandiosidade da morte, do que na mais rica hora de sua beleza em vida!

Nós nos afastamos e olhamos para ela e para Iras, morta aos seus pés.

"Está feito", disse Charmion. "Nós nos vingamos, e agora Harmachis, tu irás seguir pelo mesmo caminho?" E ela apontou para o frasco na mesa.

"Não, Charmion. Vou fugir. Fujo para uma morte mais pesada! Não posso terminar o meu tempo de penitência na Terra com tanta facilidade."

"Que assim seja, Harmachis! Também irei voar, mas com asas mais rápidas. Meu jogo está terminado. Eu também tenho feito minha expiação. Ah, como é amargo o meu destino, que trouxe miséria para todos que amo, e no final, vou morrer sem ter sido amada! Eu fiz minha expiação por ti, pelos meus deuses furiosos, e agora devo encontrar uma maneira pela qual possa fazer minha expiação por Cleópatra naquele inferno onde ela está e do qual devo dividir! Pois ela me amou muito, Harmachis, e agora que ela está morta, acho que depois de ti, foi ela quem mais amei. Então do copo dela e do copo de Iras eu por certo irei beber!" Ela pegou o frasco e, com a mão firme, derramou no cálice o que restava do veneno.

"Reflita, Charmion", eu disse, "tu ainda poderás viver por muitos anos, escondendo estas mágoas sob os dias que murcham".

"Sim, eu posso, mas não irei! Viver como a presa de tantas memórias, a fonte de uma vergonha imortal que noite após noite, enquanto me deito sem dormir, irá se renovar a partir de meu coração arrasado pela tristeza! Viver despedaçada por um amor que eu não posso perder! Ficar sozinha como uma árvore retorcida pela tempestade, suspirando dia a dia para os ventos do paraíso, contemplar o deserto da minha vida enquanto espero pelo golpe do trovão que não chega, não, isso não irei fazer, Harmachis! Eu teria morrido há muito tempo, mas vivi para te servir, e agora que tu não precisas mais de mim, eu me vou. Adeus! Adeus para sempre! Pois nunca mais irei olhar em teu rosto, e para onde irei tu não irás! Pois tu não me amas como tu ainda amas aquela mulher majestosa que tu assombraste até a morte! Tu não irás conquistá-la, e eu nunca irei te conquistar, e este é o fim impiedoso do destino! Veja, Harmachis, peço uma dádiva antes que eu vá, e por todo o tempo que se tornou somente uma memória da vergonha para você. Diga que tu me perdoas, o quanto puderes, e como prova de teu perdão, beije-me. Não um beijo de amantes, mas um beijo na testa, e ordene que eu passe em paz."

Ela se aproximou de mim com os braços esticados, os lábios trêmulos que inspiravam piedade e olhou no meu rosto.

"Charmion", respondi. "Nós somos livres para agir para o bem ou para o mal, e mesmo assim acho que existe um destino acima de nosso destino, que, soprando de alguma estranha costa, move nossas pequenas velas do propósito, coloca-as como nós queremos e nos conduz à destruição. Eu te perdoo, Charmion, e tenho fé que serei perdoado em troca, e com este beijo, o primeiro e o último, eu selo nossa paz". Com meus lábios toquei a testa dela.

Ela não disse mais nada, apenas ficou parada por algum tempo me fitando com olhos tristes. Então ela levantou o cálice e disse:

"Nobre Harmachis, com este copo mortal eu brindo a ti! Eu queria ter bebido dele antes de ter olhado no teu rosto! Faraó desgastado pelos teus pecados, tu ainda irás governar em perfeita paz sobre mundos pelos quais não irei passar, tu ainda irás empunhar um cetro mais digno de um rei do que o que roubei de ti, e para sempre, adeus!"

Ela bebeu, pousou o copo e por um momento ficou com os olhos arregalados daquele que procura pela morte. Então ela veio e Charmion, a egípcia, caiu de bruços no chão, morta. E por mais um momento fiquei sozinho com os mortos.

Eu me arrastei para o lado de Cleópatra e, agora que não havia ninguém para ver, sentei-me na cama e deitei a cabeça dela em meu joelho, como uma vez eu havia feito, naquela noite de sacrilégio sob a sombra da pirâmide eterna. Então beijei sua testa fria e saí da casa da morte. Vingado, mas ferido de forma dolorosa pelo desespero!

"Médico", disse o oficial da guarda enquanto eu passava pelos portões, "o que acontece lá no monumento? Pensei ter ouvido os sons da morte".

"Não acontece nada, tudo já aconteceu", respondi e fui embora.

Enquanto eu saía na escuridão, ouvi o som de vozes e os pés dos mensageiros de César correndo.

Fugindo depressa para a minha casa, encontrei Atoua esperando nos portões. Ela me levou para um quarto silencioso e fechou as portas.

"Está feito?", ela perguntou, e virou o seu rosto enrugado para o meu enquanto a luz da lâmpada fluía branca em seus cabelos da cor da neve. "Não, por que te pergunto, sei que está feito!"

"Sim, está feito, e benfeito, velha ama! Estão todos mortos! Cleópatra, Iras e Charmion, todos, menos eu!"

A mulher idosa endireitou sua forma curvada e exclamou: "Agora me deixe ir em paz, pois vi o meu desejo sobre teus inimigos e nos inimigos de Kemet. Lá! Lá! Não foi à toa que vivi além dos anos do homem! Eu vi o meu desejo sobre teus inimigos. Reuni o orvalho da morte e teu inimigo o bebeu! A fronte do orgulho está derrotada! A vergonha de Kemet está igualada ao pó! Ah, como eu gostaria de ter visto aquela devassa morrer!"

"Chega, mulher, chega! Os mortos estão reunidos aos mortos! Osíris os prende, e o silêncio eterno sela os lábios deles! Não importune com insultos os grandiosos derrotados! Levante-se! Vamos fugir para Aboukis, e então tudo terá sido cumprido!"

"Fujas tu, Harmachis, fujas, mas eu não! Somente para este fim me demorei na Terra. Agora desamarro o fio da vida e deixo o meu espírito livre! Adeus, príncipe, a peregrinação está feita! Harmachis, desde bebê eu te amei e ainda te amo! Mas não irei mais compartilhar das tuas desgraças neste mundo, estou exausta. Osíris, arrebate o meu espírito!" Então seus joelhos trêmulos cederam e ela caiu no chão.

Eu corri para o seu lado e olhei para ela. Ela já estava morta, e eu estava sozinho no mundo sem nem ao menos um amigo para me consolar!

Então me virei e saí sem ninguém me impedir, pois tudo estava confuso na cidade, e parti de Alexandria em um barco que eu havia preparado. No oitavo dia desembarquei, e continuando com o meu propósito, viajei a pé pelos campos rumo ao santuário sagrado de Aboukis. Ali, como eu sabia, a adoração dos deuses havia sido retomada ultimamente no templo do Divino Seth, pois Charmion havia feito com que Cleópatra se arrependesse de seu decreto de vingança e devolvesse as terras que ela havia apreendido, apesar de ela não ter devolvido os tesouros. Depois de o templo ter sido purificado, e agora, com a estação da festa de Ísis, todos os supremos sacerdotes dos antigos templos do Egito se reuniam para celebrar a volta dos deuses para casa, para o seu lugar sagrado.

Entrei na cidade. Era o sétimo dia da festa de Ísis. Tão logo cheguei, a longa procissão se dirigia pelas ruas que eu conhecia bem. Juntei-me à multidão que seguia e, com a minha voz, aumentei o coro do canto solene enquanto passávamos pelos pilones para dentro dos saguões eternos. Como eram conhecidas as palavras sagradas:

"Com suavidade pisamos, nossos passos calculados chegam
dentro do Santuário de Sete Partes;
Compassivo na Morte, nós, os vivos, te chamamos:
'Volte, Osíris, de teu reino frio!
Volte para aqueles que há muito te adoram!'"

Então, quando a música solene parou, como no passado, no poente da majestade de Rá, o supremo sacerdote levantou a estátua do Deus vivo e a segurou no alto, na frente da multidão.

Com um grito alegre de:

"Osíris, nossa esperança! Osíris! Osíris!"

As pessoas rasgaram os invólucros negros de suas roupas revelando as túnicas brancas por baixo e, como um só homem, curvaram-se perante o Deus.

Então eles foram festejar cada um na sua casa, mas eu fiquei no pátio do templo.

Nesse momento um sacerdote do templo se aproximou e perguntou o que eu estava fazendo. Respondi a ele que eu vinha de Alexandria e gostaria de ser levado perante o conselho dos supremos sacerdotes, pois sabia que eles estavam reunidos discutindo as notícias de Alexandria.

Depois disso o homem saiu, e os supremos sacerdotes, sabendo que eu era de Alexandria, ordenaram que eu fosse levado à presença deles no Salão das Colunas, então fui levado para lá. Já estava escuro, e entre os grandes pilares foram colocadas lâmpadas, como naquela noite em que fui coroado faraó do Alto e do Baixo Egito. Lá também estava a longa fila de dignitários, sentados em suas cadeiras entalhadas, e reunidos em conselho. Tudo estava igual. As mesmas imagens frias dos reis e deuses que encaravam das paredes eternas com os mesmos olhos vazios. Ah, mais ainda, dentre os que se reuniam havia cinco daqueles mesmos homens que, como líderes do grande plano, haviam se sentado ali para ver a minha coroação, sendo os únicos conspiradores que escaparam da vingança de Cleópatra e da garra do tempo.

Eu peguei o meu lugar no local onde uma vez eu havia sido coroado e me preparei para o último ato de vergonha com tanta amargura em meu coração que não posso descrever.

"Ora, este é o médico Olimpo", disse um deles, "aquele que viveu como ermitão nas tumbas de Tapé, e que nos últimos tempos fazia parte da criadagem de Cleópatra. É verdade, então, que a rainha está morta pela sua mão, médico?".

"Sim, sagrados senhores, eu sou aquele médico e Cleópatra está morta pela minha mão."

"Pela tua mão? Como assim? Apesar de que é bom que ela esteja morta, aquela devassa cruel!"

"Perdoai-me, senhores, e vos direi tudo, pois foi para isso que vim até aqui. Talvez dentre vós alguns, acho que vejo alguns, estavam reunidos neste salão para coroar, em segredo, um certo Harmachis faraó de Kemet, há 11 anos?"

"É verdade!", eles disseram, "mas como tu sabes destas coisas, Olimpo?"

"Do restante destes 37 nobres", continuei sem responder à pergunta, "32 estão desaparecidos. Alguns estão mortos, como Amenemhat morreu, alguns foram assassinados, como Sepa foi assassinado, e alguns, talvez, ainda trabalhem como escravos nas minas ou vivem longe daqui temendo vingança".

"Sim", eles disseram. "Ai de nós, é verdade. O amaldiçoado Harmachis traiu o nosso plano e se vendeu para a devassa Cleópatra!"

"É verdade", continuei, levantando a cabeça. "Harmachis traiu o plano e se vendeu para Cleópatra, e sagrados senhores, eu sou aquele Harmachis!"

Os sacerdotes e dignitários olharam atônitos. Alguns se levantaram e falaram, outros não disseram nada.

"Eu sou aquele Harmachis! Eu sou aquele traidor, três vezes mergulhado no crime! Um traidor dos meus deuses, um traidor do meu país, um traidor do meu juramento! Eu vim até aqui para dizer que fiz tudo isso. Eu executei a vingança divina sobre aquela que me arruinou e entregou o Egito aos romanos. E agora, depois de anos de trabalho pesado e espera paciente, a vingança foi cumprida graças à minha sabedoria e com a ajuda dos deuses furiosos. Eis que venho com toda a vergonha sobre minha cabeça para declarar aquilo que eu sou e receber a recompensa do traidor!"

"Lembra-te da condenação daquele que quebrou o juramento que não deve ser quebrado?", perguntou em um tom solene o primeiro que havia falado.

"Eu conheço muito bem", respondi. "Eu busco aquela condenação horrível".

"Fale mais sobre isso, tu que foste Harmachis."

Então em palavras frias e claras desnudei toda a minha vergonha, sem esconder nada. E enquanto eu falava, vi os rostos deles ficarem mais rígidos, e sabia que não haveria misericórdia para mim. Eu nem pedi por isto, mas mesmo se tivesse pedido, ela não poderia ter sido concedida.

Quando por fim eu havia terminado, eles me colocaram de lado enquanto se reuniam em conselho. Então eles me chamaram de volta, e o mais velho deles, um homem muito velho e venerável, o sacerdote do templo da Divina Hatshepsut em Tapé, disse com um tom gelado:

"Harmachis, nós consideramos este assunto. Tu pecaste três vezes o pecado mortal. Em tua cabeça está o peso da desgraça de Kemet, que até este dia está escravizada por Roma. Tu ofereceste o insulto mortal para Ísis, o Mistério Mãe, e tu quebraste o teu juramento sagrado. Por todos estes pecados há somente uma recompensa, como tu sabes bem, e esta é a tua recompensa. Não pode pesar na balança de nossa justiça que tu assassinaste aquela que causou o teu tropeço, nem que tu vieste para nomear a ti mesmo como a coisa mais vil que já esteve entre estas paredes. Sobre ti também deverá cair a maldição de Miquerinos, sacerdote falso! Patriota que cometeu perjúrio! Faraó vergonhoso e sem coroa! Aqui, onde nós colocamos a coroa dupla em tua cabeça, nós te condenamos à destruição! Vá para teu calabouço e aguarde pela tua queda! Vá, e lembra-te do que tu poderias ter sido e do que tu és, e que os deuses, que por causa de seus atos perversos, por muito tempo não puderam ser adorados dentro destes templos sagrados, concedam-te a misericórdia que nós te negamos! Levem-no!"

Então eles me pegaram e me levaram. Eu fui com a cabeça abaixada sem olhar para cima, mas mesmo assim senti os olhos deles queimando no meu rosto.

Ah! Por certo, de todas as minhas vergonhas, esta foi a pior!

Capítulo X

O Último Escrito de Harmachis, o Nobre Egípcio

Eles me conduziram ao aposento da prisão que fica no alto da torre do pilone, e aqui espero pela minha condenação. Eu não sei quando a espada do destino irá cair. Semana após semana, mês após mês, e ela ainda está atrasada. Ela ainda estremece sem ser vista sobre minha cabeça. Sei que ela irá cair, mas não sei quando. Talvez eu acorde em alguma hora morta no meio da noite para ouvir os passos furtivos dos assassinos que me levarão para fora. Talvez eles estejam perto agora mesmo. Então virá a cela secreta! O horror! O caixão inominável! E por fim estará feito! Ah, que venha! Que venha rapidamente!

    Tudo foi escrito, não escondi nada. Meu pecado foi cometido, minha vingança está terminada. Agora todas as coisas terminam na escuridão e nas cinzas, e eu me preparo para encarar os horrores que virão de outros mundos que não este. Eu irei, mas não sem esperança, pois mesmo que eu não a veja mais, e que ela não responda mais às minhas preces, ainda estou consciente da Sagrada Ísis que está comigo para sempre, e com quem ainda irei encontrar mais uma vez frente a frente. Então, enfim, nesse dia longínquo irei encontrar o perdão, o peso de minha culpa irá sair de mim e a inocência voltará e me abraçará trazendo a sagrada Paz.

    Oh! Querida terra de Kemet, eu te vejo como em um sonho! Vejo nação após nação colocar seu estandarte em tuas margens, e vejo o teu pescoço sendo subjugado! Vejo novas religiões sem fim proclamando suas verdades nas margens do Sihor, e convocando teu povo para seu culto! Vejo os teus templos, teus templos sagrados desintegrando-se e virando pó. Um prodígio para os homens que ainda não nasceram e que irão espreitar dentro de tuas tumbas e profanar os grandiosos de tua glória! Vejo os teus mistérios como uma zombaria para os ignorantes, e o teu conhecimento desperdiçado como as águas nas areias do deserto! Vejo as águias romanas vergarem e perecerem com seus bicos ainda vermelhos com o sangue dos homens, e as longas luzes dançando pelas setas dos bárbaros que seguirão em seu rastro! Então, enfim, eu Te vejo mais uma vez majestosa, mais uma vez livre, e tendo mais uma vez o conhecimento de Teus deuses, ah, Teus deuses com uma fisionomia diferente e chamados por outros nomes, mas ainda Teus deuses!

O Sol cai sobre Aboukis. Os raios vermelhos de Rá incendeiam os telhados do templo, os campos verdejantes e as águas largas do pai Sihor. Desde criança o observei cair, até que o seu último beijo tocasse a testa do pilone mais distante, até que a mesma sombra caísse nas tumbas. Tudo permanece igual, somente mudei; tão mudado, e ainda o mesmo!

Oh, Cleópatra, Cleópatra! Destruidora! Se eu pudesse apenas despedaçar tua visão de meu coração! De todas as minhas tristezas esta é a mais pesada, eu ainda te amo! Eu ainda abraço esta serpente no meu coração! Ainda toca em meus ouvidos aquela tua risada baixa de triunfo, o murmúrio da fonte, a canção do rouxin...

[Aqui terminou de forma abrupta o escrito do terceiro rolo. Parece que neste momento o escritor teria sido interrompido por aqueles que vieram para levá-lo à sua condenação.]

FIM

MADRAS® Editora
CADASTRO/MALA DIRETA

Envie este cadastro preenchido e passará a receber informações dos nossos lançamentos, nas áreas que determinar.

Nome _____
RG _____ CPF _____
Endereço Residencial _____
Bairro _____ Cidade _____ Estado ____
CEP _____ Fone _____
E-mail _____
Sexo ❏ Fem. ❏ Masc.   Nascimento _____
Profissão _____ Escolaridade (Nível/Curso) _____

Você compra livros:
❏ livrarias   ❏ feiras   ❏ telefone   ❏ Sedex livro (reembolso postal mais rápido)
❏ outros: _____

Quais os tipos de literatura que você lê:
❏ Jurídicos   ❏ Pedagogia   ❏ Business   ❏ Romances/espíritas
❏ Esoterismo   ❏ Psicologia   ❏ Saúde   ❏ Espíritas/doutrinas
❏ Bruxaria   ❏ Autoajuda   ❏ Maçonaria   ❏ Outros:

Qual a sua opinião a respeito desta obra? _____
_____

Indique amigos que gostariam de receber MALA DIRETA:
Nome _____
Endereço Residencial _____
Bairro _____ Cidade _____ CEP _____

Nome do livro adquirido: ***Cleópatra***

Para receber catálogos, lista de preços e outras informações, escreva para:

MADRAS EDITORA LTDA.
Rua Paulo Gonçalves, 88 – Santana – 02403-020 – São Paulo/SP
Caixa Postal 12183 – CEP 02013-970 – SP
Tel.: (11) 2281-5555 – Fax.:(11) 2959-3090
www.madras.com.br

Este livro foi composto em Minion Pro, corpo 11,5/13.
Papel Offset 75g
Impressão e Acabamento
Orgráfic Gráfica e Editora — Rua Freguesia de Poiares, 133
— Vila Carmozina — São Paulo/SP
CEP 08290-440 — Tel.: (011) 6522-6368 — orcamento@orgrafic.com.br